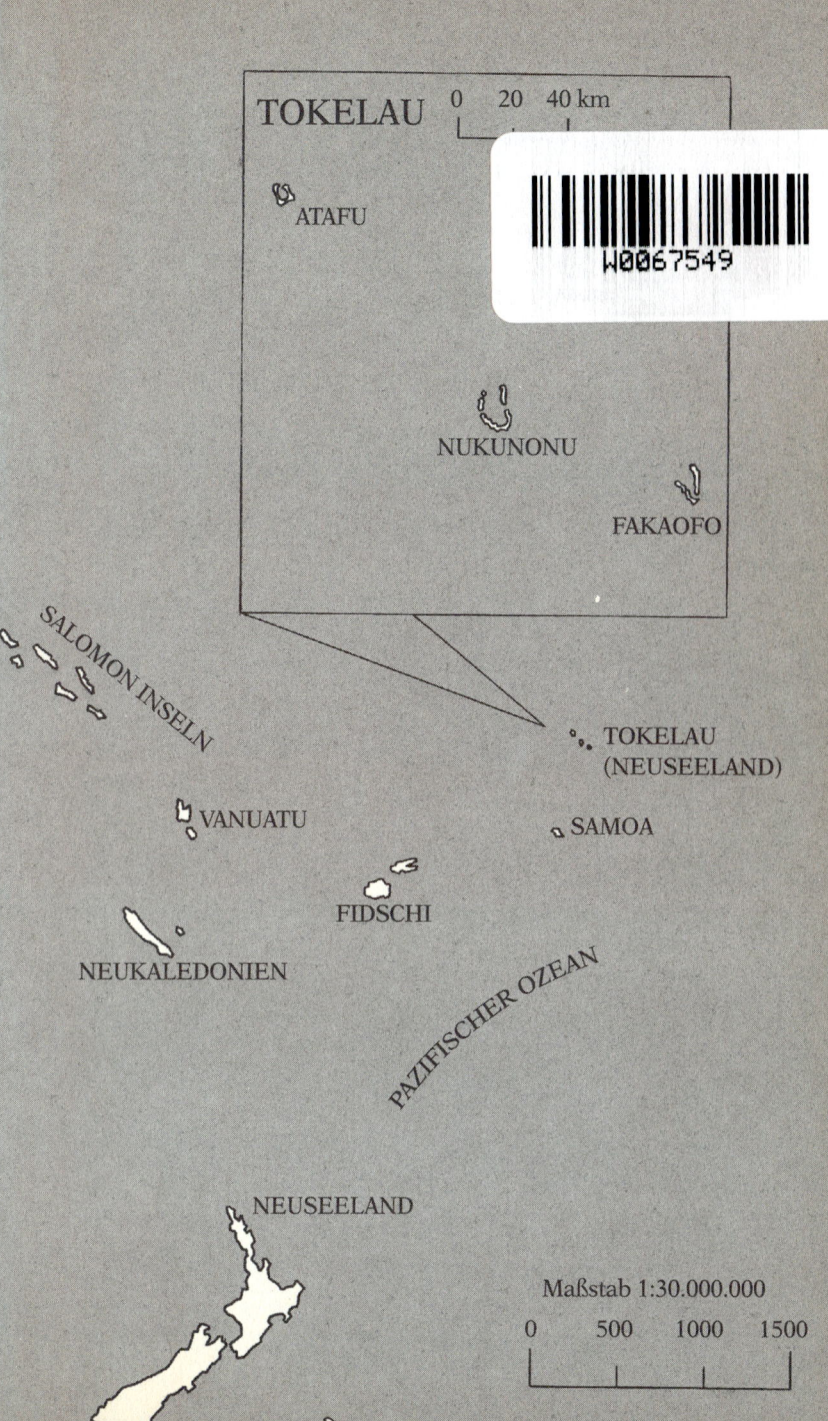

TOKELAU

0   20   40 km

W0067549

ATAFU

NUKUNONU

FAKAOFO

SALOMON INSELN

TOKELAU
(NEUSEELAND)

VANUATU

SAMOA

FIDSCHI

NEUKALEDONIEN

PAZIFISCHER OZEAN

NEUSEELAND

Maßstab 1:30.000.000

0   500   1000   1500

Tokelau – 200 Tage
Bericht aus einem sinkenden Paradies

Anke Richter

Tokelau –
200 Tage

Bericht aus einem sinkenden Paradies

Bibliografische Information der Deutschen Bibliothek
Die Deutsche Bibliothek verzeichnet diese Publikation in der Deutschen
Nationalbibliografie; detaillierte bibliografische Daten sind im Internet über
http://dnb.ddb.de abrufbar.

Umschlagfoto: Anke Richter
Umschlaggestaltung: rosiedeluxe, Köln
Lektorat: Dr. Birgit Herren
Produktion: Susanne Beeh
Karten: Michael Maikowsky, Köln
Gestaltung und Satz: Greiner & Reichel, Köln
Druck: Clausen & Bosse, Leck
Printed in Germany
ISBN 3-8025-1527-7

Besuchen Sie uns unter: www.vgs.de

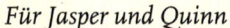

Für Jasper und Quinn

Inhaltsverzeichnis*

* Die Kapitel tragen die Namen von Liedern der tokelauischen Band »Te Vaka« aus Neuseeland. Sie sind auf den CDs »Ki mua«, »Te Vaka« und »nukukehe« zu finden.

Vorbemerkung

Dies ist kein wahres Buch über ein fremdes Land. Es will niemanden bloßstellen, nichts behaupten und nichts erklären. Die folgenden Tatsachen sind durch und durch subjektiv erzählt, aus dem Blickwinkel des Neuankömmlings in einer faszinierenden und schwer zu durchschauenden Welt. Wären wir andere Menschen oder zu einem anderen Zeitpunkt in Tokelau gewesen, wäre auch unsere Geschichte eine völlig andere. Sie ist kompliziert genug. Je mehr ich meinte, das Leben und die Dinge dort begriffen zu haben, desto widersprüchlicher stellten sie sich dar. Mit jeder Erkenntnis war es, als ob ein Vorhang aufginge. Doch dahinter ging bald der nächste auf. Und dann der nächste. Am Ende wusste ich, dass wir eines nicht wissen: Wie Tokelau wirklich ist. Vielleicht spielten sich höchst wichtige Dinge um uns herum ab, von denen wir nichts ahnten. Wir konnten nur miterleben, was man uns sehen ließ. Das war mehr, als ich hier erzählen kann, aber es war sicher nicht alles.

Als Journalistin bin ich verpflichtet, Fakten zu sammeln und die Wirklichkeit zu beschreiben. Auch als Erzählerin unserer ganz persönlichen Geschichte habe ich mich daran gehalten. Ungeachtet dessen wird es Tokelauer geben, die sich in diesem Bericht falsch dargestellt fühlen. Ich habe ihre Namen geändert. Denn als ich mit ihnen zusammenlebte, war ich keine Journalistin.

Anke Richter, November 2002

DORFGESETZE VON ATAFU

(Auszug, Januar 2000)

1. *Kirchliches Land*

1.1 Kirchliches Land ist privater Grund. Unerlaubtes Betreten ist verboten.

1.2 Kämpfen ist auf kirchlichem Land verboten. Die Strafe beträgt maximal 30 $.

1.3 Niemand darf Gerüchte verbreiten, die die Beziehung des Pastors und seiner Frau und die zur Gemeinde stören könnten. Die Strafe dafür beträgt maximal 30 $.

1.4 Einem Toloatolo (Vergewaltiger, der sich nachts einschleicht) ist der Zutritt zu kirchlichem Land verboten. Als Strafe wird Arbeit in der Gemeinschaft für sechs Monate verhängt, oder eine Zahlung von 50 $ pro Monat über sechs Monate.

1.5 Der Pastor ist für das Volk da. Niemand darf eine besondere Beziehung zum Pastor und seiner Familie haben, um sich damit einen Vorteil vom Pastor zu erhoffen. Die Höchststrafe beträgt 30 $.

1.6 Wenn der Pastor oder seine Frau Ehebruch begehen oder eine ungesetzliche Beziehung pflegen, werden sie unehrenhaft aus ihrer Stelle entlassen. Die Person, mit der sie eine außereheliche oder ungesetzliche Beziehung hatten, wird mit Arbeit in der Gemeinschaft für sechs Monate oder einer Zahlung von 50 $ pro Monat für sechs Monate bestraft.

2. *Gelände des Lomaloma-Krankenhauses*

2.1 Kämpfen ist auf dem Gelände des Lomaloma-Krankenhauses verboten, und niemand darf sich ohne ersichtlichen Grund auf dem Gelände aufhalten.

2.2 Niemand darf sich ohne ersichtlichen Grund und/oder nur mit der Erlaubnis des Doktors in dessen Haus aufhalten.

2.3 Das Haus der Krankenschwester darf ebenso nicht ohne Grund betreten werden.
Die Höchststrafe beträgt in beiden Fällen 15 $.

3. *Gelände der Matauala-Schule*

3.1 Niemand darf sich außerhalb der Unterrichtszeiten in den Schulfluren aufhalten, außer um sich vor Regen zu schützen.

3.2 Niemand darf sich nach Unterrichtsende Wasser aus dem Schulgebäude holen, außer er hat eine Erlaubnis des Ältestenrates.
Die Höchststrafe beträgt in beiden Fällen 5 $.

1 Ein anderes Land

Nukukehe

Die Geschichte der toten Ärztin hörten wir wenige Wochen vor unserem Abflug nach Samoa. Dr. Tayo Afolabi stammte aus Uganda, hatte sich auf Fortpflanzungsmedizin spezialisiert und war ein UNV, ein United Nations Volunteer. Als Freiwillige der Vereinten Nationen verpflichtete sie sich Anfang der 90er Jahre für einen zweijährigen medizinischen Einsatz auf einer winzigen Insel im Südpazifik: Atafu, eines der drei Atolle des Staates Tokelau. Damals kam das Boot aus dem über 500 Kilometer entfernten Samoa nur alle drei Monate. Es brauchte drei Tage und brachte Konserven, Reissäcke, Paletten voll Bier und die Post von den nach Australien und Neuseeland ausgewanderten Verwandten. Sechs Monate, nachdem die Ärztin aus Afrika in der Südsee angekommen war, nahm sie sich das Leben.

»Die Isolation begreift ihr erst, wenn ihr dort seid«, sagte Peter Adam und lächelte vielsagend. Er war etwas wortkarg, aber freundlich, und der in Neuseeland zuständige Koordinator für die Arzteinsätze in Tokelau. Das Land zählt zu den kleinsten und entlegensten der Welt. Ich hatte es zum ersten Mal auf einer Homepage entdeckt, auf der alle Gesundheitsminister der Südsee-Staaten aufgelistet waren. Nachdem eine in rotweinseliger Laune angezettelte Bewerbungsaktion per Fax und E-Mail quer durch Poly-, Micro- und Melanesien Erfolg gezeigt hatte, kündigte mein Mann Frank Küppers seine Stelle als Urologe an der Uniklinik Kiel. Er wurde von Peter Adam, dem Neuseeländer, als Arzt für das nördlichste Atoll

Tokelaus eingeteilt. Es war die gleiche Insel, auf der die Afrikanerin vor ein paar Jahren gewesen war. 500 Menschen leben dort in einer engen Dorfgemeinschaft, keiner davon ein Ausländer. Die Palagi, wie die hellhäutigen Besucher in Polynesien heißen, verirren sich in der Regel nur als Lehrer, Arzt, Entwicklungshelfer oder Südseesegler dorthin.

Frau und Kind durften nicht nur mit nach Atafu, sondern waren seit dem Tod der UN-Ärztin ausdrücklich erwünscht. Unsere Informationen waren spärlich. »Es gibt keine Touristen, Waffen, Hunde oder Autos in Tokelau« stand in dem Fax, das Peter Adam geschickt hatte und mit dem unser Aufenthalt in der Südsee besiegelt worden war. Ein kleines Haus stünde bereit und der Fischfang des Dorfes würde täglich mit uns geteilt. Es gäbe kaum tropische Krankheiten und keine Malaria. Mittlerweile verkehre das Boot als einziger Kontakt zur Außenwelt einmal im Monat. Das war alles. Peter Adam wusste noch über einen Arztkollegen zu berichten, dessen Frau wenige Stunden nach der Ankunft mit dem gleichen Schiff zurück fuhr, das sie für einen halbjährigen Aufenthalt auf das mittlere Atoll, nach Nukunonu, gebracht hatte. »Vor Ort entsprach es wohl nicht ganz ihren Vorstellungen«, sagte Peter Adam in süffisantem Ton und lächelte wieder mysteriös.

Wir kannten bis auf ihn niemanden, der jemals dort gewesen war. Im Internet waren lediglich Größe (gerade mal zehn Quadratkilometer für alle Inseln), Einwohnerzahl (1.500), Klima (tropisch, Temperatur um 28 Grad Celsius) und Breitengrad-Angabe (nur acht Grad südlich des Äquators) gelistet. Das unbekannte Land war im Jahr 2000 noch mit keiner Homepage vertreten. In den Südpazifik-Reiseführern war über Tokelau bis auf »unverdorbene polynesische Kultur« und »von der Geschichte vergessen« nicht viel zu erfahren. Der vielversprechendste Satz hieß: »Allein dorthin zu kommen ist ein Abenteuer für sich.« Der Individualreisende solle sich auf ereignislose Wochen im Angesicht der Lagune einstellen, bis ihn das nächste Schiff Richtung Samoa abholt.

Aber wir wollten keinen Urlaub machen. Wir wollten dort leben, für mindestens sechs Monate.

Aufschlussreicher über unser Reiseziel war eine Liste, die uns einer von Franks Vorgängern in Tokelau per E-Mail schickte. »Dear Frank«, schrieb dieser Dr. David Bird, »ich bin sicher, dass Sie das Leben auf dem Atoll so sehr mögen werden wie wir. Diese Dinge sollten Sie mitnehmen ...« Es folgten rund 50 Angaben, unter anderem:

- Wäscheklammern,
- Ameisengift,
- Popcorn,
- Feuerzeuge,
- Ersatzsandalen,
- Vitaminpillen,
- Faden, um einen Lavalava zu nähen (wir wussten nicht, was das war),
- Shampoo,
- Filetiermesser,
- Taschenbibel,
- Batterien,
- Krawatte,
- Plastikcontainer, um Lebensmittel aufzubewahren,
- Schirm für die Regenzeit,
- weißes Kleid für die Kirche, das Schultern und Knie bedeckt (ich strich die Bilder von mir mit Bananenrock um die Hüften aus dem Kopf)
- und zu guter Letzt ein Klostein (»Wenn nur zweimal am Tag gespült wird, macht die Toilette angenehmer«, empfahl Dr. Bird).

Wir standen ratlos im größten Supermarkt von Wellington, der Hauptstadt Neuseelands, und verglichen Insektenschutzmittel, die halb Asien entlauben konnten. Welches Spray braucht man an einem Ort, wo nur selten gespült, aber anscheinend viel gebetet wird? Die Wahl unseres fast vierjährigen Sohnes Jasper war einfacher: Er warf Päckchen um Päckchen in den Einkaufswagen: Wackelpuddingpulver, Seifenblasen, Kaugummi ...

Alles hatte ab sofort den Stempel »Das letzte Mal« aufgedrückt: ins Kino gehen, anonym sein, in Bücherläden stöbern. 20 Kilogramm an Literatur warteten bereits in unserem Gepäck, aber ich fand fast täglich noch einen zerlesenen Secondhand-Schmöker für ein paar Dollar. Zuletzt gönnte ich mir ein nagelneues Yoga-Buch. Wenn die Bücher ausgelesen waren, konnte ich mich so wenigstens verrenken. Neuseeländisch-deutsche Freunde meiner Eltern luden uns zum letzten Wochenende vor dem Abflug ein. Wir genossen Lammkoteletts, Eiscreme mit Feigengeschmack, ein ausgedehntes Bad und flauschige Handtücher – all die schönen Seiten der Zivilisation, die wir ab sofort für lange Zeit hinter uns lassen wollten.

Mit 85 Kilogramm Gepäck samt Gitarre und einem sperrigen Boogie-Board aus Styropor zum Wellenhüpfen landeten wir nachts nach fünf Stunden Flug in Apia, der Haupstadt von Samoa. Hier würden wir in einer Woche aufs Schiff nach Tokelau steigen. Eine Flugverbindung dorthin gab es nicht. Es war nach Mitternacht noch so warm wie während einer Hitzewelle in Europa. Die Luft vor dem Flughafen war wie ein feuchter Waschlappen, der sich aufs Gesicht legte. Der Gesundheitsminister von Tokelau begrüßte uns, ein gedrungener Mann mit offenem Hemd und Goldkette. Er wirkte ernst und verlor nicht viele Worte. Casimilo Perez verdankte seinen Namen und seine scharfen Gesichtszüge portugiesischen Händlern, die ebenso wie Sklavenschiffe und Stammeskämpfe zur bewegten Geschichte Tokelaus gehören. Schweigend fuhren wir zum Hotel. Links und rechts der Straße sah man im Schein einer Petroleumlampe oder nackten Glühbirne erleuchtete Fale. Diese offenen, polynesischen Häuser bestehen nur aus einer erhöhten Plattform aus Holz und ein paar Pfosten, die das Dach aus getrockneten Palmblättern tragen. Die Menschen in den Fale lagen oder saßen auf Matten. Es sah einladend aus. Fremd, aber gemütlich.

Am nächsten Tag besuchten wir das Tokelau-Büro. Dort ist der Sitz des Direktors für Transport, die Buchungs- und Beladestation für das Versorgungsschiff und die Anlaufstelle für alle Tokelauer, die sich in Samoa aufhalten. Das Gebäude war unscheinbar und lag zwischen zwei Lagerhallen am Ende einer staubigen Ausfahrtstraße von Apia. Im Büro verbreitete eine Klimaanlage kalten Wind. Eine freundliche Frau nahm uns in Empfang. Sie hieß Tala, trug ein maßgeschneidertes langes Baumwollkleid und einen dicken Haarknoten. Tala war die Assistentin des Gesundheitsministers und in ihrer Fröhlichkeit genau das Gegenteil von ihm. »Was wisst ihr über Tokelau?«, fragte sie uns. »Nicht viel«, antwortete ich. »Tokelau hat keine Berge«, sagte sie und lachte. Dabei sah sie aus wie ein Engel aus Karamell, pausbäckig und gütig. »Es ist sehr einsam. Nehmt euch viel Gemüse mit, wenn ihr losfahrt.« Auf dem Tisch in ihrem Büro hatte ihre Kollegin die »Wachtturm«-Heftchen der Zeugen Jehovas verteilt.

Tala war so etwas wie unser guter Geist auf Samoa. Sie besorgte uns eine Matratze für die Überfahrt auf dem Schiff. Sie bewahrte unser Geld und die Reiseschecks in ihrem Safe auf. Sie bot an, uns regelmäßig Lieferungen vom Markt in Apia per Boot zukommen zu lassen. Sie teilte uns mit, dass das Schiff, mit dem wir fahren sollten, vier Tage Verspätung haben würde. Sie ließ uns an ihrem Computer unsere E-Mails abrufen. In meinem elektronischen Postkasten meldete sich die Sekretärin des Geschäftsführers einer Hamburger Fernsehproduktion und bestellte »Viele Grüße von Jörg«. Er hätte gerne, dass ich ihm einen »A-Klasse-Promi« besorge, für eine neue Sendung namens »Girlscamp«. Ich lachte in mich hinein. Die Anfrage kam mir absurd vor, obwohl ich oft genug mit solchen Headhunter-Jobs mein Geld verdient hatte. Eigentlich hatte unser Trip auf die einsame Insel durchaus Ähnlichkeiten mit »Big Brother« – nur dass man nicht rausgewählt wurde, wenn man es mit den anderen nicht mehr aushielt. Ich hätte dem Produzenten gerne erklärt, was meine Besorgungen der letzten Tage für unser ganz reales »Family Camp« waren: Eine Verlängerungsschnur für 20 Dollar, eine Rolle Kordel (erst im vierten Laden zu finden), eine Machete (leider stumpf), eine Flasche antiseptische Lotion gegen Korallenschnitte, eine Tüte Lutscher für Kindergeburtstage, ein Leinenoberteil für den Kirchgang (zu weit, zu kurz, aber immerhin weiß). Von Peter Adam wusste ich, dass es undenkbar war, in Tokelau im Bikini schwimmen zu gehen. Man trug im Wasser Shorts und T-Shirt.

Wir mieteten uns einen Jeep und fuhren eine Woche rund um Upolu, die Hauptinsel von Samoa. Alles betrachteten wir wie durch einen Filter: Würde Tokelau so ähnlich sein? Was wir sahen, war betörend, manchmal seltsam und einmal bedrohlich. Wir schnorchelten bunten Fischen im badewannenwarmen Wasser hinterher, schliefen in der offenen Fale unter einem Moskitonetz, aßen Papayas und frische Kokosnüsse, und wir suchten den einzigen Strand an der Südküste, an dem man an einem Sonntag baden durfte. Junge Männer kamen in weißen Jacketts und Wickeltüchern um die Hüften – jetzt wusste ich, dass das ein Lavalava war – aus der Kirche. Sie winkten uns zu. Die Frauen hatten ausladende Hintern und fleischige Arme und waren schön, weil ihre Üppigkeit stolz und selbstverständlich wirkte. Kein Samoaner schien sich für die Kilos an seinem Körper zu schämen. Die wenigen Europäer, Australier und Amerikaner, die wir auf den Straßen sahen, wirkten dagegen irgendwie vertrocknet.

In den Dörfern hingen Plakate, die den Besuch eines amerikanischen Fernsehpredigers im Stadion von Apia ankündigten. Ich sah sein falsches Grinsen und die Einblendung seiner Kontonummer jedes Mal, wenn ich im Hotel den Fernseher anschaltete. Die Friseurin, die Jasper die Haare schnitt, war

Mormonin, wie sie mir nach fünf Minuten erzählte. Das Zimmermädchen war Sieben-Tage-Adventistin. Wir waren Touristen und gingen im Becken eines kleinen Wasserfalls in einem Naturpark schwimmen. Eine Horde Kinder planschte dort herum. Ich bemerkte die Blicke, die meinen Badeanzug musterten, und kam mir nackt vor. Die Mädchen im Wasser trugen Shorts und T-Shirts. An einem größeren Wasserfall konnte man auf einer nassen Felsrutsche zehn Meter in die Tiefe sausen. Junge Männer, die von der Mitte der Oberschenkel bis zum Bauchnabel in polynesischen Mustern tätowiert waren, sprangen von oben herunter. Einer von ihnen klaute Franks Uhr aus unserem Tagesrucksack. Der Samoaner weigerte sich, sie wieder herauszugeben, und drohte, mit seinen Begleitern auf uns loszugehen. Jasper weinte, es fing in Strömen an zu regnen. Wir waren die letzten Besucher an dem Wasserfall, und niemand konnte uns helfen. Die unschöne Szene nahm mich ziemlich mit. Hatte ich nicht doch Angst vor dem Fremden, dem wir uns in Kürze ausliefern würden? Ich war durchaus reiseerfahren: Ein halbes Jahr war ich allein durch Australien gezogen, ich hatte in Los Angeles gelebt, und meine Reportagen hatten mich bis auf eine Eisscholle vor Grönland geführt, wo ich nachts vor dem Zelt Eisbären-Wache schob. Frank und ich hatten uns ausgerechnet bei einer Wildwasser-Tour des »Marlboro Abenteuer Team« in Kanada kennen gelernt. Aber dieses Abenteuer war ein völlig anderes – auch für unsere Beziehung. Ich bin ein freiheitsliebender Mensch mit vielen Kontakten. In Tokelau würden Frank und ich komplett auf uns allein gestellt sein. Wahrscheinlich war das der eigentliche Härtetest.

Als wir von unserer Rundreise zurück nach Apia kamen, trafen wir uns mit Eteuati Foua. Der Mittfünfziger hatte jahrelang als einziger Arzt für die insgesamt 1.500 Menschen auf den drei Atollen Tokelaus gearbeitet, die jeweils eine Tagesreise auseinander lagen. Einmal war er im Sturm 16 Stunden übers Meer gefahren, um einer Frau auf der Nachbarinsel ein Bein zu amputieren. Frank hatte großen Respekt vor Dr. Foua. Es gab wahrscheinlich nichts Medizinisches und Menschliches, was diesem Mann fremd war. Im letzten Jahr war er wegen alkoholbedingter Unpässlichkeiten nach Samoa abgezogen worden. Als Dr. Tayo Afolabi, die Ärztin aus Uganda, auf Atafu gewesen war, war er gerade beruflich im Ausland. Aber er kannte den traurigen Fall natürlich. Ich sprach ihn auf den Selbstmord an. Meine Neugier war seit den spärlichen Informationen in Wellington geweckt. Der tokelauische Arzt dachte eine Weile nach. »Sie war eine tüchtige Ärztin«, sagte er. »Hat viele Vorträge gehalten, die Leute aufgeklärt. An die Palmen hat sie Schachteln mit Kondomen gehängt. So was war ihr wichtig.« Ein amüsiertes Lächeln huschte über Dr. Fouas Gesicht. »Ich weiß, was passierte, als sie ankam«, erzählte er. »Sie wusch sich im Bad der Krankenstation, nach den heißen Tagen auf dem Schiff. Und da ist dann aus Versehen die Tochter einer Krankenschwester hereingeplatzt. Die hatte noch nie einen Menschen gesehen, der so viel dunklere Haut hatte als sie. Das Mädchen hat sich furchtbar erschrocken und geschrieen, ›Aitu, aitu!‹. Das bedeutet ›Gespenst‹.« Der stämmige Doktor lachte auf. Dann wurde er wieder ernster. »Sie war sehr zurückhaltend. Immer nur für sich. Hat sich weder für den Dorfklatsch noch für Alkohol interessiert. Sie war Moslemin.« Er sah an mir vorbei. »Als sie sich umbrachte, lag da ein Brief von ihrem Mann aus Uganda. Er war Militärarzt oder so. Er wollte sich wohl von ihr trennen.« Ich erinnerte mich an die wenigen Sätze, die der Ärztekoordinator Peter Adam über die Frau verloren hatte. »Aber sie hatte doch noch vor ihrem Tod versucht, den Gesundheitsminister von Tokelau in Samoa zu erreichen, damit sie die Insel vorzeitig verlassen kann«, warf ich ein. Jetzt war ich hellhörig. Dr. Foua schaute mich an, als ob ich mehr wusste, als ich wissen sollte. Aber er sprach weiter. »Telefone gab es damals noch nicht. Sie musste das Funkgerät benutzen. Der Minister hat sich geweigert, sie gehen zu lassen. Es wäre ja sonst kein Arzt mehr vor Ort gewesen. Das ist ein großes Problem für so ein kleines Land. Die Funkverbindung nach Apia war sehr schlecht. Die Frau war kaum zu verstehen.« Der Doktor schwieg einen Moment. »Am nächsten Tag haben sie sie dann gefunden. Sie hatte Tabletten geschluckt.« Ich wollte wissen: »Wurde sie dort beerdigt?« Er schüttelte den Kopf. »Sie wurde zurück nach Afrika gebracht. Unser Gesundheitsminister ist aus Samoa nach Tokelau gereist, um die Leiche mit dem Schiff abzuholen. Dafür brauchte er aber eine Tiefkühltruhe. Es gab nur eine einzige längliche auf der ganzen Insel, alle anderen waren quadratisch. Die musste er den Besitzern abkaufen.« Wieder zuckte ein halb amüsiertes Lächeln um seine vollen Lippen.

Die Besatzung des Tokelau-Büros feierte eine »Happy Hour« mit Bier, Limo und belegten Weißbroten. Wir wurden dazugeladen. Tala, unsere Helferin in allen Lebenslagen, setzte sich mit einem Getränk zu mir. »Welche Religion hast du?«, wollte sie wissen. Obwohl ich vor 13 Jahren aus der evangelischen Kirche ausgetreten war, gab ich mich sicherheitshalber als Protestantin aus. Alles andere würde sich sicher unter den Tokelauern herumsprechen und unsere Zeit auf Atafu deutlich erschweren. Auf dem Atoll wurde nach allem, was wir wussten, streng christlich gelebt. Das nördliche Atafu ist rein protestantisch, das mittlere Nukunonu komplett katholisch, und Fakaofo im Süden ist gemischt konfessionell, samt wenigen mehr oder minder geduldeten Zeugen Jehovas. Als Tala mich fragte, wie lange ich verheiratet sei, blieb ich bei der Wahrheit. »Drei Jahre. Wir haben geheiratet, nachdem Jasper geboren wurde.« Sie guckte erstaunt auf. Pikiert. Ihr offener, warmer Blick hatte plötzlich etwas Verhaltenes bekommen. »Wenn es für euch so in Ordnung ist ...«, sagte sie höflich und beendete das peinliche Thema. Zum Glück wollte sie nicht auch noch wissen, ob unser Sohn getauft ist.

»Und du – auch verheiratet?«, fragte ich zurück. Sie schüttelte den Kopf und lachte wieder ihr Engelslachen. »Wenn ich heirate, ist meine Freiheit vorbei«, sagte Tala mit einem Zwinkern. Ich stimmte ihr scherzhaft zu. »Dann fängt der Mann an, mich zu schlagen«, fuhr sie fort. Ich verschluckte mich fast an meinem Bier. »Wenn ein Mann glaubt, er kann dich besitzen, hast du sofort ein blaues Auge«, sagte sie. Da bliebe sie doch lieber solo. Mitfühlend fragte sie mich: »Schlägt Frank dich auch?«

Am Morgen vor unserer Abfahrt kaufte ich Gemüse und Obst auf dem Markt von Apia. Auf dem Weg dorthin besorgte ich mir in einem Laden mit Nippesfiguren und Geschenkartikeln einen großen Pappkarton. »Nach Tokelau gehen Sie?«, fragte die ältere Inhaberin zurück und nestelte an der Goldkette ihrer Brille. »Oh, Sie armes Ding!« Ich hatte mich bisher eher für einen Glückspilz gehalten, was unser Reiseziel anging. Als sie meinen erstaunten Blick auffing, beschwichtigte sie mich. »Ich meine, da gibt es ja nicht viel Auswahl an Essen, oder?«

Die »MS Tokelau« war nicht größer als ein Ausflugsdampfer auf der Hamburger Alster, machte aber einen stabilen Eindruck. Beide Kabinen an Bord waren bereits belegt. Wir würden also an Deck schlafen. Ein Fleischberg mit weiblichen Zügen plumpste neben mir auf die Bank und zerkaute knallend Kaugummiblasen. Die dazugehörige Tochter bekreuzigte sich, schluckte ihr Medikament gegen Reisekrankheit und nahm einen langen Schluck aus einer Colaflasche. Das Schiff legte ab und steuerte aufs dunkel werdende Meer hinaus. Der erste von vielen Regengüssen peitschte auf die Plastikplane über unseren Köpfen. In der Ferne zeichneten sich die weißen Fassaden von Apia ab. Bei der Ankunft auf Samoa war es, als hätten wir eine fremde Welt betreten. Jetzt hatten wir das Gefühl, einen sicheren Hort der Zivilisation zu verlassen. Apia war die letzte Stadt gewesen, die wir für Monate sehen würden.

Mike, ein junger Mann aus dem Tokelau-Büro, sollte für den Gesundheitsminister auf dem mittleren Atoll arbeiten. Er hatte bereits unsere Matratze auf einer Plattform auf dem Unterdeck ausgerollt. Auf den Kissenlagern rund um uns sah ich halbbekannte Gesichter. Mikes Frau, eine Zahnärztin aus Tonga, legte sich Minuten nach der Abfahrt auf die Matte neben uns und rührte sich die nächsten 24 Stunden nicht mehr. Sie litt wie die meisten an Bord an Seekrankheit. Das Abendessen, auf das sowieso niemand Appetit hatte, fiel aus. »Der Koch hat vergessen, mitzukommen«, sagte Mike und lachte. Ein Goldzahn schimmerte in seinem Gebiss. Er war einer der wenigen Tokelauer, die zurück in die Isolation kehrten, nachdem sie im Ausland studiert hatten. Auch wenn ihre Familienmitglieder in Neuseeland lebten, war der Kulturschock für die Jugendlichen von den Inseln im Pazifik gewaltig. Viele schmissen die Schule, nahmen Drogen, landeten auf der Straße. »Manche von uns«, sagte Mike, »haben vorher noch nie einen Fluss oder einen Berg gesehen.«

Mit dem Schiffsbauch unter uns schaukelten wir durch die pazifische Nacht. Es hätte sich romantisch angefühlt, wäre mir nicht so flau gewesen. Unser Sohn Jasper schlief tief und fest. Am nächsten Morgen schenkte einer der Seeleute aus einem großen Kessel reihum heißen, stark gesüßten Tee in Plastikbecher ein. Dazu zwei Scheiben Weißbrot, ein hartgekochtes Ei, und ein langer Tag an Bord begann. Wir lasen und dösten auf unserem Lager. Erst jetzt nahmen wir andere Passagiere wahr. Außer uns gab es nur wenige Bleichgesichter. Maggie aus Neuseeland reiste für ein freiwilliges Jahr als Lehrerin nach Fakaofo, das südliche Atoll. Ihr hatte man zur Vorbereitung Videos über das richtige Auftreten in der fremden Kultur gezeigt. Sie erinnerte sich, dass in Polynesien oft genickt und »ja« gesagt würde, auch wenn man »nein« meint, um den ausländischen Gast nicht zu enttäuschen oder zu brüskieren – selbst dann, wenn es um die Frage ginge: »Ist dies der richtige Weg nach XYZ?« Sie war ähnlich gespannt wie wir.

Ein übergewichtiger älterer Amerikaner mit aufgedunsenen Beinen und hochrotem Kopf dozierte über seine Zuckerkrankheit. Er war kaum zu überhören und ging uns gewaltig auf die Nerven. »Was macht so ein Mensch nur in Tokelau?«, fragte ich Frank leise. Der Ami, so stellte sich bald heraus, war Mitglied in einem Reiseclub. Von den 193 Ländern der Erde hatte er 180 besucht. Tokelau fehlte noch zum Abhaken. Er würde nur für wenige Stunden an Land gehen und mit dem gleichen Schiff zurückkehren. Das gab Punkte im Club. »Welche Souvenirs kann man da kaufen?«, fragte er so laut, dass die Leute auf ihren Matratzen hochblickten. »Ich muss unbedingt einen Schlüsselanhänger von Tokelau haben.« Ich sah, wie Mike den Kopf in den Nacken legte und lachte, so dass die Goldzähne blitzten. »Schlüsselanhänger!«, wieherte er. Dann lächelte er den Amerikaner freundlich an. »In Tokelau kann man nichts kaufen«, sagte er und betonte jedes Wort. »Wenn, dann bekommt man etwas geschenkt.« Der amerikanische Tourist sah enttäuscht aus.

Die Kinder der Großfamilie auf der Nachbarmatratze lagen apathisch auf ihren Kissen und bewegten sich lediglich, um mehrmals täglich kleine Schwalle von Unverdautem von sich zu geben. Lautlos und ohne eine einzige Träne. Ihr Vater, ein kräftiger Kerl mit kugelrunden Augen und Locken, wischte weg und trug die Kleinen geduldig zum Klo. Wir wussten noch nicht, dass er Manu hieß, Maler war und uns ein halbes Jahr später eines seiner schönsten Bilder zum Abschied mitgeben würde. Und er wusste noch nicht, dass das Baby, das seine Frau im Bauch trug, in wenigen Monaten so heißen würde wie ich.

Vor der Kombüse saßen kräftig gebaute Polynesier in T-Shirts und Shorts und schauten sich Rugbyspiele auf Video an. Immer wieder die gleichen Wiederholungen, Stunde um Stunde. Der zweite Tag an Bord begann mit Baked Beans auf Plastiktellern und Father Pat, dem katholischen Geistlichen von Nukunonu, dem mittleren Atoll. Er hatte irische Vorfahren und sprach fließend Tokelauisch. Ein junger Gehilfe mit Hasenscharte, der sich dem Geistlichen nur in gebückter Haltung näherte, brachte ihm Kekse. Knabbernd erzählte der weißhaarige alte Mann von seinen Schäfchen, um deren Seelenheil er sich seit Jahren kümmerte. »Ihr Verhalten wird ständig von den anderen beobachtet. Wenn doch mal jemand aus der Rolle fällt, dann maßregelt ihn die Familie«, sagte er zu mir. Dass es auf Tokelau keine Gefängnisse gibt, wusste ich bereits. »Wie werden denn Verbrechen bestraft?«, wollte ich wissen. Father Pat musste lange nachdenken. »Auf Nukunonu gab es mal eine versuchte Vergewaltigung, aber das ist lange her. Den Täter haben sie ans Gemeinschaftshaus gekettet und kahlgeschoren. Da saß er dann mehrere Wochen.« Andere müssten säckeweise Steine vom Riff schleppen, um die Flutwälle höher zu bauen. Die härteste Strafe sei früher der Ausschluss aus der Gemeinschaft gewesen: den Mann ins Kanu setzen, eine Angelschnur mitgeben und für immer raus aufs Meer schicken. »Möge er in Kiribati oder Tuvalu landen oder ihn die Haie fressen«, sagte Father Pat und lächelte milde. Ich schaute auf die Wassermassen rund um uns. Es war kaum vorstellbar, dass in dieser blauen Unendlichkeit irgendwo ein kleines Land namens Tokelau liegen sollte.

Wir hatten seit der Abfahrt fast 600 Kilometer zurückgelegt. In den letzten Stunden auf See verflog endlich die leichte Übelkeit, die mich die ganze Zeit begleitet hatte. Zu dritt standen wir an der Reling und schauten Richtung Horizont, gespannt und gelöst zugleich. All die Monate der Vorbereitung, die vielen Erzählungen, das ewige Packen und Planen, die Sorgen, die Vorfreude, die Flüge und Abschiede hatten jetzt ihr Ende. Als endlich die grünen Umrisse von Atafu auftauchten, leuchtete ein Regenbogen über dem Wasser. Fliegende Fische begleiteten unser Boot auf den letzten Kilometern. Ein gutes Omen. »Hinterm Horizont geht's weiter ...« summte Frank. Jasper nahm sich seine Mundharmonika und fiepste Akkorde in den Fahrtwind.

»Guten Tag«, sagte jemand auf deutsch zu uns. Udo war ein drahtiger Rentner aus Hamburg, der in seinem verschlissenen hellblauen Tropenanzug aus den 6oer Jahren stark an eine Figur aus »Tim und Struppi« erinnerte. Wir hatten ihn noch nicht entdeckt, weil er in einer der beiden Kabinen geschlafen hatte. Er führte uns seinen aluminiumverspiegelten Profi-Sonnenschirm vor. Ihm hatte ebenfalls sein Hobby zu einem Rundtrip mit der »MS Tokelau« verholfen. Udo war Amateurfunker und würde sich gleich auf der Funkstation von Atafu für ein paar Stunden in den Äther begeben, um dort von einem der entlegendsten Orte der Welt Kontakt mit Funkern in Europa und anderswo aufzunehmen. Denen bestätigte er dann später in einem Zertifikat, dass sie per Kurzwelle tatsächlich in der Südsee gelandet waren. »Atafu ist die schönste Insel von Tokelau, am saubersten und hat die freundlichsten Leute«, berichtete der rüstige Herr. »Aber Sie kommen nicht ins Paradies, das müssen Sie wissen.« Er musste es wissen, denn die Südsee, die kannte er wie seine Westentasche: »Tahiti können Sie vergessen, viel zu unfreundlich. Wie überall, wo die Franzosen waren. Und wo die Spanier waren, da kann man das Wasser nicht trinken. Solche Dinge merkt man sich über die Jahre!« Er spannte seinen silbernen Schirm auf, krempelte sich die Hosenbeine hoch und kletterte behände von Bord. Wir waren da.

2 Holztrommeln für deine Seele

Pate mo tou agaga

Atafu besitzt keinen Hafen, sondern lediglich einen Kanal im Riff. Wegen des Korallenrings, der die Inseln umgibt, konnte das große Boot nicht direkt am Ufer anlegen. Wir wurden auf einem motorbetriebenen Verladefloß an Land gebracht. Mein erster Eindruck von unserem Atoll waren rostige Ölfässer, Palmen und weiße Korallenstücke, wo man hinsah. Das Licht war unbeschreiblich. Golden, flimmernd und weich. Es war früher Vormittag. Eine Gruppe Kinder saß auf der Kaimauer und ließ nackte braune Beine baumeln. Alle waren barfuß. Über dem Ortseingang stand ein tokelauischer Gruß und unter dem Schild eine kräftige kleine Frau in gestärktem weißen Kittel. Sie streckte uns lächelnd die Hand entgegen. »Ich bin Schwester Nua«, sagte sie in stark polynesisch eingefärbtem Englisch. Sie musste zwischen 40 und 50 Jahre alt sein. Ihre Haare waren angegraut, ihre Körperform ließ auf Kinderreichtum schließen, aber ihr Gesicht war rund und faltenlos. »Willkommen in Tokelau!« Ein vierrädriges Motorrad mit Anhänger stand für uns bereit. Schwester Nua schwang sich in den Sattel. »Zu weit zum Laufen, wir müssen zum anderen Ende.« Bis zum anderen Ende des Dorfes, stellte sich heraus, hätte es zu Fuß keine fünf Minuten gedauert. Die einzig bewohnte Insel des Atolls war höchstens einen Quadratkilometer groß. Wir fuhren über die Hauptstraße Atafus, einen kleinen Schotterweg aus knirschenden Korallenstückchen. Alle Bilder saugten wir auf den wenigen Metern in uns auf: Häuser aus Beton, mit festen Wänden und großen verstellbaren

Lamellenfenstern, durch die der Wind ziehen und jeder von außen hineingucken konnte. Kinder, die aus den Fenstern schauten, lachten und uns zuwinkten. »Bye«, riefen sie immer wieder. Sie hielten es offenbar für einen Gruß. Wir sahen die Kokospalmen rund um die Häuser, die unzähligen hellen Korallenstücke darunter, die mageren Hühner, die aufgekratzt zwischen all dem herumliefen. Keine Straßen, keine Geschäfte, keine Reklame. Auch die Geräusche waren neu: ein Gemisch aus Vogelzwitschern, Meeresrauschen und Kinderlachen. Hinter den Häusern schimmerte türkisfarbenes Wasser hindurch. Dies war die Lagune, viele Kilometer lang und breit und der Lebensmittelpunkt der Atollbewohner. Besungen, durchtaucht, befischt und geliebt. Ein Dinghi mit Außenbordmotor tuckerte am Ufer entlang. Wahrscheinlich Fischer, die heimkehrten. Unser erster Eindruck hätte kaum schöner sein können. Atafu wirkte durch und durch friedlich. Eine Idylle.

Wir hielten am Krankenhaus, dem Lomaloma-Hospital. Gemalte Palmen verzierten das Schild über dem flachen Gebäude. In seinen abblätternden Pastellfarben sah die Anlage wie eine verwitterte Puppenstube aus. Dort begrüßte uns Manueta, die Oberschwester der Klinik. Sie war im Gegensatz zu Schwester Nua in unserem Alter, Mitte bis Ende Dreißig. Ein weiterer Karamell-Engel, hübsch und sanft, aber moderner gekleidet als die Frauen, die ich in Samoa gesehen hatte. In den letzten drei Monaten war kein Arzt auf Atafu gewesen. Manueta hatte alle medizinischen Entscheidungen vor Ort im Alleingang gefällt. Ihr Auftreten wirkte selbstbewusst und gleichzeitig zurückhaltend – eine charmante Mischung. Frank bestand darauf, dass sie den »Dr. Küppers« fallen ließ. Jeder nannte sich hier beim Vornamen. Zwei junge Schwesternhelferinnen drückten uns frische aufgeschlagene Kokosnüsse zum Trinken in die Hand. Ich fragte nach einem Becher, um diese Köstlichkeit besser trinken zu können. Die jungen Frauen lächelten verständnisvoll. Sie hatten wohl schon häufiger

Anfänger wie mich erlebt. Im Haus stünde auch Essen für uns, sagte die sympathische Chefschwester Manueta und zeigte auf ein blassgelb gestrichenes Gebäude neben der Klinik. »Wollt ihr es euch angucken gehen?« Natürlich wollten wir.

Unser neues Zuhause hatte ein kleines Wohnzimmer, von dem zwei Schlafzimmer und eine Küche abgingen, Linoleumboden, Betten, zwei Kommoden, Holzsofa und Sessel, einen Küchentisch, drei Plastikstühle und einen Kühlschrank. Keinen Herd, kein Stück Geschirr oder Besteck. Dafür standen auf dem Tisch Schüsseln mit frisch gegrilltem Fisch, Reis und einem sattgelben Gemüse, das süßlich roch: frittierte Brotfruchtscheiben.

Das Badezimmer war ein etwas angeschimmelter, ungekachelter Betonraum mit einer Dusche, die aus Duschkopf und Loch im Boden bestand, und einer Toilette mit dunkel verfärbtem Spülkasten. »Kein Waschbecken«, registrierten Frank und ich gleichzeitig. Wir waren weder enttäuscht noch übermäßig begeistert. Das halbleere Haus mit nackten Wänden und Boden wirkte zu provisorisch, als dass wir uns auf Anhieb darin wohlfühlten. Wir waren vor allem glücklich, endlich am Ziel unserer Reise zu sein. Ein paar Stunden später sanken wir nassgeschwitzt auf die geblümten Sofapolster. Auch die hatten schon bessere Tage gesehen. Stolz betrachteten wir unser neues Heim. Unsere 59 Taschenbücher waren ausgepackt und die Schubladen der Kommode, die nur mit Mühe auf- und zugingen und nach Insektengift rochen, mit Batterien, CDs, Briefpapier, Filmen, Sonnenöl und anderem Kleinkram gefüllt. Wir hängten Moskitonetze über den Betten auf und spannten Schnüre im Schlafzimmer, auf die wir unsere Kleider hängten. Zwei lehrreiche Plakate aus dem Fischereiministerium von Apia zierten jetzt die Wohnzimmerwände: »Samoaische Muscheln« und »Samoanische Fische« mit bunten Abbildungen von sämtlichen einheimischen Meeresbewohnern. Die Seegurke heißt Loli, lasen wir. Wenn ich mich richtig erinnerte, hießen so auch die Süßigkeiten auf Tokelauisch, die Jasper auf der Bootsfahrt angeboten worden waren.

Schwester Manueta steckte den Kopf zur Tür herein. »Alle Sachen fürs Doktorhaus sollten eigentlich auf dem Schiff mitkommen«, sagte sie entschuldigend. Zumindest ein Gasherd wurde mitgeliefert. Zwei Männer schleppten ihn ins Haus. An einem von ihnen konnte ich mich kaum satt sehen: Er hatte feminine Gesichtszüge mit hohen Wangenknochen und einen hüftlangen schwarzen Pferdeschwanz, den ein Rüschenband zusammenhielt. Hinterm Ohr steckte eine weiße Blüte. Unter seinem T-Shirt zeichneten sich wohldefinierte Muskeln ab. Er trug Ringe an den Fingern und dunkelroten Nagellack auf den Zehen und wirkte unverkennbar stockschwul. »Das gibt es hier also auch«, dachte ich freudig überrascht. Allzu engstirnig konnte das Inselvolk trotz strengem Protestantismus demnach nicht sein. Die männliche Schönheit schleppte gerade kraftvoll, aber mit grazilen Bewegungen eine riesige, nagelneue Tiefkühltruhe an unsere Tür. Das weiße Monstrum füllte eine Ecke des kleinen Wohnzimmers komplett aus. Da es im Haus eh nur zwei Steckdosen gab, ließen wir das Gerät ausgeschaltet. Weil wir keinen Schrank besaßen, lagerten wir darin unsere Kameras und leeren Rucksäcke.

In der Ecke gegenüber stand die Gitarre. Frank hatte sie kurz zuvor von seinem Einsatz mit »Ärzte für die Dritte Welt« von den Philippinen mitgebracht. Sie hatte ihn gerade mal 30 Dollar, aber fast einen Nervenzusammenbruch am Flughafen gekostet, weil das Bodenpersonal für das Instrument ein Vielfaches an Übergepäckgebühr verlangt hatte. Zum Glück war ihm das kostbare Stück den Transport wert gewesen. Die Schwesternhelferinnen hatten uns bereits darauf angesprochen. Die Gitarre versprach einiges an Unterhaltung.

Unser Haus hatte als fast das einzige am Ort Gardinen. Wahrscheinlich aus Rücksicht auf die Privatsphäre der ausländischen Arztfamilien, die keine Dauerbeobachtung gewohnt waren. Auf halber Fensterhöhe zog sich eine Stoffbahn über den unteren Teil der tief liegenden Fenster. Ein weiterer Streifen bildete eine Art Abschlussschmuckkante am oberen Fensterrand. Dazwischen war freier Einblick bis auf Brusthöhe möglich, da die Glaslamellen der Fenster nur bei Regen geschlossen wurden. »Aber wenigstens beim An- und Ausziehen bin ich doch gerne mal ungestört«, stellte Frank fest. Also hängten wir die obere Stoffbahn ab, schlugen die Nägel tiefer ein und verdeckten die Fenster bis Kopfhöhe. Gegenüber von uns saßen die Schwestern auf der Bank vor der Klinik und hatten unsere neue Sichtblende mit Sicherheit registriert. Das Haus war keine zwanzig Meter vom Lomaloma-Hospital entfernt. »Hoffentlich halten sie uns nicht für paranoid«, sagte ich zu Frank, als ich die Gardinen zurechtzog.

Zumindest ließ es uns niemand spüren. Wir wurden in den ersten Stunden nach der Ankunft förmlich von Hilfsbereitschaft überrollt. Oberschwester Manueta brachte Bettlaken und Küchenhandtücher aus ihrem Haus. Schwester Nua, die Älteste, die uns mit dem Motorradanhänger hierhin chauffiert hatte, besorgte uns im Dorfladen einen Teekessel, vier Emaillebecher und frische Handtücher. Selbst die Schwesternhelferinnen kramten aus ihren eigenen Beständen Geschirr, Töpfe und Besteck für uns zusammen. »Es tut uns so leid, dass noch nicht alles fertig ist«, sagten sie immer wieder. Wir schämten uns mittlerweile schon fast, dass wir solche Umstände machten. Wir hatten nicht vor, uns den ganzen Hausrat der Insel zusammenzuleihen, nur um normal kochen und essen zu können. Als wir endlich unsere Küche in Betrieb nehmen wollten, schien der Strom plötzlich ausgefallen zu sein. Ich lief die wenigen Schritte zur Klinik herüber und fragte nach dem Sicherungskasten. Die Schwestern lachten in sich hinein: zu komisch waren wir verwöhnten Ausländer »Der Stromgenerator wird mittags abgestellt und erst um sieben Uhr abends wieder angemacht«, erklärte Manueta.

»Ab elf Uhr abends bleibt es dann dunkel. Für die gesamte Insel.«

Hinter der Klinik, direkt am Rand der Lagune, stand ein Rohbau, in dem gehämmert wurde. »Das ist das neue Haus für den Arzt«, sagte die Chefschwester. »Es sollte eigentlich schon längst fertig sein. Aber in vier Wochen könnt ihr dort sicher einziehen.« Wir fragten, wie lange der Bau denn bisher gedauert hätte. »Sechs Jahre«, sagte sie. Es war ihr sichtlich peinlich. Ein Mann in Arbeitshosen und verschwitztem T-Shirt kam aus dem Rohbau. Er hatte schwarze Locken, ein rundes Gesicht und breites Lachen und rief mir auf deutsch zu: »Alles klar! Wie geht's!« 15 Jahre lang war er mit der Columbus-Linie zur See gefahren, bevor er eine dralle Krankenschwester aus seiner Heimat Samoa geheiratet hatte und mit ihr nach Atafu gekommen war. Beide erwarteten jetzt das zweite Kind. Er kannte Hamburg und die Reeperbahn. Damit nicht genug an Weltläufigkeit: Als einziger Mensch der Insel besaß er eine Brotbackmaschine. Für zwei Dollar, erklärten mir die Schwestern, könne ich bei ihm frisches Brot bestellen. Nach all den neuen Namen seit unserer Ankunft hatte ich auch den des Seefahrers gleich wieder vergessen und taufte ihn einfach den »Bäcker«.

Am Abend bekamen wir ersten Besuch: Eine Krabbe hatte sich ins Haus verirrt und flitzte im Seitwärtsgang mit aufgerichteten Scheren zwischen Tiefkühltruhe und Sessel hin und her. Jasper war fasziniert. »Können wir nicht eine Krabbe als Haustier haben?«, schlug er vor. Bevor ich eine pädagogisch wertvolle Entscheidung treffen konnte, war das Schalentier bereits ins Bad gerannt und hatte sich durch den Abfluss der Dusche davongemacht.

In der Nacht war es durch die Brise vom Meer und der Lagune angenehm lau – verglichen mit Samoa, wo wir alle paar Stunden von der schwülen Hitze aufgewacht und die Laken nassgeschwitzt waren. Eine eigenartige Geräuschkulisse begleitete unseren Schlaf: Fernes Brandungsrauschen und ein seltsames hohes Flöten, das von einem Vogel, Insekt oder von den durchsichtig schimmernden Geckos kam, die an der Zimmerdecke klebten. »Atoll-Musik«, dachte ich beim Einnicken. Das Schiff, das uns gebracht hatte, hatte vor zwei Stunden mitsamt amerikanischem Club-Tourist und deutschem Amateurfunker wieder abgelegt. Jetzt gab es vorerst keinerlei Möglichkeit mehr, die Insel zu verlassen. Für einen kurzen Augenblick zog die afrikanische Ärztin durch meine Gedanken. Hatte sie eigentlich auch in diesem Haus gewohnt? Vielleicht lag sie in diesem Schlafzimmer, als sie sich umbrachte. Ich nahm mir vor, noch mehr über sie zu erfahren.

Irgendwann in der Nacht hörte ich Jasper ein Zimmer weiter heulen. Ich wühlte mich vorsichtig unterm Moskitonetz hervor und griff zum Lichtschalter. Nichts passierte. In meiner Schlaftrunkenheit überfiel mich für Sekunden eine Furcht vor dem Dunkeln und Unbekannten, die ich seit den Albträumen in meiner Kindheit nie mehr gehabt hatte. Ich stand nackt im Zimmer, in das nur der Mond schien. Bis in die Körperzellen spürte ich, was es heißt, nicht einfach einen Schalter anknipsen, zu einem Telefonhörer greifen oder sich in ein Auto setzen zu können, um in die vertraute Umgebung zu gelangen. Es war eine tief sitzende Urangst, die für einen Moment aufflackerte. Ich hatte sie erst einmal Leben gespürt, als ich vor vielen Jahren in Los Angeles frühmorgens unsanft von einem Erdbeben der Stärke 6,7 aufgeweckt worden war. Vorsichtig tappte ich weiter in Richtung Jaspers Heulen. Ich versuchte, nicht auf eine Krabbe oder nachtaktive Kakerlake zu treten. Mein Sohn schlief bereits wieder. Bis ich jedoch wegdämmern konnte, krähten schon die Hähne: das frühe Morgenkonzert von Atafu, das unerbittlich bis in den tiefsten Traum drang.

Kurz darauf klopfte es an der Tür. Ein junges Mädchen stand da, mit einer großen Schüssel unterm Arm. Sie drückte sie mir in die Hand und lächelte verlegen. Ich schaute schlaftrunken auf die silbrigglänzenden Leiber von drei frischen Fischen und verstand nichts. Ein mühsames Frage- und Antwortspiel begann. »Sind die Fische für uns?« Nicken. »Von wem kommen sie denn?« Ein Name, den ich nicht kannte. »Wer bist du denn?« Die Tochter von Schwester Nua, der Ältesten, stellte sich heraus. Sie sprach gutes Englisch, aber war sehr schüchtern, drehte sich plötzlich abrupt um und ging wieder. Ihr Vater Kili war in der Nacht fischen gewesen und hatte uns einen Teil abgetreten. Wir waren überwältigt. Gleich danach klopfte es erneut. Wieder ein Mädchen, diesmal mit einer Plastiktüte. Das bestellte Brot von ihrem Vater, dem »Bäcker«, duftend warm und weich. Geld wollte sie keines annehmen, auf gar keinen Fall. Und schon war sie wieder weg.

Franks erster Arbeitstag begann mit einem Rundgang durchs Lomaloma-Krankenhaus. »Das Sprechzimmer«, sagte Chefschwester Manueta und öffnete eine lilafarbene Flügeltür aus Holz. In dem schattigen Raum standen ein großer Arzttisch mit weißer Plastikspitzendecke, frische Blumen in einem Glas und ein Bücherschrank mit blinden Glasscheiben. In einer Ecke ein Waschbecken, in der anderen ein Computer, und auf dem Boden ein schrill gemusterter Kunststoffläufer. Die losen Linoleumfliesen darunter sahen aus wie ein lückenhaftes Gebiss. An der Wand hingen Plakate der Sorte, wie sie in jeder Hilfseinrichtung der Dritten Welt zu finden sind: Die Warnung an Schwangere, nicht zu rauchen und zu trinken. Illustrationen, wie man eine Salz- und Zuckerlösung bei Durchfall herstellt. Der Verweis auf Familienplanung: weniger Kinder = mehr Gesundheit und Wohlstand. Irgendjemand hatte auf Tokelauisch etwas darunter gekritzelt, das nach einer sexuellen Anspielung aussah.

Eine Tür weiter lag der Operationssaal. Ein etwas zu großer Name für den schäbigen Verschlag, dessen Einrichtung von Rost zerfressen war. Die Wände wirkten schwarz angeschimmelt. Aus der OP-Leuchte hingen kaputte Glühlampen. Von Instrumentarium keine Spur. Frank meinte, es sähe nicht nur so aus, als ob hier in den letzten Jahren nicht operiert worden wäre, es sei für alle möglichen Beteiligten auch besser so. Der einzige Anklang an standesüblicher Hightech war ein relativ moderner Operationstisch, mit einer blauen Plastikplane abgedeckt. Es gab noch einen Lagerraum für Medikamente, eine Teeküche fürs Personal und das Verbandszimmer, in dem die Beleuchtung ebenfalls defekt und das Metallbett komplett verrostet war. Umso aufgeräumter und frischer wirkten die Krankenschwestern: Neben Nua und Manueta noch die etwas verkniffenere Pella, die Zahnarztschwester Sala und die jungen Schwesternhelferinnen Nancy, Maina und Epe, allesamt um die 20. Die drei trugen bunt gemusterte Sommerkleider, die älteren weiße Kittel, und alle hatten ihr dunkles, langes Haar in einem Knoten im Nacken festgesteckt.

Die ersten Patienten warteten draußen auf der Holzbank. Nicht alle waren krank – einige wollten den neuen Doktor inspizieren. Manche Blicke verrieten nicht nur Neugier, sondern Zweifel: Sie hielten Frank mit seinen 35 Jahren für deutlich zu jung. Ein Arzt, das lernte er bald, war hier vor allem eine Respektsperson. Und je älter, desto mehr Respekt. Jung zu sein oder jung zu wirken ist in der polynesischen Kultur alles andere als ein Vorteil, denn Weisheit, Ansehen und Einfluss wachsen mit dem Alter. Älteren wurde das Essen zuerst serviert, vor ihnen benahm man sich besonders gesittet, und vor allem war man still und sprach nicht, bevor sie sich nicht geäußert hatten. Wer das als unterdrückend empfand, konnte sich trösten: Schließlich wurde jeder früher oder später alt und kam in den Genuss dieser Privilegien.

Während die Schwestern Verbandswechsel machten, bekam Frank die ersten chronischen Fälle vorgeführt. Ein Mitte sechzig, gut 120 Kilogramm schwerer Mann in Sporthosen und löcherigem T-Shirt wurde von seinen Verwandten hereingetragen. Er konnte keinen Schritt gehen und litt

unter typisch westlichen Zivilisationskrankheiten: Bluthochdruck, Diabetes und Gicht. Frank schaute aufs Krankenblatt.
Dort stand, dass der Patient Tabletten gegen Bluthochdruck
schluckte. In Deutschland galt das Mittel wegen schwerer Ne-
benwirkungen längst als prähistorisch. Der Sohn des Dicken
übersetzte. »Sie müssen versuchen, ihr Gewicht zu redu-
zieren. Vor allem dadurch bessern sich ihre Beschwerden«,
schärfte Frank Vater und Sohn ein. Irgendwo hatte er gelesen,
dass der Durschnittstokelauer 50 Kilogramm Zucker und
400 Flaschen Bier im Jahr konsumierte. Die Krankenschwester sollte dem Mann ein wirksameres Arthritis-Mittel verab-
reichen. Doch sie zuckte verlegen mit den Schultern und sagte: »Out of stock« – nicht auf Lager. Frank schlug ihr weitere
Präparate vor. Sie standen auf der Liste der angeblich im
Medikamentenschrank vorhandenen Arzneimittel. »Out of
stóck«, murmelte die Schwester jedes Mal eine Spur leiser.
Das Einzige, was sie anzubieten hatte, waren schmerzstillen-
de Paracetamol-Tabletten, wie sie in jeder durchschnittlichen
Hausapotheke als Fiebermittel zu finden sind. Das Verfallsdatum war längst abgelaufen. »Kommen Sie wieder, nachdem das Boot da war«, gab Frank dem dicken Mann mit auf
den Weg.

Eine Mutter brachte ihr zweijähriges Mädchen in die Klinik. Es hatte ein entzündetes, geschwollenes Auge und furcht-
bare Angst vor dem fremden Doktor. Die Mutter verpasste
dem heulenden Kind eine Ohrfeige, damit es endlich still
hielt. »Das wird ihr kaum helfen«, sagte Frank zu ihr. Dann
beruhigte er die Kleine. Die Krankenschwestern und die Frau
sahen ihn überrascht an. Nachdem sich ein Schulkind mit
Ohrentzündung als siebter Patient des Tages gegen Mittag
verabschiedet hatte, meinte Manueta: »Schluss für heute. So
viele Patienten am ersten Tag!« Bei allen Problemen, die einem Mediziner hier womöglich drohten – Stress gehörte sicher nicht dazu. Frank setzte sich an den Computer. Fürs
Internet war die Satellitentelefonverbindung zu langsam. Er-

leichtert stellte er fest, dass sie für E-Mails gerade ausreichte. Es war unser wichtigster Kontakt nach draußen.

Von: Frank Küppers [anke_frank@clear.net.nz]
An: Alle
Datum: Montag, 26. Februar 2001
Betreff: Endlich angekommen

Liebe Freunde, liebe Familie,

da sind wir nun also, mitten im Pazifik und ganz und gar reif für die Insel. Anke wird euch unsere Anreise noch genauestens schildern. Ich habe ein eigenes Krankenhaus für mich ganz alleine, genau genommen drei, denn die anderen beiden Atolle haben zurzeit keinen Arzt. Das Lomaloma-Krankenhaus hier ist allerdings noch spärlicher ausgerüstet, als ich es mir vorgestellt habe. Das, was da ist, ist verrottet, dafür haben die Schwestern aber schneeweiße Kittel an. Und es gab in den ersten Tagen auch gleich einen Notfall für mich. Ein Mann, 150 kg schwer, ca. zwei Meter groß, passenderweise mit Gräte im Hals. Der arme Kerl kriegte nichts rauf oder runter und röchelte ganz erbärmlich. Zu sehen war vom Mund aus nichts und die Schwestern konnten mir auch keinen Tipp geben, was sie da üblicherweise machen. Mit Holzspatel und Pinzette war nichts zu wollen, der Riese meinte nur stöhnend: »Tiefer, tiefer!« Mit einem noch funktionierenden Laryngoskop (das nehmen die Anästhesisten, um den Schlauch für die Beatmung in die Luftröhre zu schieben — allerdings in Narkose!) und einer Intubationszange konnte ich mich überzeugen, dass die Tokelauer wirklich nicht zimperlich sind. Jeder andere hätte mir bei dieser Prozedur vor die Füße gekotzt, aber dieser hier: Keinmal gezuckt, keinmal gewürgt, nur leise geröchelt, und irgendwann hatte ich tatsächlich eine spitze fünf Zentimeter lange Gräte draußen. Sichtbar erleichtert sah sich der arme Kerl das Corpus delicti an, nahm es mit, um es zu Hause vorzuzeigen und schlenderte von dannen, die Gräte als Zahnstocher benutzend.

Erster Patient gerettet und zufrieden — was will man mehr, außer heute Abend vielleicht nur Fisch ohne Gräten.

Liebe Grüße und bald mehr,
Frank

Nichts auf Atafu war schnell oder hektisch. Die Bewegungen der Menschen, die wir bisher gesehen hatten, kamen uns gemächlich vor. Jeder Schritt, jedes Handheben oder Hochziehen einer Augenbraue geschah mit aller Zeit dieser Welt. Es hatte etwas Träges und Träumerisches. Ich machte einen langsamen Spaziergang über die Insel. Man konnte sie problemlos in einer Stunde umrunden. In einem offenen Bretterverschlag saßen die älteren Männer im Schneidersitz auf dem Boden und auf einem Tisch. Einer schlief, ein paar von ihnen schnitzten, die anderen schauten zu. Die Schnitzer hobelten und feilten an Holzdosen, in die später die Angelhaken der Fischer wanderten. Ihre Fußsohlen waren nach oben gedreht und dienten als Werkbank: Sie federten die kräftigen Bewegungen ab, mit denen das Holz zwischen Händen und Schoß bearbeitet wurde. Freundlich zeigte mir einer der Kunsthandwerker sein fertiges Stück. Das Aussehen der Behälter hatte sich genau wie die Schnitztechnik seit Jahrhunderten nicht geändert. In keinem Souvenirshop der Welt gab es diese Stücke zu kaufen. Als Frau und als Palagi, als westlicher Mensch, kam ich mir wie ein Störenfried an diesem Platz vor. Ich ging weiter. Ein junger Mann kletterte eine Kokospalme hoch. Eigentlich kletterte er nicht, sondern hüpfte: Seine Knöchel hatte er mit einem dicken Strick so verbunden, dass die Fußfessel ihm Halt an dem glatten Stamm gab, während er sich mit den Armen hochzog und wie beim Sackhüpfen höher rutschte. In zehn Metern Höhe schlug er mit seinem Messer drei grüne Kokosnüsse ab, so groß wie Rugbybälle.

Ich stellte mich ans Ufer und schaute zwei Frauen in hochgerafften Lavalavas zu, die mit Eisenstangen im flachen Wasser zwischen abgestorbenen Korallen herumstocherten. Die jüngere von ihnen zog mit dem gebogenen Ende des Stabs einen armlangen Polypen aus seinem Versteck hervor. Sie hob das Tier zum Mund und biss ihm kräftig in den Kopf, genau zwischen die Augen. Die ältere sah mich und sagte lachend: »Kill! Dead!« Die Krakenjägerin hielt ihre Beute an einem Fangarm fest und warf ihn sich über die Schulter.

Am äußeren Dorfrand lag ein riesiges Schweinegehege unter schattigen Bäumen. Es war durch etliche kreuz- und querverlaufende Steinmauern aufgeteilt. Die dickste Mauer führte ums Gelände herum, auf ihr konnte man gehen. Die polynesische Schweinerasse ist dunkel und klein. Ferkel drängten sich an rosa Zitzen, alles quiekte und roch nach Tier und war wunderbar anzusehen – der reinste Zoo. Von solchen Tieren hatten sich die Maori einst ernährt und sich Körper an Körper an ihnen gewärmt, als sie auf ihren Kanus aus der Südsee aufbrachen und nach Wochen und Monaten Überfahrt als erste Bewohner in Neuseeland landeten.

Hinter dem Schweinegehege ging es noch einen Kilometer durch unbebautes sattgrünes Palm- und Buschland weiter. Am äußersten Zipfel der Insel stand ein verlassenes Haus. An den leeren Flaschen und Glasscherben auf dem Boden ließen sich die Spuren nächtlicher Partys erkennen. Vor nicht allzu langer Zeit war dies ein Fischereigebäude gewesen, ein aufwändiges Entwicklungshilfeprojekt. Es war nicht richtig genutzt oder von vornherein falsch konzipiert worden – je nachdem, ob man denen glaubte, die es finanziert hatten, oder denen, die es verfallen ließen. Alle Jahre wieder gab es in den politischen Versammlungen, strategischen Sitzungen und Budgetplanungen hochfliegende Pläne, die ehemalige Fischerei in ein Hotel zu verwandeln. »Hoffentlich nicht so bald«, dachte ich, als ich von hier auf das Rund der kleineren Inseln von Atafu schaute. Unbewohnt und unbebaut waren sie, abgesehen von einigen zusammengezimmerten Fale, den einfachen Holzverschlägen zum Schlafen und Sitzen. Auf ein Motu, wie die kleinen Inseln hießen, fuhr man zum Kokosnussernten und zu Picknickausflügen hinüber. Aber nur an Freitagen. Für die anderen Wochentage brauchte man eine besondere Erlaubnis. »Warum dürft ihr nicht hinüberfahren, wann ihr wollt?«, hatten wir Manueta erstaunt gefragt. »Alles Land auf der anderen Seite der Lagune ist unter den Familien von Atafu aufgeteilt«, hatte die Chefschwester uns erklärt. So könne keiner dem anderen Kokosnüsse wegnehmen. Denn wenn alle am gleichen Tag dort seien, funktioniere die soziale Kontrolle besser. Wir waren um eine Illusion ärmer. »Betreten verboten« gibt es also auch in der Südsee.

Die höflich-charmante Schwester Manueta war unsere Verbindung zum Dorfleben. Diejenige, die uns informierte, uns bei praktischen Problemen half und uns durch das unsichtbare Gestrüpp der gesellschaftlichen Spielregeln und Erwartungen führte. Die Kommunikation klappte nicht immer reibungslos: Manchmal wurde vergessen, uns auszurichten, wo wir wann erwartet wurden. Oder wir erfuhren von Dingen, die das ganze Dorf betrafen, erst als Letzte.

Jetzt klopfte sie an unsere geöffnete Tür. Manueta trug dezenten Goldschmuck und ein leuchtendes ärmelloses Kleid, neben dem meine einfachen T-Shirts und Baumwollröcke wie Lumpen wirken mussten. Ich hatte das modische Potenzial von Atafu völlig unterschätzt und viel zu schlichte Sachen eingepackt, um unter all den vermeintlich armen Menschen nicht »overdressed« zu wirken. »Ihr seid um 15 Uhr zur Abschiedsfeier der Schuldirektorin eingeladen. Zieht euch schön an«, riet sie. Genau das war mein Problem. Ich hatte nur ein weißes Kleid für den Kirchgang und ein etwas feineres aus Samoa dabei. Beide waren noch völlig verknautscht, ein Bügeleisen nicht in Sicht und der Strom an diesem Vormittag aus irgendeinem Grund abgestellt. Ich führte Manueta den Lavalava vor, den ich auf Samoa erstanden hatte. Das traditionelle Wickeltuch der Polynesier trugen auch in Tokelau Männer wie Frauen um die Hüften. Sie machte ein paar höfliche Komplimente. Kurz darauf schickte sie eine Lernschwester vorbei, die mir einen eleganten langen Rock lieh.

Als wir aus dem Haus traten, hatten die Schwestern für uns Haarkränze aus frischen Blüten und Blättern geflochten. Geschmückt wie ein Fleurop-Gesteck und von einem wunderbaren Duft umhüllt begaben wir uns zu unserem ersten öffentlichen Auftritt. Unter raschelnden Bäumen waren vor der Schule Bänke und Tische am Rande der Lagune aufgebaut worden. Es war bereits 15.30 Uhr, wir die einzigen Gäste und deutlich zu früh. »Tokelauan Time!«, erklärte uns nach einer halben Stunde Warten lachend ein älterer, schlanker Mann mit grauem Rauschebart und in buntem Hawaiihemd. Abgesehen von seinem Hemd sah er aus wie einer der weisen Männer, die Südseeforscher in den 20er Jahren auf Schwarzweißfotos festgehalten hatten. Er stellte sich als Direktor für Bildung vor. Elias sprach perfektes Englisch. »Ihr seid zu früh, selbst die Sonne ist noch nicht da«, scherzte er und zeigte auf die Wolken am Himmel. Nach und nach trafen alle geladenen Gäste ein. Die Schuldirektorin, die heute an ihrem 60. Geburtstag in den Ruhestand verabschiedet werden sollte, begrüßte uns mit Wangenküssen – majestätisch, aber herzlich. Die Reihe der Direktoren und Honoratioren riss nicht ab. Fast jeder schien ein wichtiges öffentliches Amt zu bekleiden, sprach gutes Englisch, wirkte gebildet. Den höchsten Posten hatte der Pastor inne. Ein dickbäuchiger Mann mit

Dauergrinsen, einem Kasperlegesicht und dem vornehmsten Anzug des Nachmittags. Seine Frau, ebenfalls edel und teuer gekleidet, wirkte geistesabwesend und hatte die Aura einer einsamen Königin. Neben mir saß Vae, eine frühere Schuldirektorin. Sie war eine streitbare, energische ältere Dame mit feinen Gesichtszügen und einem kleinen Haarknoten auf ihrem ergrauten Kopf, und sie sprühte vor Selbstbewusstsein und Intellekt. Der Erziehungsdirektor Elias erklärte uns eine alte Sitte. Früher hätten ein Bruder und eine Schwester einander nicht gegenüber am selben Tisch sitzen dürfen. Vae lachte kurz auf und machte eine wegwerfende Handbewegung: »Was für eine blöde Regel!«, rief sie laut und deutlich. Sie war obendrein auch noch eine Rebellin. Ich war sofort angetan von ihr. »Wenn Atafu voll solcher Frauen ist, dann wird es hier spannend«, dachte ich. Elias' Augen blitzten. Er war anscheinend nicht nur Humorist, sondern auch ein Hüter tokelauischer Traditionen. Vae hatte ihn provoziert.

Ein paar Tische weiter saß der Inselchef, auf Tokelauisch: Faipule. Die höchste Instanz war zwar faktisch nach wie vor die englische Queen, aber Lui Carter war das gewählte Oberhaupt Tokelaus – im Moment barfuß, aber mit Blumenkranz auf der spiegelblanken Glatze. Er trank Bier und parlierte. Obwohl wir bereits seit einer Stunde in seiner Nähe saßen, hatte er sich für den Neuzugang auf seiner Insel nicht sichtlich interessiert. Selbst uns ungehobelten Europäern, die die komplizierten Höflichkeitsregeln der Tokelauer noch lange nicht verstanden, war klar, dass das ein deutlicher Affront war. Vae knabberte verärgert an den gerösteten Brotfruchtscheiben, die uns auf Palmblättern als Vorspeise angeboten wurden. Sie blickte zum Tisch des Faipule und zischte wütend: »Wenn er nur einen Funken Hirn hat, dann kommt er jetzt endlich herüber!« Lui Carter kam, stellte sich knapp vor und ging dann gleich zur Sache über: Die medizinische Versorgung auf Atafu sei schlecht, und das sei Schuld der Neuseeländer. All die versprochenen Hilfsgüter würden nicht oder zu spät geliefert.

»Ich hoffe, du hilfst uns, diese Probleme zu lösen«, gab er Frank deutlich zu verstehen. Vae machte sich ungefragt für uns stark. »Versprich mir, dass das neue Haus für den Doktor in einem Monat fertig wird. Das musst du schaffen, mein Freund.« Sie streckte Lui Carter die Hand über den Tisch hin. Das Staatsoberhaupt schlug ein. Ich war beeindruckt.

Der feierliche Nachmittag entfaltete seinen ganzen Zauber. Es wurden Reden auf die frisch pensionierte Direktorin gehalten, eine bunt verzierte Torte für sie angeschnitten, immer neue Palmblätterteller voll gegrillter Snacks serviert, Lieder angestimmt. Der Bildungsdirektor Elias stand auf und erzählte einen Scherz, der die Geehrte zum schallenden Lachen brachte. Jasper spielte mit einigen Jungen im Schatten der Pandanusbäume und zeigte mir begeistert kleine Korallenstücke: »Guck mal, ein Tier und ein Baum!« Am Rande des Festes saßen junge Mädchen in bunten Blumenkleidern und trommelten im Takt auf eine Holzkiste, unter ihnen der schöne Schwule. Die »Trine«, wie ich ihn mittlerweile getauft hatte, zupfte auf der Gitarre und sang mit hoher Falsettstimme. Plötzlich kippte eine Bank um. Die drei Frauen darauf, mittleren Alters und wohlgenährt, kugelten schreiend auf den Boden. Kreischendes Gelächter brach rings um uns aus. In dieser Lautstärke und Direktheit hatte ich noch nie zuvor jemanden lachen gehört. Es dauerte minutenlang, kam immer wieder und sprang wie eine Welle von Tisch zu Tisch. Nichts konnte einen Tokelauer so sehr erheitern wie slapstickhafter, handfester Humor. Tollpatschigkeit und öffentliches Missgeschick waren kein Grund für Peinlichkeit oder Häme, sondern einfach zum Brüllen komisch. Es war ansteckend. Ich sah Franks Augen leuchten. Er wirkte glücklich über die befreite Atmosphäre um uns herum. Auch ich war begeistert von all den schönen Menschen, ihrer Kultiviertheit, den originellen Kommentaren und ihrem Spaß. Am meisten gefiel mir die Selbstverständlichkeit, mit der sie uns auf gleicher Augenhöhe, aber voller Zuvorkommenheit begegneten. Alle Ängste über die Abgründe der fremden Kultur, die ich insgeheim gehabt hatte, schienen unbegründet. Dies war die ganz und gar erträgliche Leichtigkeit des Seins.

Als alle Reden gehalten worden waren und auch Frank als der neue Doktor ein paar Dankesworte losgeworden war, gab uns Vae zu verstehen, dass wir jetzt gehen könnten. Alles hatte hier seine Form und seine Regeln. Mit Jasper und einer Schar neuer kleiner Freunde im Schlepptau zogen Frank und ich langsamen Schrittes nach Hause. In Tokelau, auch das hatten wir mittlerweile gelernt, lief man gemächlich, und am besten ließ man dabei die Gummilatschen geräuschvoll schlurfen. Zwischen uns trugen wir einen großen Korb aus frisch geflochtenen Palmblättern. Darin lag ein mehrere Kilogramm schweres Sortiment an Spezialitäten: fettes Schweinefleisch mit borstiger Schwarte, im Ganzen gegrillte Fische, eine halbe Brotfrucht und in Öl gebackene Hefekrapfen. Dazu ein für uns nicht identifizierbares mehliges Gemüse von der Form und Beschaffenheit eines weichgekochten Holzscheites. Es stellte sich später als Taro heraus und galt als Köstlichkeit, schmeckte aber so, wie es aussah.

Ratlos packten wir in unserer Küche diese Unmengen an Schwerverdaulichem aus und lagerten sie im Kühlschrank. Am nächsten Tag zeichnete sich ein nicht unerhebliches Essensproblem ab: Wir schafften es nicht, mehr als ein paar Happen von der immer weniger appetitlichen Masse zu essen. Die Reste konnten wir aber auch nicht einfach im Müll entsorgen. Denn alles, was nicht aus Papier, Glas oder Plastik war, wanderte in den Schweineeimer hinter unserem Haus. Und den entsorgte der Hausmeister und Portier der Klinik, der damit beste Einblicke in unsere Essensverschwendung hatte. Er war ein einfacher Mann namens Tile mit stets blutunterlaufenen Augen und einem unübersehbaren Alkoholproblem. Seine Unzuverlässigkeit versuchte er durch devotes Verhalten wettzumachen. Tile kam nicht aus Tokelau, sondern aus dem nordwestlich gelegenen Staat Tuvalu, was ihn zum Außenseiter im Dorf stempelte. Er wohnte mit seinen vier Töchtern, von denen die halbwüchsigen bereits wieder Kleinkinder hatten, in einem Bretterverschlag am Rand des Dorfes. Tile besaß als Krankenhausangestellter ein Privileg: Er durfte mit dem vierrädrigen Motorrad fahren, um Patienten abzuholen oder Sachen für die Klinik zu transportieren. Bevor er nach Atafu kam, hatte er noch nie ein Fahrzeug gefahren. Wie man Motorrad fuhr, hatte er von den vielen Action-Videos gelernt, die die Jugendlichen bis zum Stromschluss guckten. Dafür fuhr er bemerkenswert ruhig. Die Bedienungsanleitung studierte er Abend für Abend wie eine Bibel. Er kannte jede Schraube auswendig. Als Frau des Doktors hatte ich ebenfalls das Recht, mit dem »Bike« zu fahren. Der schwere Anhänger daran ließ sich jedoch nicht so leicht manövrieren. »Ich zeige dir, wie man rückwärts fährt«, sagte Tile. »Wir üben am Friedhof.«

Der Friedhof war der schönste Platz auf Atafu. Der Weg dorthin begann hinter der Schule und führte durch einen Kokospalmenhain zum einzig echten Strand der Insel. Wenige Meter vor den Wellen, die mit Wucht auf den Sand schlugen, lag eine kleine Wiese mit verwitterten Grabsteinen und frisch aufgeworfenen Erdhügeln. Auf den wenigen Gräbern wehten vergilbte Stoffblumen und Christbaumgirlanden in der Brise. Ein Grab sah aus wie ein Korallenbeet, mit bunten Glasscherben dekoriert. Weißer Sand erstreckte sich von den Gräbern herunter zum Meer. Links und rechts des Strandes wuchs saftiger Busch, dem man nicht ansah, dass sich darin die ein oder andere wilde Müllkippe versteckte. Während ich Motorrad und Anhänger samt Jasper darin rangierte und wendete, saß Tile mit Frank unter einer Palme und packte zwei Flaschen Bier aus. Frank war in der Klemme. Er war vorgewarnt, dass die Tokelauer schlecht mit Alkohol umgehen können. Daher wollte er eigentlich nicht vor anderen trinken. Andererseits hätte er gerne demonstriert, dass man auch nach einer kleinen Menge aufhören kann und sich nicht sinnlos betrinken muss, wenn man erst einmal angefangen hat. Tiles Angebot kam ihm wie ein Test vor: Sollte abgecheckt werden, ob der neue Doktor trinkfreudig ist? Und wäre es unhöflich, so ein Angebot abzulehnen? Es war warm am Friedhof. Die Vorfreude auf ein erstes Bier unter pazifischen Palmen besiegte alle Zweifel. Tile dankte es Frank, indem er so etwas wie unser persönlicher Palastwächter wurde.

Polynesier sind berühmt für ihre Großzügigkeit und berüchtigt dafür, dass das Eigentum anderer nicht unbedingt als solches betrachtet wird – nach alter Tradition gehörte allen alles und jeder nahm sich, was er brauchte. Von den Palagi wurde das jedoch oft als Diebstahl empfunden. Weil sich manche ausländische Arztfamilie über verschwundene Gummilatschen gewundert hatte, galten strenge Regeln rund um unser Haus: Wer sich von uns ohne zu fragen etwas borgte, wurde laut Gesetz vom Ältestenrat bestraft. Das schien die Kinder aus unserer Nachbarschaft nur mäßig abzuschrecken. Eine neugierige Bande, mit den Kleinsten im Schlepptau, streifte immer wieder an der offenen Hintertür vorbei, schaute und lachte und amüsierte sich köstlich. Die Kinder versuchten, im Zimmer unsere mitgebrachten Sachen zu erkennen und kommentierten sie voller Interesse. Wahrscheinlich waren wir so etwas wie Fleisch gewordenes Werbefernsehen. Wir verscheuchten sie nicht, sondern winkten freundlich zurück. Je mehr wir ihre Späße mitmachten, desto zutraulicher wurden sie. Von Stunde zu Stunde rückten die Knirpse näher an unsere offene Küchentür heran. Ich kam gerade in die Küche, als ich sah, wie sich zwei Jungen aus dem Staub machten. In den Händen hielten sie kleine Tüten mit Erdnüssen, die auf dem Tisch gelegen hatten. »Hey!«, rief ich hinterher, »Bringt die zurück!« Ich war mehr belustigt als sauer über diese Dreistigkeit. Immerhin hatte ich die Türe aufgelassen und die Kinder der Versuchung ausgesetzt. Tile, der Klinik-Portier, musste mein Rufen gehört haben. Er verstand keinen Spaß, wenn es um den Doktor ging. Aus dem Fenster sah ich, wie er die Kinder vor sich antanzen ließ. Sie standen nebeneinander, sagten kein Wort und streckten ihre Hände vor. Tile zog mit grimmiger Miene seine Gummischlappe aus. Patsch! knallte er die Schlappe einmal kräftig auf jede Hand, und wieder: Patsch! Ich zuckte bei jedem Schlag zusammen. Nach ein paar einschüchternden Worten ließ er die Jungen laufen. Am nächsten Tag strichen sie wieder um die Küchentür, hielten aber deutlichen Abstand.

3 Sklavenschiff und Missionare

Vaka gaoi / vaka atua

Frank verbrachte den ersten freien Nachmittag damit, einen genaueren Blick aufs Inventar der Klinik zu werfen. Es war eine interessante Bestandsaufnahme: das OP-Besteck zum Großteil angerostet, das Sterilisationsgerät defekt, sterile OP-Tücher zum Abdecken des Patienten Fehlanzeige. Die vergammelten Sperrholzschränke ließen sich nur mit Mühe öffnen. Darin ein Gruselkabinett: Beatmungsschläuche aus brüchigem Gummi, das schmierig-schwarze Streifen an den Fingern hinterließ, und weitere nutzlose Geräte, die jeden Flohmarkt bereichert hätten. Unter all dem Medizinschrott fielen einige unsinnige Anschaffungen umso mehr auf: Ein komplett eingestaubter Tageslichtprojektor, um Vorträge zu halten – wahrscheinlich die Spende irgendeines Rotary-Clubs aus Übersee. Oder ein Defibrillator, der zwar in jeder zweiten Folge von »Emergency Room« durch Stromstöße in die Brust Tote zum Leben erwecken konnte, aber ohne eine Intensivstation so überflüssig war wie eine Taucherdruckkammer in der Sahara. Mindestens so absurd war das in eine Besenkammer gesperrte Laufband, um EKG-Veränderungen unter Belastung festzustellen, denn ein EKG-Gerät gab es nicht. Und die ärztliche Verordnung, sich mit 120 Kilogramm Gewicht bei 35 Grad im Schatten und 99 Prozent Luftfeuchtigkeit zum Joggen auf ein Laufband zu begeben, wäre sowieso einem Todesurteil gleichgekommen.

Weniger komisch, sondern eher traurig sah es in den Medikamentenschränken aus: Allenfalls ein Drittel der angeblich vorrätigen Medikamente war tatsächlich vorhanden. Von dem kläglichen Rest war die Hälfte bereits Jahre über das Verfallsdatum hinaus abgelaufen. Und das bei Lagerbedingungen, die allen Empfehlungen auf dem Beipackzettel widersprachen – soweit dieser überhaupt vorhanden war. Basis-Antibiotika fehlten, dafür gab es genügend Psychopharmaka zur Behandlung schwerster Schizophrenie, und mit den vorhandenen Beruhigungsmitteln hätte man ganz Atafu in einen Dornröschenschlaf versetzen können. »Alles ist seit langem bestellt«, sagte Chefschwester Manueta fast entschuldigend, als Frank sie verwundert auf das Dilemma ansprach. »Aber es kommt nicht alles an, was wir bestellen. Und vieles davon ist dann schon abgelaufen.« Sie zuckte bedauernd die Schultern. »Das ist die Isolation.« Die Abgeschiedenheit von Tokelau – in der Tat schwerer und seltener zu erreichen als die Antarktis – schien der Grund allen Übels zu sein. Franks Sorge waren seltene Tropenkrankheiten oder komplizierte Brüche gewesen, bei denen er als Urologe schnell mit seinem Latein am Ende gewesen wäre. Doch die Herausforderung des nächsten halben Jahres würde mehr im Organisatorischen liegen. Die medizinische Lage auf unserem Atoll war genau das Gegenteil dessen, was er erwartet hatte.

»Zumindest wird es dir dabei nicht langweilig«, sagte ich, als wir an diesem Mittag zum dritten Mal die aufgewärmten Reste des Festessens vertilgten. Auch für mich wurde es spannend: Mein neues Leben als tokelauische Hausfrau begann. Ich schnappte mir den Nylonbeutel mit dem Aufdruck »Air New Zealand«, den Jasper samt Spielzeugset im Flugzeug bekommen hatte, und ging einkaufen. Als ich einen Fuß aus dem Haus setzte, rief jemand: »Wohin gehst du?« »Zum Laden«, rief ich Richtung Klinik zurück. »Es ist aber kein Supermarkt«, warnte Manueta mich von ihrem Holztisch aus. Sie faltete gerade Mullbinden. Die anderen Schwestern lachten und kriegten sich kaum noch ein. Ein paar Meter weiter kamen mir ein paar Jugendliche entgegen. Wieder die Frage: »Wohin gehst du?« Fast jeder Mensch in Tokelau sprach zumindest ein paar Brocken Englisch. Die jüngeren Leute, vor allem die, die schon mal im Ausland waren, konnten es fließend, denn in der Schule wurde es von der ersten Klasse an gelehrt. Bis ich fünf Minuten später beim Laden angekommen war, hatte ich fünf Leuten erklärt, dass ich zum Laden ging. Dieses Spiel würde sich von jetzt an mehrmals täglich wiederholen: »Wohin gehst du?« »Zum Friedhof.« – »Wohin gehst du?« »Nach Hause.« Irgendwann war ich es leid und versuchte es mit der Antwort »ins Kino« oder »zum Internationalen Flughafen«. Dann lernte ich, »nach Hause«, »zum Friedhof« und »zum Laden« auf Tokelauisch zu sagen. Schließlich war das, was mich nervte, nichts anderes als Fürsorge: Man ließ niemanden allein, erst recht keinen Gast – vielleicht könnte er auf den wenigen Quadratmetern von Atafu verloren gehen.

Der »Shop« lag am anderen Ende des Dorfes und war die Rückseite eines Lagerraumes. Wer etwas kaufen wollte, stellte sich draußen vor eine hohe Holztheke und gab einer mit Stift und Papier ausgerüsteten Frau die Bestellungen auf: »1 doz. eggs«, schrieb sie auf, »10 apples«, und rief dann den Arbeitern hinter ihr im dunklen Laden etwas zu. Sie füllten das Mehl aus Säcken ab oder zogen tiefgefrorene Fleischstücke aus riesigen Plastiktüten – ruhig und gemächlich und mit schlurfendem Gang, wie es sich für Tokelau gehörte. Ich erkannte Packungen und Konserven auf den hohen Lagerregalen: Dosenkompott, Mayonnaise, Milchpulver, Zigaretten, Spaghetti in Tomatensoße, Klopapier, Sojasauce, Chips, fettes Büchsenfleisch. Die einzigen Milchprodukte waren Butter und H-Milch. Das Angebot an Obst und Gemüse war praktisch gleich null: Zwiebeln und – als seltene Ausnahme – Äpfel aus Neuseeland, aber keinerlei Frischzeug aus dem vegetationsreichen Nachbarland Samoa. Die Zigarettenpäckchen kosteten umgerechnet 50 Cent, und auch die tiefgefrorenen Fleischstücke, die direkt aus großen Säcken genommen wurden, kosteten gerade mal drei neuseeländische Dollar pro Kilo – subventioniert und zollfrei, da Tokelau mit zu Neuseeland gehört. Ich guckte auf den Eierkarton: »Cherry Lane Washington Eggs« stand darauf. Die Eier wurden tatsächlich aus dem amerikanischen Bundesstaat Washington nach Samoa geflogen und von dort nach Tokelau verschifft. »Und was ist mit den Eiern von euren Hühnern hier?«, fragte ich die Verkäuferin. Sie winkte träge ab. »Die sind viel zu klein.« Vor dem Laden rissen Kinder kleine Tüten mit ungekochten Zwei-Minuten-Nudeln auf. Sie schütteten den Inhalt des beigefügten Gewürzpäckchens darüber und aßen die harten Nudeln als Knabberzeug. Tile, der Klinikchauffeur, kam mit dem Motorrad vorbei, um meine Einkäufe abzuholen. In der Minute, in der ich sie auf dem Anhänger verstaute, hatte Jasper bereits eine Tüte Nudeln in der Hand. Wohin er auch ging, stand er sofort im Mittelpunkt. Er war begeistert.

Eine Gruppe von Schulmädchen scharte sich um mich: »Wie heißt deine Mutter?« »Wie heißt dein Vater?« Immer wieder die gleichen Sätze, der standardisierte Versuch, mit dem Schulenglisch Konversation zu machen. Meine Antworten wurden mit Kichern quittiert. Nur die ganz Mutigen wagten sich an raffiniertere Fragen: »Hast du auch eine Schwester?« Diese Kinder waren so anders als bei uns zu Hause. Neugieriger, direkter, aber dann wieder schüchtern und einfach entwaffnend in ihrer Natürlichkeit.

Zu Hause beim Auspacken schnupperte ich an dem Karton. Die Aufschrift »Keep refrigerated« schien schon längere Zeit ignoriert worden zu sein. Ich stellte fest, dass eines der Eier faul war. Dennoch war das Essensangebot reichlicher, als ich nach den Warnungen in Apia vermutet hatte. Ich nahm mir vor, aus dem Wenigen die gelungensten Kreationen hervorzuholen. Ich backte das erste Brot, nachdem wir genug vom knautschigen Weißbrot des »Bäckers« hatten. Aus zerkrümelten Weetbix-Frühstücksflocken improvisierte ich eine Art Vollkornmehl. Es schmeckte erstaunlich gut, obwohl aus der Weetbix-Packung eine Kolonne von Ameisen spaziert war.

Auch Frank war auf bisher Unbekanntes gestoßen: Im Krankenhauscomputer fand er den Abschlussbericht eines seiner Vorgänger, Dr. Robert Bester. Lopati, wie die Tokelauer den neuseeländischen Arzt in ihrer Sprache nannten, war kaum von Bord der »MS Tokelau« gestiegen, als er gefragt wurde, ob er starke Beruhigungsmittel dabei habe. Seit Wochen tobte kein Sturm, sondern ein psychotischer Heroinabhängiger über die Insel. Der Mann war aus dem Ausland zurück aufs Atoll gekommen, um von seiner Sucht loszukommen – unter den Tokelauern eine beliebte und oft erfolgreiche Methode, um aus der Bahn geratene Jugendliche den Großstadtgefahren in Auckland oder Sydney zu entziehen und sie durch die Disziplin des Dorflebens zu rehabilitieren.

Dieser Drogenabhängige ließ sich jedoch nicht einfach durch Radikalentzug heilen. Er drehte völlig durch, ging auf Menschen los, zerstörte Sachen und drohte, sich und andere umzubringen. Weil niemand wusste, wie man ihn in Schach halten konnte, beratschlagte der Ältestenrat, ob man ihn bei nächster Gelegenheit auf ein Kanu setzen und aufs offene Meer hinaus schicken sollte. Als Robert Bester auf Atafu ankam, hatte man den Berserker mit Seilen zwischen zwei Palmen festgebunden. Der Arzt ging zum Schein auf seinen Todeswunsch ein. »Ich helfe dir«, sagte er. »Ich muss dir dafür nur eine Spritze geben.« Er spritzte dem Kranken Beruhigungsmittel, die ihn so weit in Schach hielten, dass er mit dem Schiff nach Apia gebracht werden konnte. Jetzt wusste Frank, warum es solche Unmengen an Psychopharmaka im Medikamentenschrank gab.

Von: Frank Küppers [anke_frank@clear.net.nz]
An: Alle
Datum: Donnerstag, 1. März 2001
Betreff: Vom Wert der Dinge

Ihr Luxuswesen,

es ist ja immer so großspurig die Rede davon, dass
man, wenn man einmal ausgestiegen ist und das einfache Leben gespürt hat, große Schwierigkeiten mit dem
Wiedereinstieg hat, weil sich die Werte verschoben
haben. Ich glaube, dass das ein ziemlicher Käse ist,
denn sobald man wieder da ist, fängt einen der Alltag
wieder ein und man ärgert sich wieder wie früher, wenn
morgens die Zeitung nicht vor der Tür liegt, auch wenn
man vom Gegenwert des Abos ganz viele kleine schwarze
Kinder impfen könnte. Und dennoch verschieben sich die
Werte. Das spüren wir hier auf Atafu ganz gewaltig.
Jeder Gegenstand hat ja zunächst einen finanziellen
Wert, der maßgeblich darüber entscheidet, ob man sich
einen Gegenstand leisten kann. Dann gibt es natürlich
noch den Nutzwert, der anzeigt, ob man etwas überhaupt
gebrauchen kann. Hier auf Atafu kommt dann aber noch
der Verfügbarkeitswert dazu, denn was nutzt viel Geld
für etwas Sinnvolles und Nützliches wie zum Beispiel
Tonic-Water, um Gin Tonic zu machen, wenn es den Gin
nun mal im Laden nicht gibt. Der Verfügbarkeitswert
ist hier der wesentliche Faktor, und ich bastele an
einer mathematischen Formel, die den Atollwert eines
Gegenstandes errechnen lässt. Wenn das gelungen ist,
werde ich die entlegenen Inseln dieser Welt mit Sachen
von hohem Atollwert, aber niedrigem finanziellen Wert
beliefern und ein Vermögen machen.
Ein kurzes Beispiel: Eine Sauna würde sich per Internet bestellen lassen und auch per Schiff anliefern
lassen können, wäre finanziell teuer, vom Verfügbar-

keitswert knifflig, aber machbar, der Nutzwert wäre aber irgendwo bei null. Da ist also nix zu holen.

Strohhalme hingegen! Finanziell lächerlich, 50 Stück für 0,99 samoanische Tala, also weniger als eine Mark. Nutzwert? Wer einmal frische Kokosnüsse getrunken hat und weiß, wie unglaublich gut das schmeckt und welche unschönen Flecken entstehen, wenn sich der Saft aus der Nuss übers Kinn auf die Klamotten ergießt — und das ist unweigerlich der Fall —, ja der weiß einen Strohhalm zu schätzen! Nun gibt es hier auf Atafu keine Strohhalme im Laden, und ich kenne auch noch keinen Online-Strohhalmversand. Unsere Kleinfamilie trinkt, wir haben mitgezählt, locker 30 Kokosnüsse in der Woche, da ist der Srohhalmverbrauch erheblich. Wir hüten die albernen Plastikdinger wie unsere Augäpfel, waschen sie fleißig ab, und Jasper darf überhaupt und ganz und gar nicht damit spielen. Auch Anke, die gerne die Strohhalme oben platt beißt, muss hart an sich arbeiten und diese Unart abstellen. Wenn es Strohhalme hier im Laden gäbe, würde ich glatt eine Mark für einen ausgeben, wenn ich keinen hätte. Da liegt ein Vermögen!

Wenn Ihr also demnächst mal wieder einen Drink vor der Nase habt, wo der Barmann gleich zwei Strohhalme reingesteckt hat, weil es so hübsch aussieht, denkt an uns und erklärt ihm, dass er ein Vermögen verschwendet.

Frank

Auf Platz eins unserer Hitliste der wertvollen Dinge stand die Schere vom Schweizer Taschenmesser, dicht gefolgt von Sicherheitsnadeln, mit denen man zum Beispiel das Moskitonetz aufhängen und fehlende Knöpfe ersetzen konnte. Eine

Chipsdose mit Plastikdeckel und ein leeres Marmeladenglas waren kostbare Schätze, nämlich ameisensichere Behälter. Jede benutzte Plastiktüte wurde ausgespült, getrocknet und wiederverwendet. Wie Müllsucher ließen wir unsere Blicke beim Spazieren gehen über den Unrat im Gebüsch streifen. Eine löchrige Blechkanne? Konnte man als Behälter für Pflanzen benutzen. Ein Stück altes Schiffstau ließ sich aufdröseln und aus den Schnüren eine neue Wäscheleine knüpfen. Ein langer Ast ersetzte den abgebrochenen Besenstil. Eine modrige Holzlatte würden wir säubern und als Gewürzbord über den Herd nageln. »Wie Kriegskinder«, dachte ich und war gespannt auf jede Innovation, die wir aus dem Nichts zauberten. Das Improvisieren hatte einen größeren Reiz als jeder Shopping-Trip durch die Hamburger Innenstadt. Ich wunderte mich, wie wenig ich Dinge des täglichen Lebens vermisste. Wozu brauchte man einen Staubsauger, wenn man einen Besen hatte? Wozu einen Toaster, elektrische Küchengeräte, Kisten voller Spielzeug? Wir hatten kein fließend warmes Wasser, aber einen Kessel und einen Herd – also kein Problem. Unser größter Luxus waren die Mini-Lautsprecher am Discman, deren Batterien wir per Ladegerät an der Steckdose nachladen konnten.

Den Komfort eines Spülklosetts nahmen wir jedoch gerne in Anspruch. Bei den Tokelauern war es genau umgekehrt: Sie bevorzugten das traditionelle Gemeinschaftsplumsklo, das Vava, von denen mehrere auf langen Stelzen über dem Rand der Lagune thronten. Sie verfielen zusehends und sollten nach und nach abgerissen werden. Jammerschade, denn sie waren ein Symbol tokelauischen Gruppenlebens, wie es auf der Welt wohl einzigartig ist. Selbst das Privateste erledigte man hier gemeinsam: Hintern neben Hintern verrichtete man sein Geschäft über der Lagune, traf andere, quatschte und rauchte zusammen. Weil dort die wichtigsten Informationen die Runde machen, heißen die Klos im Volksmund auch »Tokelauische Telefone«.

Der Kindergarten war ein flacher Bau neben der Schule. Die Kindergärtnerin hieß Fetu, sah aus wie ein freundlicher Riese und wog gut und gerne drei Zentner. Umso erstaunlicher war die Geschmeidigkeit, mit der sie sich aus dem Schneidersitz in den Stand bewegte, und das alle paar Minuten. Im Kindergarten spielte sich genau wie in den Häusern alles auf dem Boden ab. Die Kinder saßen im Halbkreis auf kleinen Strohmatten, die nicht viel größer waren als Tischsets. Jasper setzte sich dazu. Die Kleinen begannen mit einem Lied, in dem oft das Wort »Tokelau« herausklang. Dazu klatschten sie und machten tänzerische Bewegungen mit den Händen. Mir fiel auf, wie viele von ihnen braune, verfaulte Zahnstummel im Mund hatten.

Wenn ein Knie in der Runde zu weit nach oben zeigte, drückte Fetu es herunter. Zappeligen Kindern tippte sie mit einem Holzstab auf den Arm – sie wurden sofort still. Fetu hatte das Alphabet auf die Tafel geschrieben. Im Chor sprachen die Kinder die Buchstaben nach, immer wieder. Es klang wie ein monotoner Sprechgesang. Die Kindergärtnerin klopfte mit dem Holzstab den Takt dazu. Dann kam die Mengenlehre dran. Bunte Stäbe in verschiedenen Längen sollten sortiert und Holzperlen auf eine Schnur gefädelt werden.

Am Mittag wuschen die Kinder sich nacheinander in einer Waschschüssel vor der Tür die Hände. Auch Jasper musste warten, bis er aufgerufen wurde. Dann füllte sich der Raum mit Müttern, Tanten und älteren Schwestern. Sie brachten das Mittagessen. Wir saßen gemeinsam in Grüppchen auf dem Boden und packten unsere Sachen aus. Die anderen hatten gegrillten Fisch, Reis mit Ketchup, kalte Würstchen und asiatische Fertignudeln dabei. Ich war die Einzige, die ein Sandwich auspackte. Die anderen schauten interessiert auf unser Essen. Jasper teilte sein Marmeladenbrot und bekam von allen Seiten ein paar Happen zugesteckt. In den mitgebrachten Flaschen leuchtete es orange, lila und blutrot. Sämtliche Kinder tranken ein aus Brausepulver angerührtes Limo-

Getränk. Eine Lehrerin hatte mir erklärt, dass in den Tüten namens »Raro« konzentrierter Obstsaft sei. Schließlich stünde da »Passionsfrucht« oder »Tropical Mix« drauf. Das Raro-Pulver wurde von den Kindern auch gerne pur aus der Hand geleckt. Die süße, konzentrierte Säure wirkte besonders aggressiv auf das Gebiss – daher die schlechten Zähne der Kinder.

Nach dem Mittagessen stellte Fetu eine Kiste mit Spielsachen in den Raum. Nach einer halben Stunde wurde alles wieder eingeräumt. Es ging draußen in der Sandkiste weiter. Ich setzte mich an den Rand. Ein Junge kletterte mir von hinten den Rücken hoch und zog mir meine Sonnenbrille vom Kopf. Ich lachte und versuchte, ihn zu fangen. Seine Mutter kam angelaufen. Ich hatte meine Brille längst wieder, aber sie verpasste dem Jungen einen kräftigen Klaps auf den Rücken und den Po. Der Junge gab keinen Mucks von sich. Er versteckte nur das Gesicht hinter der Hand, als ob er sich schämte.

Ich merkte mir die Worte eines Liedes, das die Kinder heute gesungen hatten. Kina kina, feke feke, pipi pipi, paua paua, ika ika, tuna tuna. Es zählte die Tiere Tokelaus auf: Tintenfisch, Seeaal, Thunfisch, Abalone. »Dies ist das Essen aus dem Meer«, hieß der Refrain.

Jasper kam am nächsten Tag mit einem toten Krebs in der Hand vom Kindergarten zurück gelaufen. »Den habe ich am Weg gefunden«, strahlte er. »Können wir essen!« Ich musste ihn leider enttäuschen. Er zog mit dem Krebs und zwei kleinen Jungen barfuß davon und war ein paar Minuten später wieder da. »Wir haben ihn kaputtgehauen!«, sagte er voller Stolz und strahlte. Er war noch keine Woche auf Atafu und strolchte bereits mit den Kindern durchs Dorf, als ob sie alte Freunde wären. Mir ging das Herz auf, wenn ich die paar Schritte hinüber zur Klinik ging und ihn dort sah, mit einem Kuchenstück in der Hand, das ihm die Krankenschwestern zugesteckt hatten. »Haue, pepe«, riefen sie lachend, was so viel hieß wie »Komm her, Kleiner!« Frank saß in Gummilatschen, T-Shirt, buntem Wickeltuch statt Hose und mit seinem stark gesüßten Kaffee vor dem Sprechzimmer – sein »no sugar please!« wurde standhaft ignoriert oder bedeutete für die Schwestern wenigstens ein gehäufter Löffel – und verbrachte die morgendliche Frühstückspause mit seinem Sohn. Obwohl wir noch ein halbes Jahr Inselleben vor uns hatten, wurde ich fast wehmütig. Wann würde Jasper seinen Vater später so oft um sich haben und bei der Arbeit erleben können? Ein Leben in Deutschland hieß, dass Beruf, Freizeit und Familienleben getrennte Blöcke waren, die ständig aufeinander abgestimmt werden mussten.

Ich hatte schon vor Tagen meine Uhr abgelegt. Je mehr ich mich in den natürlichen Rhythmus hineingleiten ließ und nicht immer nur an das dachte, was als nächstes anstand, umso mehr genoss ich: das weiße Vogelpaar mit den schwarzen Schnäbeln, das auf der Palme neben unserem Haus saß und in der Sonne gurrte, die Nachbarskinder, die singend von der Schule zurückkamen, winkten und »Malo, Anke!« riefen, der warme Wind um meine nackten Füße und das Tuckern der Außenbordmotoren draußen in der Lagune. Ein ganz normaler, wunderschöner Tag. Er wurde noch schöner, als ein Mädchen mit einer Glasschüssel in der Hand bei uns auftauchte. Ihre Mutter Rosa, die Frau des Rechtsbeauftragten und Inselchef-Stellvertreters Maka, hatte uns einen Salat aus rohem Fisch und geriebener halbreifer Papaya in einer frischen Kokossoße gemacht, einfach so. Er schmeckte köstlich. Keine Frage, wir lebten im Paradies.

Der erste Eindruck, dass auf Atafu nichts nach Plan lief, täuschte. Eigentlich lief alles nur nach Plan: Die Tokelauer hatten ihr Leben im wahrsten Sinne des Wortes durchorganisiert. Es wimmelte nur so von Gruppen, Organisationen, Vorsitzenden und Amtsinhabern. Die Jugendlichen hatten ihre Jugendgruppe (deren Vorstand um die 50 war – sonst wäre er dieses Amtes nicht würdig gewesen), die Sportler hatten ihre Mannschaften und Team-Chefs, und die Kirchen-Frauen kümmerten sich ums Gotteshaus. Jede Gruppe hatte ihre Sitzungen, ihren Festtag und ihre Uniform.

Auch der gesamte Tag war genau eingeteilt. So nah am Äquator wird es stets zur gleichen Uhrzeit abends nach nur kurzer Dämmerung dunkel und morgens hell. Nach dem Sonnenaufgang um sechs wurde gefegt. Ich lag um die Zeit noch im Halbschlaf, hörte die Hähne krähen und die scharrenden Bewegungen eines Besens, der irgendwo in der Nähe des Hauses herabgefallene Blätter und Palmzweige von den Korallen fegte. Ab halb acht versammelte sich in der Nähe unseres Hauses die Aumaga. Diese Truppe der arbeitsfähigen Männer wurde zur Arbeit eingeteilt: Palmen fällen, Fischen, Kokosnüsse einsammeln, und – so hofften wir – den Bau des Doktorhauses fortsetzen. Um acht war dann der Strom da und die Arbeit konnte beginnen. Um 12 Uhr aß jeder auf Atafu seinen Lunch, und um zwei Uhr mittags wurde der Strom abgestellt und damit die Arbeit beendet. Jeden Abend gegen halb sechs ertönte der Gong fürs Abendgebet – genauer gesagt, die Ausgangssperre. Die Jugendlichen brachen ihr Ballspiel ab, die Kinder kamen vom Spielen aus der Lagune. Eine halbe bis dreiviertel Stunde lang herrschte absolute Ruhe. Jeder hielt sich nur im Haus auf. Natürlich hielten auch wir uns an die Sperrstunde. Statt wie erwartet die Bibel zu wälzen und Gebete zu murmeln, bereiteten wir im Halbdunkeln das Abendessen zu. Das Licht ging erst an, wenn der abschließende Gong ertönte.

Das Leben nach Plan ging weiter: Dienstag war der Tag der Frauen – mit Versammlung und gemeinsamem Sport, Kochen oder Handarbeiten; Mittwoch abends Gottesdienst; Donnerstag war der Tag der Männer mit Versammlung und Kricketspielen; Freitag war Ausflugstag zu den äußeren Inseln und am Samstag alles geschlossen.

Das Wochenende verhieß noch lange keine freie Zeiteinteilung. An unserem ersten Samstag wurde das Dorf morgens mit lautem Trommeln auf große Blechtonnen geweckt – Ausschlafen unmöglich. »Was war das denn?«, fragte ich eine der Krankenschwestern später. »Das war das Signal für die Frauen, die Kirche für den Gottesdienst morgen zu dekorieren«, erklärte sie mir. »Mit Blumen und Palmblättern und allem, was schön aussieht.« Nachmittags erklang ein anderes durchdringendes Geräusch, diesmal von einer Trillerpfeife. »Gleich ist Housie«, sagte die Schwester. Was immer das war, ich wollte es mir nicht entgehen lassen. Eine geschlagene Stunde lang wartete ich vor dem traditionellen Versammlungshaus, einem der wenigen ursprünglichen Gebäude Atafus. Richtig: »Tokelauan Time« – ich hatte die Zeitverschiebung schon wieder vergessen. Statt Wänden hatte diese Fale nur ein paar Pfähle zum Anlehnen. Als Fußboden dienten weiße Korallenstückchen und als Dach verwobene Palmblätter, die Schatten spendeten. Die meisten Häuser auf Atafu waren allerdings aus nacktem oder angemaltem Beton gebaut, nachdem 1990 und 1991 Wirbelstürme fast das gesamte Dorf zerstört und ins Meer gespült hatten.

Die Tokelauer hatten in ihrer Geschichte einige Katastrophen überstanden. Am schlimmsten setzten ihnen Sklavenhändler aus Peru zu, die um 1860 mit ihren Booten an den Inseln anlegten und 253 Männer zwangen, mitzukommen. Der Menschenraub war unvorstellbar grausam und für das kleine Inselvolk verheerend. Nur ein einziger Verschleppter kehrte zurück. Erst wenige Jahrzehnte zuvor hatten die Atolle erstmals Kontakt mit der Außenwelt gehabt, als erst Walfischfängerboote und dann christliche Missionare bei ihnen auftauchten. Die Einwohnerzahl Tokelaus sank in den Jahren danach durch Sklaverei, Krankheiten und Umsiedlungsversuche der Missionare bis auf ganze 200. Um überleben zu können, baten die Tokelauer aus purer Verzweiflung schließlich Ende

des 19. Jahrhunderts darum, in eine britische Kolonie aufge-
nommen zu werden. In alten Atlanten findet man sie daher
noch unter der Bezeichnung »Gilbert und Ellice Inseln«, den
früheren Namen von Kiribati und Tuvalu.

Die Engländer übergaben Tokelau 1926 an Neuseeland.
Doch Neuseeland, selbst noch im Entstehen als Einwande-
rungsland, kümmerte sich kaum um seine kleine Kolonie.
Weder wurden Militärposten installiert noch Verwalter im
Namen der Queen entsandt – der Weg dorthin war zu
mühsam, die Ressourcen auf den Atollen zu mager. Schulen
wurden erst Anfang der 50er Jahre gebaut. Das Post- und Versorgungsschiff kam nur drei bis vier mal im Jahr vorbei; zwischen den Atollen segelte man mühsam mit Kanus hin und
her. Auf Telefone mussten die Insulaner bis 1994 warten,
nachdem sie sieben Jahre darum gebettelt hatten. Bis dahin
wurde das Morsegerät für wichtige Nachrichten eingesetzt.
Diese grobe Vernachlässigung war kulturell gesehen ein
Glücksfall für Tokelau. Ohne imperialistischen Einfluss
konnten sich die einheimischen Sitten erhalten, wurden
Sprache, Gesänge und Mythen gepflegt. Von den verheeren-
den Folgen der Kolonialzeit, die bis heute besonders in den
französischsprachigen Ländern wie Tahiti zu spüren sind,
blieb Tokelau verschont. Es behalf sich mit dem »Faka Tokelau«, dem »Tokelauischen Weg«: Man machte die Dinge so,
wie man sie selber für richtig hielt – Neuseeland war weit weg.
Der »Faka Tokelau« war bis heute die Formel für alles, was
funktionierte. Oder manchmal auch nicht.

Nach und nach trudelten die Frauen des Dorfes ein. Sie grüßten mich freundlich, setzten sich in den Schatten und holten
mit Zahlen bedruckte Papptafeln und bunte Spielsteine aus
ihren Körben. Es wurde also Bingo gespielt. Auch Vae, die
streitbare alte Dame mit dem kleinen grauen Haarknoten,
war da. Sie setzte sich ihre Brille auf, zog das amerikanische
Wochenmagazin TIME aus ihrem Korb und fing an zu lesen,

während die anderen Frauen plaudernd auf den Beginn des Bingospiels warteten. Wieder war ich fasziniert von ihr. Bisher hatte ich noch keinen Menschen auf Atafu ein Buch in der Hand halten sehen, von der Bibel mal abgesehen. Und Zeitungen gab es in diesem medienfreien Land nicht. Mein Beruf, Journalistin, war für die meisten Tokelauer eine völlig unbekannte Tätigkeit und ihnen daher egal. Ich war einfach nur Anke, die Frau von Frank. »Die neueste Ausgabe«, sagte Vae zu mir und reichte das Heft herüber, »gerade angekommen.« Die Zeitschrift war über einen Monat alt, Vae musste die abgelegenste TIME-Abonnentin der Welt sein.

Neben mir saß die dicke Krankenschwester Sala, die sonst fürs Zähneziehen zuständig war, und versorgte mich mit Tafeln und Steinchen. Die Frau des Pastors, schon wieder im feinsten Kleid, drehte eine Kurbel an einer kleinen Drahtkorbschleuder. Sie las mit monotoner Stimme die Nummern der gezogenen Zahlen vor. Sala übersetzte für mich ins Englische. Ich kam kaum mit dem Belegen der aufgerufenen Nummern nach. Die Frauen links und rechts neben mir waren Profis. Immer wieder hatte eine von ihnen als Erste eine volle Zahlenreihe belegt und gewann ein Tütchen Chips. Zwei Stunden und etliche Chipstüten später hatte ich mein erstes »Housie« überstanden – auch eine Art, einen ereignislosen Samstagnachmittag totzuschlagen. Als ich gehen wollte, drückte mir jemand ein ganzes Blech mit Rührkuchen in die Hand. »Für deine Familie«, sagte die Frau, die ihn gebacken hatte. »Nimm ihn mit. Morgen ist doch Sonntag.« Einfach so, ein Kuchen für uns? Ich bedankte mich überschwänglich. »So ist unsere Kultur«, sagte die Frau und strahlte mich an.

Der heiligste Tag der Woche begann für uns wie die Vorbereitung auf einen Kostümball. Ich zog mir ein langes weißes Kleid an und Frank einen grauen Lavalava, den er sich in Apia hatte schneidern lassen. Die Kirchenglocke bimmelte. Gemächlichen Schrittes reihten wir uns in die Karawane der

Gutgekleideten ein, die zur Dorfmitte zog. Die Kirche war der größte Bau der Insel, mit einer hohen Kuppel und weiß verputzten Steinwänden. Auf der einen Seite saßen nur Frauen und Mädchen, auf der anderen Männer und Jungen, und vorne der Chor der Frauen. Wir setzten uns in die Mitte, weit nach hinten. Zwei alte Männer nickten uns freundlich zu und grüßten.

Was immer wir insgeheim von diesem Gottesdienst erwartet hatten, dem noch rund 50 weitere folgen würden – wir wurden enttäuscht. Keine folkloristischen Rituale, kein Gospel-Feeling, sondern Protestantismus pur. Nur die Lieder klangen anders als die, die ich aus den evangelischen Jugendgottesdiensten vor 20 Jahren kannte: Wie Karussellmusik mit viel »Hili Hili« – so hieß auf Tokelauisch der Allmächtige. Zwei Mädchen mit stramm geflochtenen Zöpfen und Schleifen schubsten und zwickten sich auf ihrer Bank. Hinter ihnen erhob sich eine alte Frau, die ihnen kurz, aber kräftig mit dem Strohfächer auf den Kopf haute. Sie war wohl so etwas wie eine Aufpasserin und mir vom ersten Augenblick an zutiefst unsympathisch. »Schranze« taufte ich sie wenig respektvoll.

Der Pfarrer hielt uns zuliebe seine Predigt erst kurz auf Englisch, dann auf Tokelauisch. Leider war außer dem Hinweis, dass er »gemäß der Internationalen Bibellesevereinigung« vorlas, nicht viel zu verstehen. Seine Sätze waren knapp und schlicht. Geistiges Futter hatten wir von seinen Worten nicht zu erwarten. Wir beteten, wir sangen, die Orgel dudelte im Kirmestakt, und die Schranze zückte hin und wieder ihren Fächer.

Maka, der Rechtsbeauftragte der Insel und Stellvertreter des Faipule, der auch im Kirchenvorstand war, trat mit einem großen Buch in der Hand vor die Gemeinde. Er las daraus Namen und Zahlen vor. Es dauerte und dauerte. »Was wurde da vorgelesen?«, fragten wir Schwester Nua, als wir nach einer guten Stunde wieder ins Helle traten. Sie erklärte es uns: Es waren die Spenden, die jeder Einwohner einmal im Monat an die Kirche zu entrichten hatte. Davon lebte der Pastor. Die Beträge wurden selber festgelegt, aber öffentlich genannt. »Damit es keine Bevorteilung gibt«, sagte Nua. Wir rätselten, mit welcher Summe wir dem Gemeindevorstand künftig unter die Arme greifen sollten. Wer in der Dorfhierarchie oben stand, zahlte automatisch mehr. Aber wir hatten wirklich nicht vor, den Pastor zu bestechen. »60 Dollar müssten reichen«, entschied Frank. Das war weniger, als der Spitzenzahler Maka hingelegt hatte, aber deutlich über dem Durchschnitt.

Nach dem Gottesdienst trat das ein, was in unserer Vorstellung bisher am bizarrsten gewesen war: verordneter Stillstand. Auf Atafu war sonntags nichts erlaubt außer schlafen, essen und beten. Lesen ja, aber bitte in der Bibel. Ausdrücklich verboten waren: arbeiten, Musik hören, Karten spielen, Videos gucken, Fischen gehen, Sport treiben, schwimmen, wahrscheinlich Sex. Am besten, man blieb nach der Kirche zu Hause, aß ab 11 Uhr sein Lunch und machte dann Siesta, bis die Glocken einen weiteren Gottesdienst am Nachmittag einläuteten. Danach lockerten sich die Sitten etwas. Leichte Aktivitäten wie ein Spaziergang wurden am Spätnachmittag toleriert. Innerlich rebellierten wir von der ersten Minute an gegen die verordnete Ruhe. Sie kam uns wie ein absurdes Zwangskorsett vor. Frank lief auf den wenigen Quadratmetern wie ein eingesperrtes Tier zwischen Küche und dem stickigen Wohnzimmer umher. Jasper quengelte, weil er draußen spielen wollte. »Warum dürft ihr denn sonntags keine Videos gucken? Wem schadet das?«, wollte ich einmal von einem Halbwüchsigen wissen, mit dem ich über Religion sprach. »Weil es so in der Bibel steht«, belehrte er mich. »Videos? Vor 2000 Jahren?«, gab ich vorsichtig zu bedenken. Aber das Argument zog nicht. »So steht es in der Bibel. So will es Gott.«

Schwester Manueta erzählte uns von der neuseeländischen

Ärztin, die ein halbes Jahr vor uns mit ihrem Mann auf Atafu stationiert gewesen war. Die beiden konnten es anscheinend nicht lassen und gingen eines Sonntags einfach im Meer schwimmen. Und was passierte? Manueta klang halb belustigt: »Sie sahen einen Hai, ganz in der Nähe. Das kommt davon.« Sie zwinkerte mir zu.

Heiliger Sonntag hin oder her – bevor ich einen Hüttenkoller bekam, machten wir lieber einen Abendspaziergang. Passenderweise zum Friedhof, der schönsten Stelle der Insel. Bevor wir den rötlichen Himmel gegen die Silhouette eines verwitterten Grabsteins sahen, hörten wir bereits das Donnern der Wellen. Zwei Nachbarsjungen folgten uns, ganz vertrauensselig und selbstverständlich. Aus armlangen hohlen Pflanzenstängeln hatten sie sich Trompeten gemacht. Laut trötend stolzierten sie mit ihren Naturinstrumenten vor dem Friedhof auf und ab, eine Truppe halbstarker Wächter. Sie erinnerten mich an Peter Pan oder eine Szene aus »Der Herr der Fliegen«. Jasper bekam auch ein grünes Horn geschenkt, aber vom Blasen brannten ihm bald die Lippen. Am Strand halfen die Jungen mir, Muscheln zu sammeln. In der Zeit, in der ich eine einzige entdeckte, hatte jeder von ihnen schon eine ganze Hand voll aufgelesen und erklärte mir immer wieder mit Inbrunst den Namen jeder einzelnen. Ich konnte mir nur einen merken, der wie »Titanic« klang. Lachend und albern warfen wir rundgewaschene Korallenstücke ins Meer. Jasper hüpfte vor Wonne mitsamt Anziehsachen in die Wellen. Die Abendsonne glitzerte auf dem Wasser und tauchte die Palmen hinter uns in goldenes Licht. Ich hob ein Stück Koralle auf, das wie ein weißes Herz aussah. Als ich aufblickte, sah ich Frank, der hinter uns geblieben war und jetzt nachkam. Er hielt eine reife Papaya in der Hand. »Die hat uns gerade jemand geschenkt«, sagte er. Wie schön und wie einfach doch alles war. Ich zeigte ihm das Korallenherz. Uns zu küssen trauten wir uns vor den Jungen nicht.

Als wir am Abend das Licht ausmachen wollten, hörten wir

ein seltsam klapperndes, scharrendes Geräusch im Zimmer. Frank zeigte leicht erschrocken auf den Beutel mit den gesammelten Muscheln. »Da bewegt sich doch was!« Das Strandgut war lebendig geworden. Aus einigen der schwarzweißgetigerten Schneckenhäuser, die die Jungen für mich gesammelt hatten, streckten winzige Einsiedlerkrebse ihre Beine und Scheren und versuchten angestrengt, über die leeren Gehäuse hinweg ins Freie zu kommen. »Steh auf, hebe dein Bett auf und geh heim«, sagte Frank, ungeahnt bibelfest, und setzte die Überlebenden meiner Sammelwut vor die Türe.

4 Nimm das

Hea la koe lei

Wir waren gerade eine Woche auf der Insel, und eine offizielle Einladung jagte die nächste. An diesem Freitag war morgens der traditionelle Empfang vor dem Ältestenrat, bei dem die neuen Bewohner und Besucher der Insel begrüßt werden sollten. Nachmittags war eine weitere Feier zu Ehren der pensionierten Schuldirektorin angesetzt. Bereits um neun Uhr morgens schickten die Schwestern Frank wieder nach Hause, damit er sich rechtzeitig für seinen kleinen Auftritt um zehn in Schale werfen konnte. Er zog sich das weiße Hemd an, das er noch geistesgegenwärtig im chinesischen Supermarkt in Samoa erstanden hatte, und band sich eine Krawatte um. Ich verkleidete mich mit dem bodenlangen Kleid aus polynesischem Blumenmuster. Auch Jasper war mit geladen und tauschte sein fleckiges T-Shirt gegen ein Hawaiihemd. Tile spielte Chauffeur und fuhr die herausgeputzte Kleinfamilie um kurz nach zehn im Anhänger die wenigen hundert Meter bis zum Versammlungshaus. So viel Stil musste sein, fand Manueta. Das Haus trug den Namen »Lotala«, und der große Raum war kahl bis auf eine Dekoration aus Muschelketten, die von der Decke hingen. Rund zwanzig Männer saßen an hufeisenförmig aufgestellten Tischen, als wir eintraten. Sie waren die Oberhäupter der Familien von Atafu und das höchste Gremium der Insel. Einer von ihnen, der mir bereits in der Kirche zugenickt hatte, war ein zahnloser alter Greis mit eingefallenen Wangen und verspiegelter Sonnenbrille: Hamu, der älteste Mann Atafus. Wir setzten uns an die Stirnseite neben den Faipule, den Inselchef und amtierendes Regierungsoberhaupt Tokelaus. Hinter uns war ein Büffet aufgebaut. Einer der alten Männer begann mit halbgeschlossenen Augen zu sprechen. Dies sei ein wunderschöner Morgen, den der Herr uns geschenkt hätte, sagte er auf Tokelauisch. Wir sollten nicht vergessen, dass Jesus vom Kreuz gestiegen sei, um uns zu retten. Unser aller Aufgabe sei es, das zu erfüllen, was der Allmächtige uns aufgetragen hätte. Daran solle jeder von uns arbeiten. Ende der Rede und Amen. Wir wussten noch nicht, dass jede Rede, jedes Agieren vor den anderen nach bestimmten Regeln und Ritualen ablief: Wie man wen ansprach und würdigte, was man wann sagte oder besser nicht.

Lui Carter, der Faipule, hieß uns sowie zwei junge Lehrer, die aus Samoa angekommen waren, als neue Mitglieder der Gemeinschaft willkommen. Er klang wesentlich freundlicher als bei unserer ersten Begegnung. Dann war Frank an der Reihe. Er überbrachte Grüße unserer Familie aus Deutschland, was ein erfreutes Nicken bei den Greisen zur Folge hatte, und betonte wieder, wie wohl wir uns auf Atafu fühlten. »Bitte seht uns nach, wenn unser Verhalten manchmal komisch oder despektierlich wirkt. Wir wollen niemanden vor den Kopf stoßen, sondern wissen es einfach nicht besser. Die Sitten und Gebräuche in Tokelau sind neu für uns.« Wieder kam freundliches Lächeln aus der U-Formation der Männer zurück. »Ich möchte den Zustand der medizinischen Versorgung auf Atafu verbessern«, fuhr Frank fort. »In der kurzen Zeit, die ich hier bin, habe ich festgestellt, dass die meisten Medikamente abgelaufen sind und das Inventar in einem schrecklichen Zustand ist.« Bei dem Wort »horrible« (schrecklich) schaute der Inselchef leicht indigniert auf Frank, der sich richtig in Fahrt geredet hatte. In der Reihe der alten Männer lächelte niemand mehr. Es wurde höflich geklatscht, dann ein Tischgebet gesprochen. Wir murmelten wieder »Amen« und packten uns danach schweigend Würstchen, Reis und Kuchen auf den Teller. Nach dem Essen wurde uns gesagt, wir dürften uns nun verabschieden. »Ich werde euch eine Kopie der Dorfregeln aushändigen«, meinte der Faipule mit ernstem Gesicht, als wir gingen. Ich nickte und sagte, dass das sicher hilfreich sei. Er schaute mich durchdringend an und verzog keine Miene. »Eine Regel heißt, dass eine Frau überall dorthin zu gehen hat, wo ihr Mann ist.« Hereingefallen! Lui Carter lachte. Der Scherz hatte gesessen.

Drei Stunden später verkleideten wir uns schon wieder, diesmal mit weißem Oberteil und schwarzem Rock und Hose. Das Krankenhaus hatte für die Nachmittagsfeier einen Sketch geprobt, für den wir alle uniformiert sein sollten. Um zwei Uhr sollte das Ganze beginnen. Wir hatten dazugelernt. »Tokelauan Time«, dachten wir und erschienen um drei. Wieder waren wir die ersten. Gegen halb vier füllte sich der Saal langsam. Wir setzten uns an den Tisch des Faipule. Der Inselchef war in lockerer Stimmung, und wir kamen bald auf Politik zu sprechen. Wie sein Land denn auf die Bedrohung durch den Treibhauseffekt reagiere, wollte ich wissen. Durch das Ansteigen des Meeresspiegels gehört Tokelau neben Kiribati, Tuvalu und den Marshall-Inseln zu den ersten Ländern, die nach letzten Schätzungen in 50 bis 100 Jahren aufgrund des Ansteigens des Meeresspiegels vom Pazifik überspült werden. »Unsere Ältesten haben in der Bibel keinen Hinweis auf eine weitere Flut gefunden«, sagte der Inselchef, »sie glauben nicht daran.« Diesmal funkelte es nicht ironisch hinter seiner goldgefassten Brille. Dann ließ er durchblicken, dass man bereits mit Neuseeland über eine Evakuierung verhandle. Samoanische Schlager dröhnten aus einem Ghettoblaster. Die Party konnte beginnen. Wir wurden von einer kugelrunden Lehrerin ins Schlepptau genommen, die mich an einen Frauentisch geleitete. Frank platzierte sie auf der anderen Seite des Raumes neben Elias, den Direktor für Bildung und Fachmann für Humor. Ich fragte die Lehrerin, wer zu wem gehöre. Überraschend viele Frauen hatten deutlich jüngere Männer. »Das ist bei uns ganz normal«, sagte sie. »Eine Frau mit drei Kindern findet auch ohne Probleme noch einen 18-Jährigen, der sie heiratet.« Sie lachte. »Wenn du mal eine alte Witwe bist, dann komm nach Tokelau – hier bekommst du sofort einen neuen Mann!«

Der übliche Reigen langer Reden begann. Zuerst sprach der Pastor. Wir verstanden kein Wort. Plötzlich lachten alle auf und schauten verstohlen zu Frank hin. Meine Tischnachbarin flüsterte mir zu: »Der Pfarrer hat einen Witz gemacht – über die abgelaufenen Medikamente im Krankenhaus!« Es schien der running gag der Veranstaltung zu werden. Drei Reden später kam wieder ein ironischer Seitenhieb: »Expired«, abgelaufen, hörten wir auf Englisch aus dem tokelauischen Monolog heraus. Alles schmunzelte, Frank schaute etwas irritiert. Unter dem frischgeflochtenen Blumenkranz, den man ihm als neuem Ehrengast aufgesetzt hatte, bildeten sich Schweißperlen. War er vor dem Ältestenrat am Morgen mit seiner Kritik zu weit gegangen? Anscheinend hatte sich sein Fauxpas bereits auf der ganzen Insel herumgesprochen und wurde jetzt humoristisch verarbeitet.

Die Verwaltungsangestellten von Bank, Post und Büro führten einen kurzen Sketch auf, bei dem jemand angedeutete Ohrfeigen bekam – wohl in Anlehnung an die Amtszeit der Schuldirektorin. Wir verstanden wieder kein Wort, klatschten aber fröhlich mit. Jetzt kam unser Auftritt. Die Klinik-Angestellten hatten uns vor zwei Tagen gebeten, ein deutsches Lied für dieses Fest beizusteuern. Also sangen wir mit ihnen im Chor und zu meiner holperigen Gitarrenbegleitung »Auf einem Baum ein Kuckuck saß«. Die Schwestern konnten den Refrain sofort auswendig: »Simsalabim bam ba sala du sala dim«. Die Tokelauer waren eindeutig musikalischer als wir. »Frank, du spielst doch Flöte«, hatte eine von ihnen ihn noch aufgefordert. »Woher weiß sie das nur?«, rätselte er später. Ein einziges Mal hatte er seine Holzflöte von den Philippinen aus der Schublade geholt und nachmittags hinter geschlossenen Türen ein paar Töne herausgepustet. Vielleicht standen wir ja doch unter heimlicher Beobachtung?

Die Feier zog sich hin. Jeder blieb an seinem Platz sitzen und wartete geduldig auf die nächsten Darbietungen. Als endlich das Festessen – Hühnerschenkel, Krebse, gebratener Fisch, Krapfen, Brotfrucht und Taro-Wurzel – in frischgeflochtenen Körben serviert wurde, wurden der Faipule und der Pastor als Erste bedient. Als nächstes bekamen Frank und ich unsere Portionen. Selbst unser kleiner Sohn erhielt als Familienmitglied des zweithöchsten Mannes im Orte Vorzugsbehandlung. Niemand aß richtig, nur ein paar Anstandshappen wurden mit den Fingern aus den Körben gepickt. Wenn einer der jungen Leute, die das Essen servierten, durch den Saal ging, dann nur in gebückter Haltung. Es war eine Respektbezeugung gegenüber den Älteren. »Ihr dürft jetzt gehen«, hieß es irgendwann. Die offizielle Verabschiedung. Mit unseren Essenskörben zogen wir mal wieder von dannen. Später verriet mir Manueta, dass sie sich trotz Kuckuck-Singens gelangweilt habe: »Immer diese offiziellen Zeremonien. Es ist alles so steif und förmlich.« Ich widersprach ihr nicht. Bei unserer Willkommensfeier in der nächsten Woche, versprach sie, würde das sicher anders sein.

Ich lernte, Kokossahne herzustellen. Die äußere, faserige Schale rund um die harte Nuss wird per »husking« entfernt: Man spießt die Kokosnuss auf einen in den Boden gerammten Metallpfahl auf und zieht mit aller Kraft die dicke Außenschale in Streifen ab. Das Enthülsen geht kräftig in die Arme und erfordert einige Übung. Dann wird die harte Innennuss – der Teil, den man bei uns gemeinhin als Kokosnuss erkennt und mit Säge, Bohrmaschine und Ähnlichem bearbeitet – in die Hand gelegt und mit einer Machete exakt auf die Mitte geschlagen, so dass der Kern in zwei Hälften auseinander springt. Den Saft lässt man einfach auf den Boden laufen. Er gilt nur von frischen Nüssen als genießbar, deren Fruchtfleisch noch glibberig und fast durchsichtig ist. Dann beginnt die eigentliche Arbeit, das fettige Fruchtfleisch herauszukratzen. Auch dafür gibt es eine erprobte tokelauische Methode: Ich setzte mich auf einen länglichen Schemel, an dem wie der Kopf eines Schaukelpferdes vorne zwischen meinen Beinen ein gebogenes Metallstück mit scharfen kleinen Zähnen befestigt war. Über diese riffelige Kante drehte ich mit beiden Händen die Kokoshälften hin und her, bis das Innere in feinen Flocken herausgekratzt war. Auch das ging wieder in die Arme. Nach der dritten Nuss schmerzten meine Muskeln. Für die letzte Stufe der Kokosverarbeitung braucht man einen leeren, sauberen Reissack aus Plastik, der unten offen ist. Mit einer speziellen Wickeltechnik werden die frischen Kokosraspeln so in den Sack gelegt, dass er sie wie eine Wurstpelle umschließt. Die Schwesternhelferin hängte das Ganze an eine Stange, steckte eine andere Stange unten in den Sackschlauch und drehte mit mir daran so lange und kräftig, bis aus der gewrungenen Masse cremige Kokossahne in einen Topf tropfte. Ich war geschafft. Was für ein Aufwand für eine Tasse voll ›Coconut Cream‹, die wir sonst einfach in Konservenbüchsen im Asia-Laden gekauft hatten. Dafür schmeckte sie aber auch dreimal so gut wie jeder Doseninhalt.

Hinter dem scheinbar einfachen Leben der Menschen auf Atafu steckten unglaublich viele Mühen. Kaum jemand besaß eine Waschmaschine, nur wenige einen Gasherd. Der Kerosinofen erforderte viel Zeit, rußte und machte Dreck. Oft kochten die Frauen gemeinsam in den Kochhäusern – eigentlich überdachte Feuerstellen – wo sie aus Glut und darüber geschütteten Korallen einen Erdofen errichteten. Wer nur eben eine kleine Menge garen wollte, legte seine halbe Brotfrucht oder den in Palmblätter gewickelten Fisch als Päckchen dazu. Der »umu« war berühmt, vor allem für traditionelle Gerichte, aber unscheinbar: Bei meinem ersten Besuch im Kochhaus verschmorte ich mir fast meine Gummilatschen, als ich auf die harmlos aussehenden Korallen trat, die noch glühend heiß und bis vor wenigen Minuten ein Grill gewesen waren.

Das mühsame Wäscheschrubben von Hand – oft ohne fließend Wasser im Haus – war eine stundenlange schweißtreibende Plackerei. Maina, die Hilfsschwester, holte sich einen schweren Stromschlag an einer defekten alten Waschmaschine. Sie steckte die Hände in die Trommel, um darin die Wäsche im Wasser zu bewegen. In dem Moment fuhr der Strom so heftig durch sie durch, dass sie mit einem Schrei der Länge nach zu Boden fiel. Sie lag reglos auf dem Rücken. »Ich dachte, sie sei tot«, sagte Manueta später zu Frank. Maina kam zwar zum Glück wieder zu sich, brauchte aber einen halben Tag, bis sie sich von dem Elektroschock halbwegs erholt hatte.

Unser Trink- und Waschwasser war Regenwasser, das über die Regenrinne in einen Zementtank hinterm Haus lief. Er war oben offen. Ich hielt beim Abfüllen unserer Plastikflaschen eine Mullbinde unter den Außenhahn, um die kleinen Moskitolarven herauszufiltern. Obwohl es für unsere Verhältnisse permanent heiß war, wechselte das Wetter: Mal war es ein paar Tage trocken, dann ballten sich wieder Wolken zusammen und innerhalb weniger Sekunden prasselten tropische Güsse vom Himmel. War der Tank leer und kein Regentag in Sicht, musste er mit Schläuchen und Rohrverbindungen von anderen Tanks wieder vollgepumpt werden. Zu tun gab es immer etwas. Nur der Sonntag war eine von Gott geschenkte Gelegenheit für die Frauen, die Hausarbeit ruhen zu lassen. Gekocht wurde bereits am Tag vorher.

Am Samstagmorgen stand der Pastor vor unserer Tür, breit lächelnd, in Schlips und Jackett. »Ich besuche immer reihum alle Familien«, sagte er in rudimentärem Englisch und zog seine Gummisandalen aus. Im Gruppengeflecht des engen Insellebens hatte jeder seine feste Rolle, und der Pastor und seine Familie die einsamste. Er war kein Gleicher unter Gleichen, sondern wurde verehrt. Sein Haus lag etwas abseits und hatte mehr Privatsphäre. Er war nicht selbstverständlich bei den Aktivitäten im Dorf dabei, sondern nur, wenn man ihn einlud. Seine Kontaktaufnahme war daher ein formaler Akt.

Ich bot ihm einen Sessel an, stellte ihm ein Glas Wasser und Kekse hin und holte Frank aus der Klinik dazu. Zuerst stellte uns der Gottesmann die Frage, die uns jeder fast täglich stellte: »Wie gefällt es euch hier?« Wir tauschten nette Belanglosigkeiten aus. In Wirklichkeit befürchteten wir, dass der Pastor unsere Kirchentreue erkunden wollte. Wir waren nicht gläubig, aber das wollten wir möglichst für uns behalten. Frank, der erklärte Atheist, versuchte es mit einem Ablenkungsmanöver und erzählte, dass sein Schwager ebenfalls Pastor sei. Zufälligerweise auch auf einer Insel – in dem Fall Sylt. Schwer zu sagen, ob das den Mann überzeugte. Er kam gleich auf den Punkt: »Wir leben hier nach der Bibel. Das ist unser Gesetz.«

Er war Fischer gewesen, bevor er als Kabelleger und Baumpflanzer in Taupo, Neuseeland, arbeitete und zur Theologie wechselte. »Taupo«, warf ich mein neuerworbenes Wissen aus dem Gespräch mit Lui Carter ein, »da soll es ja vielleicht ein Stück Land zur Umsiedelung geben für den Fall, dass Tokelau irgendwann überspült wird.« Ich war mitten ins Fettnäpfchen getreten. Der Pfarrer lachte, was aber keine Zustimmung, sondern vielmehr die Überspielung von Peinlichkeit bedeutete. »Wir machen keine Pläne«, wich er aus. »Der Allmächtige hat viel größere Pläne, was zählt da, was wir Menschen denken? Wir sollen beten und einander lieben.« Letzteres schien er sehr glaubhaft zu praktizieren: Er hatte neun Kinder. Dass er wöchentlich von Haus zu Haus ging, um sich nach Alten und Kranken zu erkundigen, machte ihn in meinen Augen zu einer Art Sozialarbeiter. Mitfühlend erkundigte ich mich nach den Sorgen seiner Gemeinde: »Sind Schwangerschaften von Minderjährigen hier eigentlich ein Problem?« Volltreffer! Ich war ins zweite Fettnäpfchen getreten. Der Pfarrer zuckte einmal mit den Mundwinkeln und ignorierte die Frage. Doch sein unruhiger Blick sprach Bände.

Wir wussten bereits, dass ein Pastor in Tokelau zu den Wohlhabendsten der Insel zählt. Die größten Mengen an Essen und Geschenken gehen selbstverständlich stets an ihn – und er hat keine Hemmungen, diesen Sonderstatus anzunehmen. Unter all den Gleichen war er ein wenig gleicher als die anderen. »Wenn ich so viel Fisch habe, dass er drei Tage im Kühlschrank liegt, verschenke ich ihn lieber«, sagte unser Pastor jetzt. Wir hatten plötzlich das Gefühl, als wolle er uns ermahnen. Fast schämte ich mich. Warum waren wir nicht selber darauf gekommen, unsere Reste vom Festessen weiterzugeben, statt sie in den Müll zu werfen? Zu unserer Entschuldigung lässt sich sagen, dass es in deutschen Großstädten schwer vorstellbar ist, Reste aus dem Topf zusammenzukratzen und sie drei Häuser weiter abzugeben. Ein Korb Erdbeeren von der Kieler Nachbarin war bisher das Maximum an Essensumverteilung, das wir kannten. Es war höchste Zeit, umzudenken.

»Lasst mich wissen, wenn euch irgendetwas fehlt. Was auch immer – ich helfe euch!«, wiederholte der Pastor nun schon zum dritten Mal an diesem Vormittag. Das Gespräch wurde zäher und zäher. In viertelstündigen Abständen ließ er immer wieder durchblicken, dass er noch weiter müsse. Wir widersprachen ihm nicht. Doch obwohl er sich sichtlich unbequemer fühlte, blieb der arme Mann sitzen. Wir wussten nicht, dass man eine Aufforderung des Gastgebers zum höflichen Abgang brauchte – einen offiziellen Rausschmiss, sozusagen. Erst, als draußen die ersten Tropfen einen Regenguss zum Mittag ankündigten, schlüpfte der Pastor wieder in seine Sandalen und aus unserer Tür. Die Erleichterung war spürbar, auf beiden Seiten.

Als wir mit dem Abendessen beginnen wollten, standen drei Jugendliche vor der Tür. »Frank, kannst du uns bei den Hausaufgaben helfen?« Frank schob den Teller weg und setzte sich mit den Schülern aufs Sofa. Den selbstgemachten Kuchen, den ich den zwei Jungen und dem Mädchen hinstellte, wollten sie nicht essen. Schließlich waren sie nicht zum Vergnügen gekommen. Gut drei Stunden lang brüteten sie über den Matheheften. Frank kramte die Binomischen Formeln aus den letzten Winkeln seines Gedächtnisses. Als die Gleichungen dann endlich aufgingen, hatte er sichtlich Spaß an der Herausforderung gefunden. Denksportaufgaben standen ab jetzt auf unserem Freizeitprogramm: Mehrmals pro Woche kamen Schüler vorbei. Als Arzt war Frank in den Augen der Kinder der gebildetste Mensch im Orte. Sie hatten keine Hemmungen, ihn daher um Hilfe zu bitten. Das war auf Atafu eine Selbstverständlichkeit, und es beeindruckte mich. Mir, der anscheinend nur halb so schlauen Arztfrau, würden die Binomischen Formeln jedoch erspart bleiben.

Einer der Jungen, der letzte Woche mit seinen Freunden die Erdnüsse klauen wollte, lief öfters an unserer offenen Hintertür vorbei. Er war mir damals sofort aufgefallen, weil er ein indianisch aussehendes breites Gesicht, unglaublich charmante Grübchen und eine etwas sanftere, zurückhaltende Art als die anderen hatte. Ich winkte ihm zu, um ihm anzudeuten, dass er ruhig zu uns rüber kommen konnte. Er lächelt sein ausuferndes Grübchenlächeln, lief aber vorsichtshalber weiter. Kurz darauf klopfte eine junge Frau an die Hintertür. »Wolltest du etwas von meiner Schwester?«, fragte sie schüchtern. Der Junge mit dem Pagenschnitt, so stellte sich heraus, war ein achtjähriges Mädchen namens Luta. Genau wie ihre Spielkameraden trug sie nichts als ein paar Shorts. »Lass sie doch ruhig zum Spielen zu uns kommen«, sagte ich zu der Frau. Jasper langweilte sich gerade, und Frank und ich wollten gerne in Ruhe lesen. Luta war sofort mein erklärter Liebling. Sie sah aus wie Mogli. Aus der Hosentasche holte sie

Spielkarten und knallte wie ein Zocker eine Karte nach der anderen vor Jasper auf den Boden. Sie hatte eine dunkle raue Stimme, zeigte ihm, wie man Muscheln durchs Zimmer flutschen ließ, und malte Bilder, auf denen ein riesiger Walfisch an einem kleinen Fischerboot hing. Sie verbrachte den ganzen Tag mit uns. Jasper war von seiner neuen maskulinen Freundin begeistert. Dass sie sich standhaft weigerte, Kleider zu tragen, erfuhren wir bald darauf von einem ihrer Freunde, Danny. Ihn hatten wir wiederum aufgrund seines langen geflochtenen Zopfes für ein Mädchen gehalten. Sein Vater stammte von der Pazifikinsel Niue. »Da schneiden sich die Männer erst mit 21 Jahren die Haare«, erzählte uns Danny in fast perfektem Englisch. Seine Eltern wohnten in Neuseeland, seine Mutter hatte ihn hier auf Atafu zu einer Frau gegeben – er zeigte auf ein Haus in der Nähe –, bei der er aufwuchs. »Deshalb ist sie jetzt meine Mutter«, sagte er. Solche Arrangements waren in Tokelau keine Seltenheit. Manche Familienmitglieder hatten oft mehr Rechte auf ein Neugeborenes als die leibliche Mutter. In einer Art von Zwangsadoption konnte zum Beispiel eine Tante bestimmen, dass ein Neffe bei ihr aufwächst, weil sie keinen Sohn hat. Generell nahmen Onkel, Tanten und Großeltern die gleiche Stellung als Erzieher wie die Eltern ein. Die wenigsten Kinder sagten »Mama« und »Papa«, sondern redeten Vater und Mutter wie die anderen Verwandten auch mit dem Vornamen an. Wenigstens in dem Punkt gingen wir mit tokelauischen Gepflogenheiten konform: Jasper weigerte sich seit Monaten, uns mit etwas anderem als »Anke« und »Frank« anzureden.

Danny und Luta erstritten sich in kürzester Zeit die ersten Plätze an Jaspers Seite. An einem Sonntag Nachmittag ging er mit seinen neuen Freunden nach draußen, um der kirchlich verordneten Passivität zu entkommen. Frank war der Meinung, als Arzt müsse er auch im zweiten Gottesdienst erscheinen. Ich fand, einmal Kirche pro Tag reichte und blieb lieber zu Hause. In einem leeren Haus neben uns hörte ich die Kinder rumoren. Dann hörte ich das Weinen eines kleinen Jungen, immer lauter und herzzerreißender. Seit unserer Ankunft hatte ich noch kein einziges Mal Babygeschrei, Quengeln oder Heulen vernommen. Das Weinen fiel in der sonntäglichen Ruhe umso mehr auf. Ich sah aus dem Fenster und sah Lutas älteren Bruder, den dicken Tepeni. Im Dorf war er verschrien, weil er ständig Blödsinn machte, Zigaretten klaute oder Jüngeren mit Messern imponieren wollte. Jetzt hielt er ein hartes Stück Strauch in der Hand und schlug damit einen kleinen heulenden Jungen wie mit einer Peitsche – sehr gezielt, kontrolliert und brutal. Ich war erschrocken und gleichzeitig unschlüssig. »Sollen die Kinder ihre Kämpfe doch untereinander austragen«, dachte ich, aber gleichzeitig tat mir der wehrlose Kleine furchtbar leid. Also ging ich nach draußen. Der Große hatte inzwischen von ihm abgelassen und lächelte mir zu. Er wirkte kein bisschen überrascht. Ich tröstete den kaum dreijährigen Prügelknaben. Er hieß Limoni. Die anderen Jungen sahen mich ratlos und ungerührt an. Irgendwie benahm ich mich wohl komisch. Ich stellte Tepeni zur Rede. »Warum hast du Limoni geschlagen?«, fragte ich. »Der ist doch viel kleiner als du!« Er zeigte auf das Haus seiner Eltern, selbstbewusst und ohne eine Spur von Schuldbewusstsein. Aus seinen wenigen Satzbrocken wurde klar: Dort hatte ihm jemand befohlen, er als Ältester solle den Kleinen mit Prügeln zum Schweigen bringen. Wahrscheinlich, weil das Heulen die Sonntagsruhe störte. Tepeni sah aus, als ob er von mir ein Lob für seine Dienste erwartete. Verkehrte Welt.

»Was ist denn mit dir los?«, fragte Frank, als er kurz darauf vom Nachmittagsgottesdienst wiederkam und meinen Gesichtsausdruck sah. Diesmal war ich es, die unsanft aus den Wolken gefallen war. Ähnlich wie er auf sein Klinik-Desaster konnte ich auf die hiesigen Erziehungsmethoden nicht gelassen reagieren. Die Idylle hatte einen ersten Kratzer bekommen.

»In der Bibel steht es so«, sagte Manueta und klebte einen Tupfer auf meinem Schienbein fest. »Wer sein Kind liebt, muss ihm zeigen, was richtig und was falsch ist. Dazu gehören nun auch mal Schläge.« Ich saß im Behandlungsraum der Klinik und pflegte meine ersten tropischen Wehwehchen. Aus ein paar oberflächlichen Kratzern hatten sich entzündete, wässrige Wunden gebildet. Hautverletzungen heilten in dem feuchtwarmen Klima schlecht. Ein Schnitt beim Beinerasieren mutierte innerhalb von Tagen zum Eiterherd. Das Schwimmen in der Lagune hatte die Stellen zusätzlich aufgeweicht und Keime verbreitet. Die Schwestern tupften mir jeden Morgen und Abend leuchtendrote Desinfektionstinktur darauf. Es brannte, lief auf der Haut herunter und erinnerte an Filmblut. Meine Beine sahen aus, als ob sie in einem schlechten B-Movie von Maschinengewehrsalven durchsiebt worden wären. Frank plagte sich mit einem bisher unbekannten Härtegrad von Fußpilz herum und wurde im Gegensatz zu mir mehrmals täglich von Moskitos gestochen.

Er kratzte sich gerade die juckenden Knöchel, als es klopfte. Wieder standen zwei Jugendliche vor der Türe. »Kann uns Frank bei unseren Aufgaben helfen?« Sie hießen Emma und Vonni, waren 15 und 16 Jahre alt und mussten einen Klassentest bewältigen. Emma sprach kaum Englisch, kicherte dafür viel hinter vorgehaltener Hand. Ihre Freundin war die Sprachgewandtere. Sie bestand darauf, auf dem Boden zu sitzen. »Wie zeigt man in Deutschland, dass man respektvoll ist?«, fragte sie. Wir verstanden die Frage nicht ganz. »Setzt man sich tiefer wie bei uns, um seinen Respekt zu zeigen? Darf man einfach jedem ins Gesicht gucken?« Sie wollte unsere Verhaltensregeln erfahren, damit sie nicht aus Versehen unhöflich wirkte. Endlich hatten wir Gelegenheit, Atafu ein wenig aus Sicht der Teenager zu begreifen. Wir sprachen über die Schule. Vonni ärgerte sich, dass man dort nichts über den Rest der Welt erfuhr. »Es ist alles immer nur über Tokelau. Wann welche Flut war, wann die Missionare kamen, und so was.« Sie lachte. »Wenn ich später nach Neuseeland aufs College gehe und dort im Geschichtsunterricht gefragt werde, was im 19. Jahrhundert passiert ist, dann weiß ich als Antwort nur: ›Flut auf Atafu‹!« Ihre Freundin rutschte vor Lachen fast vom Sofa. Vorsichtig fragten wir die Mädchen nach der Aufpasserin in der Kirche, die sich zwischen die Jüngeren setzte und Kopfnüsse verteilte. »Sie hat einen der älteren Männer als Boyfriend«, weihten die Mädchen uns kichernd ein. »Den will sie damit beeindrucken. Wir lachen alle über sie.« Das sonntägliche Schreckgespenst bekam jetzt menschlichere Züge. »Seid ihr an Weihnachten noch hier?«, fragte Emma. »Dann ist es am schönsten bei uns. Wir ziehen in Gruppen durchs Dorf, singen die ganze Zeit, und die Familie kommt zusammen.« Frank konnte ihr keine verbindliche Antwort geben. Vonni platzte mit dem Satz heraus: »Mir gefällt die Religion auf Atafu nicht.« Ich horchte auf, freudig überrascht. Eine heimliche ketzerische Verbündete? Und noch dazu eine, die es offen aussprach? »Ich mag die Sieben-Tage-Adventisten lieber«, verriet Vonni, und es klang, als ob es sich um die Vorliebe für eine bestimmte Pop-Gruppe handelte.

Bevor sie ging, lieh sie sich einen amerikanischen Krimi aus unserer Secondhand-Bibliothek aus. Die Aufschrift auf dem Buchumschlag war mir plötzlich peinlich: Dort lobte der ›Publisher's Weekly‹, dass dieser Schinken »gespickt mit Sex und Showbiz« sei. »Hoffentlich läuft sie damit nicht dem Pfarrer in die Hände«, dachte ich. Vonni trug den zerfledderten Sidney Sheldon wie eine kleine Trophäe davon. Wie etwas, was sie ab jetzt mit uns verband. Uns kam es vor, als ob wir plötzlich zwei Fans hätten. Auch ich fand Emma und Vonni einfach klasse. Ich hatte ihnen versprochen, bald mit zum Tanzen zu kommen. Atafu hatte eine wöchentliche Disco. Das war neu für uns. »Ich glaube, die Mädchen haben ein Auge auf mich geworfen«, sagte Frank und grinste mich an, als sie weg waren.

Ich brauchte dringend Geschenke, um mich zu revanchieren: Bei der samoanischen Krankenschwester für einen selbst gebundenen Besen und bei Schwester Nua für einen Fächer. Backen schien zu meiner neuen Lieblingsbeschäftigung zu werden. Ich beschloss, ein Bananenbrot zu machen. Es war nur noch ein kleiner Rest Mehl in der Plastiktüte. »Zwei Kilo Mehl bitte«, sagte ich zu der Frau im Laden. Sie guckte mich an, als ob ich sie irgendwie beleidigt hätte, zuckte dann die Schultern und machte eine abfällige kleine Bemerkung auf Tokelauisch zu einem der Männer hinterm Lager. Dann kramte sie, Missmut bekundend, in Kisten herum und stapelte im Zeitlupentempo Klopapierrollen auf der Ladentheke. Sie wollte die Plastikhülle der Großpackung Toilettenpapier benutzen, um darin mein Mehl abzufüllen. Jetzt erst verstand ich ihren Ärger: Wahrscheinlich fragte sie sich, warum die komische Ausländerin jede Woche loses Mehl kaufte, obwohl doch die Tüten knapp waren. Vorsichtshalber nahm ich gleich einen ganzen Sack mit und hoffte, damit sei mein Ruf wiederhergestellt.

Als das Bananenbrot stark angebrannt aus dem Gasofen kam, hatten wir wieder Besuch von Luta, dem Mogli-Mädchen, und einem ihrer Freunde. Sie hockten auf dem Küchenboden, wo sie sich wohler fühlten als auf unseren Stühlen, und kauten große Kuchenstücke. Die verkohlten Ränder hatte ich abgeschnitten. Der Junge zeigte uns eine eiternde Wunde am Knie. »Komm, lass uns rüber in die Klinik gehen, da verarzte ich dich«, sagte Frank. Draußen war es bereits dunkel. Die Hilfsschwester, die den Nachtdienst machte, schimpfte mit dem Jungen. »Er soll nicht abends kommen und den Arzt belästigen. Patienten haben hier um diese Zeit nichts zu suchen«, sagte sie zu Frank. Er fragte lieber nicht, warum sie dann eigentlich hier war.

Mit jedem Tag störte es ihn mehr, wie unsinnig die zahlreich vorhandenen Arbeitsstellen am Lomaloma-Hospital ausgefüllt wurden. Die liebste Beschäftigung der Schwestern war das Halma-Spielen. Die Spielbretter und Figuren wurden mit mehr Sorgfalt gepflegt als das überholungsbedürftige Klinik-Inventar. »That's isolation – das ist die Isolation« war ihre Entschuldigung für alles, was nicht funktionierte. Tile, der Hausmeister und Patienten-Chauffeur, war im inoffiziellen Nebenjob Taxifahrer für das ganze Dorf. Morgens sah man ihn ein wenig um die Klinik herumpuzzeln und herabgefallene Kokoszweige wegräumen. Die meiste Zeit verbrachte er aber damit, mit seinem Anhänger kleine Fuhren von Leuten von einem Ende des Dorfes zum anderen zu kutschieren. Pro Fahrt kassierte er ein oder zwei Dollar. In der Klinik brach das Dach bereits an einigen Stellen durch. Farbe blätterte überall ab, die Eisenbetten waren rostig – es gab genug zu tun für Tile. Schon lange vor unserer Ankunft war die OP-Lampe kaputt. Niemand kümmerte sich darum. Frank machte sich daran, die Birnen auszuschrauben. Die Schwestern widersprachen:»Oh nein, das soll Tile machen!« Als dieser dann irgendwann mit seinem Schraubenzieher anrückte, hatte Frank die Arbeit längst erledigt. Und ärgerte sich vor allem darüber, dass ihn so etwas überhaupt ärgern konnte. Hatten wir uns nicht vorgenommen, so gelassen wie möglich auf alles zu reagieren?

Das Tile-Problem manifestierte sich in weiteren Kleinigkeiten. So banal sie waren, nervten sie uns aber immer mehr. Da war zum Beispiel der Schweineeimer, der hinter unserem Haus stand und in den wir Essensabfälle warfen. Tile sollte den Eimer täglich mitnehmen und an den Schweineställen ausleeren, was er meist vergaß. In schöner Regelmäßigkeit schwirrten nach zwei Tagen Schwärme schwarzer Fliegen vom Eimer hoch und in die Küche, sobald ich die Hintertür öffnete. In der tropischen Hitze begann alles in Kürze zu faulen. Der Gestank der verrottenden Fischreste zog durchs Haus. Ich ging zu Tile und fragte, bei welchem Gehege ich den Eimer selber ausleeren könnte. Nein, wehrte er ab, das würde er schon machen. Nichts passierte. Ich fragte die

Schwestern nach einem Eimer mit Deckel, von denen wir mehrere vor anderen Häusern gesehen hatten. »Okay«, nickte Manueta. Nichts passierte. Und wieder fing der Eimer nach zwei Tagen bestialisch an zu stinken.

Oder die Sache mit dem Schrank. Unser Haus hatte eine kleine Kommode im Schlafzimmer und eine im Wohnzimmer. In Jaspers Zimmer lagen seine Sachen in offenen Pappkartons. Genauer gesagt waren die Kartons meistens umgekippt und ein Berg aus Spielzeug, Bilderbüchern, Malstiften und Kinderklamotten ergoss sich über den Fußboden. In den ungenutzten Räumen der Klinik standen alte Vorratsschränke aus Holz und Fliegengitter leer herum. Ich fragte Manueta, ob wir einen davon benutzen könnten. »Der ist doch viel zu alt und dreckig«, meinte sie. Sie bestand darauf, dass Tile ihn zumindest für uns anstrich. Uns hätte das verwitterte Aussehen nicht gestört – im Gegenteil, für so viel echte Patina hätte man woanders lange beim Trödler suchen müssen. Tile wuchtete das gute Stück ins Freie, werkelte einen Tag daran herum, fragte mich mehrmals, welche Stellen des Fliegengitters wir denn lieber entfernt hätten, und ließ den Schrank dann zwei Tage ungestrichen im Regen stehen. Am Wochenende hievten Frank und ich ihn wieder nach drinnen, damit das Holz nicht zu faulen begann. Da stand er, niemand strich ihn. Tile fuhr tagelang mit seinem Motorrad und Ladungen voller Kinder im Anhänger an uns vorbei. Wir überlegten, ob wir den Schrank einfach selber streichen sollten. Wäre das beleidigend, weil vorwurfsvoll gegenüber Tile? Oder entwürdigend für den Doktor, weil er einfach die Hausmeisterarbeiten übernahm? Wir warteten lieber ab und tauften das Möbel den »Zen-Schrank«. Schließlich fragte ich die Schwestern, ob ich nicht beim Streichen helfen könnte. Sie wehrten entsetzt ab. Doch es kam Bewegung in die Sache: Tile sägte das Möbel kurzerhand auseinander. Zwei weitere Tage lag der von mir inzwischen blass lila angepinselte Rumpf vor der Klinik, ohne dass sich am Zustand des zerstückelten Zen-Schrankes etwas änderte. Als er wider Erwarten doch noch fertig wurde, war daraus ein Zen-Regal geworden. Genauer gesagt eine Art notdürftige Anrichte mit zwei Fächern. Tile hatte noch mehr Holz abgesägt, anstatt die Türen wieder anzumontieren. Er meinte, wir sollten einfach ein Stück Stoff als Vorhang davor hängen. Mir war meine Enttäuschung wohl anzumerken: Der alte Fliegengitterschrank wäre sehr schön und praktisch gewesen. Tile reagierte, als ob ich von einer rostigen Mülltonne gesprochen hätte: »Der war doch nur dafür da, um Essen reinzutun.« Er war von seiner Möbelverstümmelung ganz angetan und versprach, noch weitere Schränke auf diese Weise umzurüsten.

Auch in die Eimer-Aktion kam Bewegung – allerdings in die falsche Richtung. Manuetas Tochter brachte uns schließlich einen Deckel, der die Fliegenschwärme fernhielt. Lutas großer Bruder Tepeni, der für mich bisher nur als Verprügler von Kleinkindern in Erscheinung getreten war, nahm sich vormittags den Eimer, um ihn bei den Schweinen auszuleeren. Er warf sich in die Brust und deutete an, dass dies eine Ehrensache sei. Unsere Freude über die unerwartete Hilfe legte sich, als der Eimer am Abend noch nicht zurück war. In der Küche schwirrten bereits die Fliegen um die Abfälle. Im Haus von Lutas Familie händigte mir jemand schließlich den Eimer aus. Am nächsten Tag griff sich der Junge wieder mit wichtigtuerischer Geste unseren Eimer, als ob er der Schweineversorgungsminister persönlich sei. »Bring ihn aber diesmal bitte zurück«, sagte ich zu ihm. Er nickte und zog davon. Der Eimer stand auch am nächsten Tag noch nicht an der Hintertüre. Nachdem ich einen von Lutas jüngeren Brüdern darauf ansprach, tauchte der Eimer auf, aber ohne Deckel. »Ich brauche auch den Deckel zurück«, erklärte ich. Wieder passierte nichts. Der Abfall stank. Dann sah ich den großen Bruder Wichtig vorbeilaufen. Ich sagte, dass wir den Deckel bräuchten. Dass es viel Mühe gekostet hätte, ihn zu bekommen. Dass es nicht in Ordnung sei, erst den Eimer nicht wiederzubringen und dann den Deckel zu verlieren. Tepeni zog nach polynesischer Sitte die Augenbrauen hoch, was soviel hieß wie »Okay, hab ich verstanden«. Ich war mir da nicht so sicher.

In der Nacht fegte ein Sturm über die Insel. Die Regenrinne krachte mitsamt einer langen Holzbefestigung von unserem Haus. Es hörte sich an, als ob eine Palme das Dach halbiert hätte. Als Frank sich den Schaden am Morgen ansah, kam Elias vorbei spaziert, in bester Laune auf dem Weg zur Bildungsdirektorsarbeit. Er lachte und lachte, als er die Zerstörung sah: »Gib zu, Frank, du hast dich dran gehängt und geschaukelt!«

Nebenbei hatte die Regenrinne auch den verfluchten Schweineeimer umgeworfen. Fischgräten, Kartoffelschalen und allerlei Halbverwestes lagen verstreut in unserem Korallenvorgarten. Wieder ging ich zum Nachbarhaus. »Wir brauchen den Deckel«, erklärte ich dort mein Dilemma. Dass es eines war, war eigentlich absurd – jeder normale Mensch und erst recht jeder Tokelauer hätte dies für eine Lappalie gehalten. Aber irgendwie hatte sich das Eimer-Problem verselbstständigt. Nebensächlichkeiten waren in meinem neuen Leben, das sich vor allem um den Haushalt drehte, plötzlich existenziell. Es dauerte noch einen halben Tag, dann brachte uns Luta, Jaspers gute Freundin, endlich Seelenfrieden in Form des vermissten Deckels.

5 Lass uns tanzen

Siva mai

Für den zweiten Freitag nach unserer Ankunft war die Willkommensfeier für den neuen Doktor im Krankenhaus geplant. Manueta betonte, dass es eine »lockere Veranstaltung« werden sollte, mit Barbecue unter freiem Himmel, Gesang und Tänzen. Ich war gespannt, ob wir zum ersten Mal so etwas wie Annäherungen zwischen Mann und Frau erleben würden. Die Sexualmoral auf unserer Insel war streng. Wer nicht verheiratet war, durfte nicht unter einem Dach übernachten, auch Fremdgehen stand unter Strafe. Wir wussten von zwei Neuseeländern, die als Sachverständige nach Tokelau eingeladen worden waren und sich als Eheleute ausgaben, obwohl sie ein unverheiratetes Paar waren. Jedem Südsee-Besucher wurde in den Reiseführern als Verhaltensregel ans Herz gelegt, von Fidschi bis Tahiti nicht händchenhaltend herumzuspazieren oder vor anderen Küsse auszutauschen. Solche öffentlichen Zärtlichkeiten waren nicht nur in Tokelau tabu. Palagi, die in abgelegenen Dörfern in Tonga oder Samoa mit einheimischen Mädchen flirteten, gingen damit quasi ein Eheversprechen ein. Es hatte uns daher nicht sonderlich überrascht, dass wir noch hinter keiner Kokospalme auf ein knutschendes Pärchen gestoßen waren. Auch unter den Jugendlichen auf Atafu war keiner, der den Arm um seine Freundin legte. Nach den ersten Tagen fiel aber immer deutlicher auf, dass wir unter den mehreren hundert Erwachsenen noch keine zwei gesehen hatten, die sichtlich in einer Beziehung zueinander standen – indem sie zusammen spazieren gingen, sich unterhielten, gemeinsame Dinge unternahmen. Bis auf den Pastor und seine Frau konnten wir kein Paar als solches identifizieren, wenn man uns nicht gesagt hätte, wer zu wem gehört. Männer hielten sich nicht nur während der Arbeit, sondern auch privat stets bei den Männern auf, und Frauen bei den Frauen: die einen fischend, schnitzend, trinkend, die andern Karten spielend, flechtend oder kochend.

Dazu kam das traditionelle Geschwister-Tabu: In der alten polynesischen Kultur durften sich Bruder und Schwester ab der Pubertät nicht direkt ansprechen, in die Augen gucken oder zu zweit in einem Zimmer sein. Das hatte dazu geführt, dass sich bis heute auch engste Familienmitglieder in Geschlechtergruppen aufteilen. Luta, die wilde Achtjährige, die lieber ein Junge gewesen wäre, hatte wohl nur noch wenige Jahre, in denen sie mit ihren Freunden auf Bäume klettern konnte. »Ich würde zu gerne wissen, was in zehn Jahren aus ihr wird«, sagte ich zu Frank. Dass er und ich gemeinsam zur Kirche oder zum Schwimmen liefen und unsere Nachmittage und Abende zusammen verbrachten, musste auf die anderen seltsam und unnatürlich wirken. Vielleicht zu Recht. Ich dachte an typisch deutsche Eheschreckgespenster fortgeschrittenen Alters, die sich schweigend im Restaurant gegenübersitzen, Liegestuhl an Liegestuhl missmutig ihren Urlaub verbringen und dort am liebsten noch im Partnerlook herumlaufen. Statt die Anwesenheit der besseren Hälfte freudlos zu ertragen, bis der Tod sie scheidet, wären manche von ihnen in Tokelau wohl besser aufgehoben. Scheidungen waren hier relativ selten. Häufig lebte ein Ehepartner in Australien oder Neuseeland, ohne dass das als offizielles Ende der Beziehung oder als Problem betrachtet wurde.

Ich hatte vorgeschlagen, für die Willkommensparty einen Salat beizusteuern. Darunter verstand man auf Tokelau eine süße, suppige Fruchtspeise aus geriebenen frischen Palmenherzen, Fruchtcocktail aus der Dose, Milch, Zucker und fläschchenweise Vanille-Aroma: durchaus lecker, aber nicht das, was mir vorschwebte. Vor unserem Haus wuchsen mannshohe Pflanzen, deren Blätter – Pele genannt – sich wunderbar als grüner Salat eigneten, denn sie schmeckten ganz zart nach rohem Spinat. Da die Auswahl anderer frischer Zutaten gleich null war, stockte ich das Grünzeug mit Kartoffelwürfeln, der letzten mitgebrachten Gurke aus Samoa und hartgekochten Eiern aus Amerika auf. Die Salatsoße machte ich nur mit einem winzigen Schuss Essig und süßer als sonst, um die einheimischen Geschmacksnerven nicht zu überfordern. Bis auf Salz, Sojasauce oder Curry, und das auch nur äußerst sparsam, wurde hier nicht gewürzt. Dafür wanderten gerne ein paar Esslöffel Zucker in jeden Kochtopf. Zucker war das meist importierte Lebensmittel in Tokelau und allgegenwärtig – von den leeren Säcken, die als Vorhänge mancher Hütten dienten, bis zum Glas Trinkwasser, in das man für den Gast ungefragt einen Teelöffel Zucker rührte.

Ein leerer Nebenraum des Lomaloma-Hospitals war mit weißen Luftballons dekoriert. Auch die Krankenschwestern wussten zu improvisieren. Bei näherem Hingucken entpuppte sich der Partyschmuck als aufgeblasene Kondome. »Hoffentlich sind es die mit dem Verfallsdatum 1994«, dachte ich. Der fidele Bäcker, Ehemann der im dritten Monat schwangeren samoanischen Krankenschwester, zeigte auf einen Ballon und fragte mich breit grinsend: »Weißt du, was das ist?« Ich antwortete: »Du weißt es anscheinend nicht, sonst wäre deine Frau jetzt nicht schwanger!« Er kriegte sich nicht mehr ein vor Lachen.

Die Gästeliste sah vor: Alle Angestellten des Krankenhauses plus Ehepartner, als Ehrengäste der Pfarrer, der Pulenuku (Bürgermeister), der Bildungsdirektor und der Vertreter des Faipule (Inselchef). Der Pulenuku und Schwester Nuas Mann Kili kamen in bierseliger Laune an. Sie hatten sich schon ein paar Flaschen vor dem Fest genehmigt. Nua saß ihnen in überdimensionaler Goldbluse und mit versteinerter Miene gegenüber. Ihr angetrunkener Mann war ihr sichtlich unangenehm. Sie befürchtete, er könne vor uns aus dem Rahmen fallen. Ich beruhigte sie. Kili bat um unsere Gitarre und stellte sich damit in die Mitte des Raumes. »Are you lonesome tonight« intonierte er mit verdrehten Augen in meine Richtung. Trotz Alkohol klangen seine Akkorde gekonnt. Ich lachte ihm zu und freute mich, dass diese Party anders zu werden versprach als der letzte Festakt. Doch die arme Nua schien tausend Peinlichkeitstode zu sterben.

Als der Pastor mit seiner Frau erschien, brach Kili sein Ständchen ab. Wie ein ertappter Schuljunge setzte er sich wieder auf die Bank. Der offizielle Teil begann. Wir kannten die Reihenfolge bereits: Zuerst hielt der Pfarrer eine Rede, dann der Bürgermeister, beide auf Tokelauisch. Dass Frank, immerhin Hauptperson des Abends, kein einziges an ihn gerichtetes Wort verstand, störte niemanden außer uns. Der zeremonielle Rahmen war wichtiger als der Inhalt. Erst als Nua unsere irritierten Blicke auffing, übersetzte sie uns flüsternd auf Englisch: »Der Pulenuku bedankt sich, dass der Doktor den weiten Weg aus Deutschland gekommen ist und Familie und Freunde verlassen hat, um den Menschen hier auf Atafu zu helfen.« Anschließend beteten wir. Auch Kili, der eben noch Elvis Presley imitiert hatte, schloss brav die Augen.

Frank hatte seit Tagen an seiner Willkommensrede gefeilt. Nach den üblichen Begrüßungen und Danksagungen an die erschienenen Würdenträger erzählte er von unserer Ankunft, als der Regenbogen vor Atafu leuchtete und wir das Gefühl hatten, an einen wahrhaft verzauberten Ort zu kommen. Wieder betonte er, wie begeistert wir seien von dieser intakten Gemeinschaft (»und christlichen«, fügte er vorsichtshalber noch an). Von der Angst vor Haien über Versorgungsengpässe bis zu Naturkatastrophen hätten wir uns vorher alle möglichen Sorgen gemacht. Dabei bestünde die größte Gefahr auf Atafu wohl darin, zu dick von zu vielen Kokosnüssen zu werden. Es wurde leise, aber etwas unsicher um ihn herum gelacht. Solche Sprüche zu offiziellen Anlässen waren im Land, wo das Redenhalten erfunden worden zu sein schien, gewöhnungsbedürftig. Dann lobte Frank das Krankenhauspersonal, das hervorragende Arbeit leisten würde und ohne dessen Unterstützung er nur halb so effizient sei. Sie sollten ihn bitte bremsen, wenn er zu weit vorpreschen und aussichtslose Kämpfe führen wollte. Er schloss mit einem altbekannten Zitat: »Gott gebe mir die Kraft, die Dinge zu ändern, die geändert werden müssen, die Geduld, die Dinge zu ertragen, die nicht zu ändern sind, und die Weisheit, das eine vom anderen zu unterscheiden.« Ich wusste nicht, ob der Pfarrer und der Bürgermeister viel mehr außer »Gott« verstanden hatten. Anscheinend reichte das aber, denn sie nickten anerkennend und klatschten.

Ich strahlte vor guter Laune unter meiner Blütenkopfpracht und gönnte mir das erste Bier seit über zwei Wochen. Der Pfarrer und seine Frau verabschiedeten sich etwas steif mit der Entschuldigung, man habe noch »andere Verpflichtungen«. Das war der inoffizielle Startschuss für den amüsanteren Teil des Abends. Moti, der Pferdeschwanz und Football-T-Shirt tragende Mann von Manueta, spielte den DJ und schmiss die tragbare Anlage an. »Red Red Wine« dröhnte aus den Boxen. Maina, die junge Hilfsschwester, erhob sich von der Bank und forderte Frank zum Tanzen auf. Maka, Stellvertreter des Faipule und Rechtsbeauftragter von Atafu, machte eine einladende Kopfbewegung in meine Richtung. Wir tanzten ungezwungen, wie die anderen auch. Die Hilfsschwestern, die ich bisher für den Inbegriff von Keuschheit gehalten hatte, waren erfrischend natürlich und sexy in ihren Bewegungen. Moti legt einen alten Hit nach dem anderen auf, und die Zeit verflog. Wir tanzten, tranken Bier, lachten. Wenn wir zu sehr ins Schwitzen kamen, wurden wir von Manueta mit einem süßlichen Parfum besprüht. Es war eine Art rituelle Handlung. »I'm going to Ibiza«, sang ich auf der Tanzfläche laut mit der Musik mit und schwenkte die Arme überm Kopf.

»I'm going to a Pizza«, sang der Mann neben mir. Plötzlich wurde mir wieder klar, wo ich mich eigentlich befand. Ibiza war den Menschen hier völlig unbekannt. Im kahlen Betonanbau einer Klinik unter Palmen tanzte ich mit den nettesten Menschen der Welt, trug einen Blumenkranz im Haar, und nur hundert Meter weiter funkelte im Mondschein die Lagune. Das kam mir alles wunderbar irre und verdreht vor. Ich sang den dämlichen Disco-Song noch eine Spur ausgelassener mit. Die unterschwellige Anspannung der letzten Wochen fiel endlich von mir ab. Ab jetzt konnte ich mich auch vor den anderen so geben, wie ich war, und musste nicht ständig die gesittete Arztgattin mimen. Vielleicht hatte ich aber auch einfach nur ein Bier zu viel getrunken und war beschwipst.

Die schwangere Schwester aus Samoa wagte trotz Übelkeit ein kleines Tänzchen. Drei Männer, darunter ihr eigener, legten sich wie rollige Kater vor ihr auf den Boden und begleiteten das sanfte Hüftwiegen mit wilden Bewegungen und Zurufen, als ob sie der Fruchtbarkeit der jungen Frau ironisch huldigen wollten. Sie machte das Spiel voller Genuss mit und ließ sich feiern. Es war ein durch und durch sinnlicher Anblick.

Meistens waren es die Frauen, die die Männer zum Tanzen aufforderten. Allerdings nie den eigenen. Als ich einmal gegen diese Sitte verstieß und mit Frank im Reggae-Takt zuckte, funkte prompt Tile, der Klinikchauffeur, dazwischen. »Andere Partner!«, lallte er vorwurfsvoll. Er konnte sich kaum noch auf den Beinen halten. Zwei Krankenschwestern schüttelten missbilligend den Kopf. Tile würde sich morgen einiges anhören müssen.

Als Barkeeper agierte der Mann einer Krankenschwester. Er tanzte nicht, sondern ging herum und bot uns Fanta- und Bierdosen mit dem leicht gebückten Habitus eines Oberkellners an, der einen 89er Chateau Neuf kredenzt. Je später der Abend, desto mehr »Hotstuff« wurde aufgefahren: Gin mit Milch oder Kakao, in Plastikkrügen angerührt und aus Emaillebechern getrunken. Immer wieder drehte DJ Moti die Musik herunter. Der Barkeeper verkündete dann, welche offizielle Stelle Atafus noch eine weitere Palette Bierdosen für diesen Anlass gespendet hatte. Die Gaben wurden mit höflichem Klaschen quittiert. Auch der vom Tanzen und Trinken rotgesichtige Bürgermeister wurde zwischendrin kurz förmlich und hielt mehrere Reden, die wir wieder nicht verstanden. »Party Talk«, winkte Manueta uns gegenüber ab. »Er bedankt sich bei allen.« Unsere Einstandsfeier zeichnete sich durch eine paradoxe Mischung aus ritueller Handlung und Ausgelassenheit aus. Als Letztere mal wieder die Oberhand gewann, stellten wir uns im Kreis auf. Die Musik wurde ausgedreht, zwei Schwestern trommelten mit den Händen den Takt auf der Bank, und ein betörender Sprechgesang hob an. Jeder begleitete ihn mit synchronen Handzeichen, Armeverschränken und langsamen Drehungen. Ich versuchte, mir die Tanzbewegungen von meinem Gegenüber abzugucken. All das, die Trommelschläge, der melodiöse Singsang und die sich geschmeidig wie Wasserpflanzen bewegende Gruppenformation, war faszinierend. Am anrührendsten war die Inbrunst, mit der jeder im Raum mitmachte, von der alten zahnlosen Alkoholikerin bis zur 18-jährigen Schwesternschülerin im Glitzerkleid. Maka, zweiter Mann im Staate Tokelau, wiegte sich stampfend im Takt und sang halb versunken, halb versonnen die Worte, die in etwa bedeuten: »Der alte Mann will tanzen, also machen wir ihm Beine«. Eine Kraft ging von dem Lied aus, die auch mich ansteckte. »Habt ihr in Deutschland traditionelle Tänze?«, wollte Manueta später wissen, als wir vor unseren mal wieder zu üppig gefüllten Essenskörben saßen und an Hühnerschenkeln nagten. Wie konnte ich ihr erklären, dass ich keinen einzigen Menschen kannte, der freiwillig einen Schuhplattler tanzen würde, von mir ganz zu schweigen? Und dass friesische Volkstänze bei uns nicht gerade als Highlight einer gelungenen Party betrachtet wurden? Meine Herkunft kam mir sehr viel komplizierter vor als ihre. Ich schüttelte nur den Kopf und lachte.

© Arno Gasteiger
Nukunonu, das mittlere Atoll, aus der Luft.

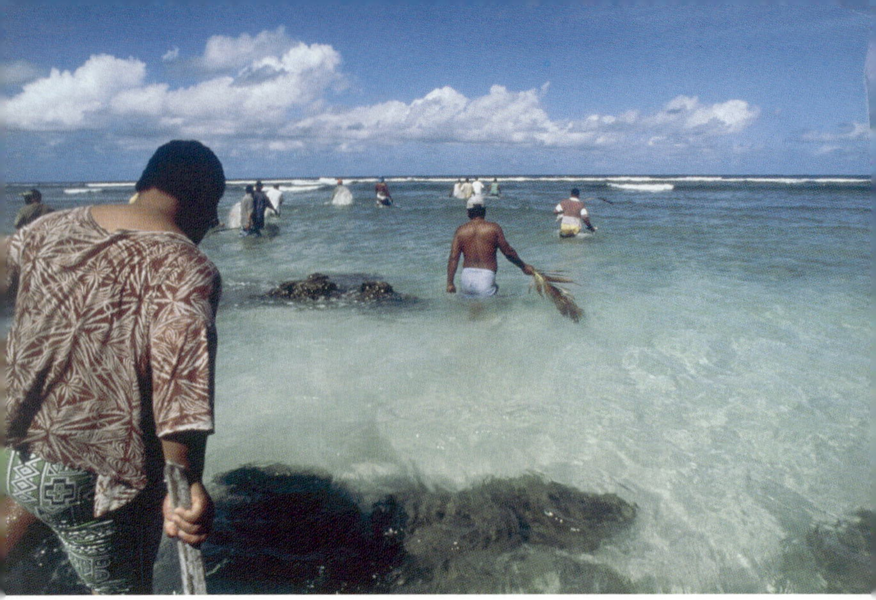

© Damian Welch

Gemeinsames Netzfischen auf dem Riff.

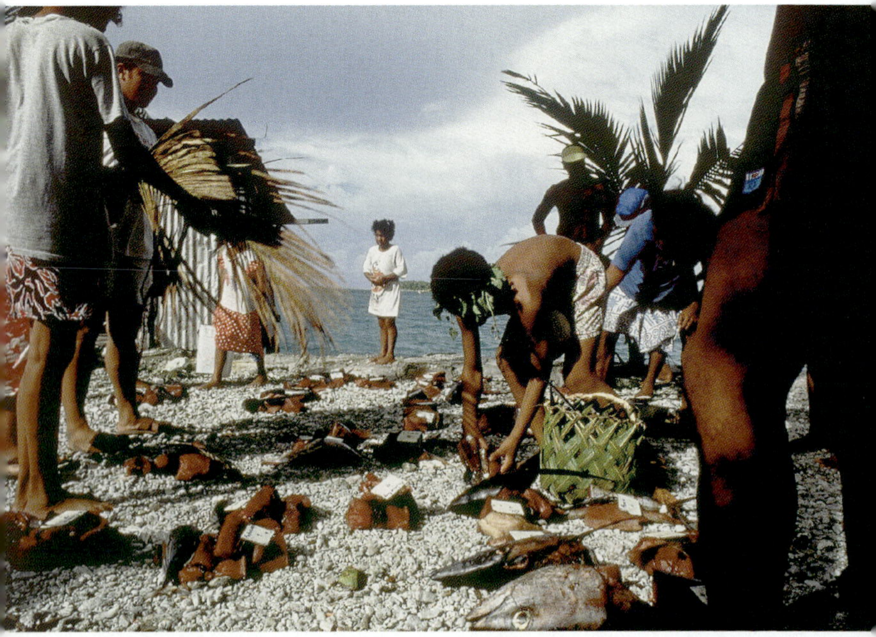

© Arno Gasteiger

Beim Inati wird der Fischfang des Dorfes geteilt.

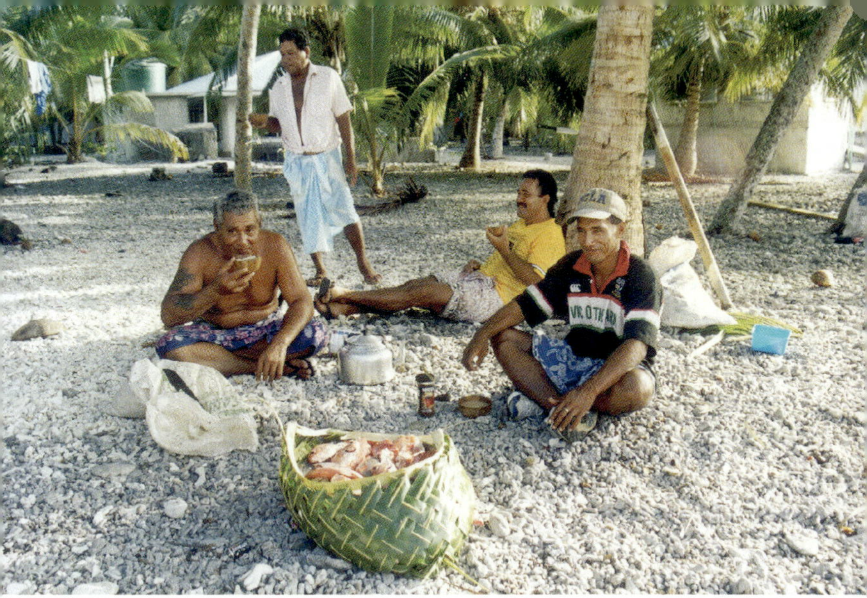

© Anke Richter

Arbeitspause für die Männer der Aumaga.

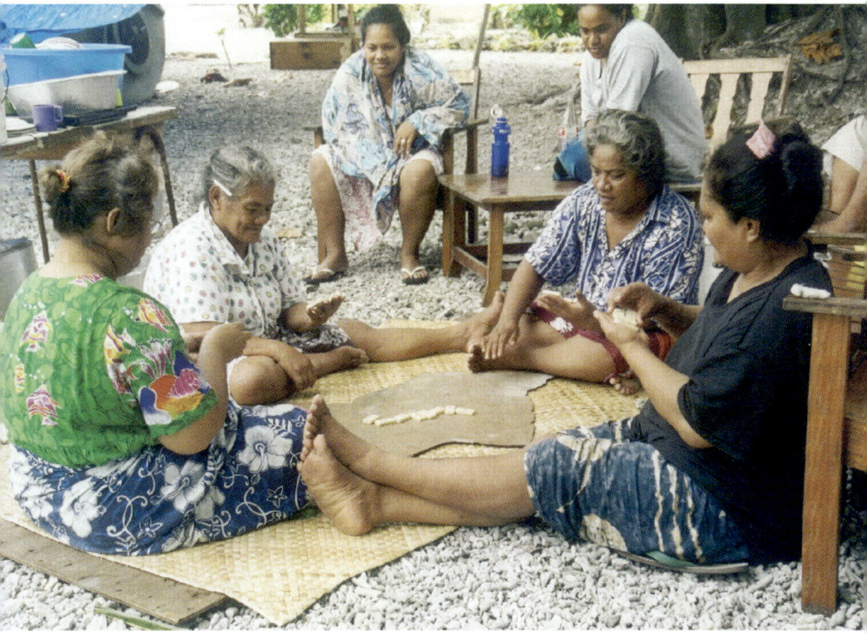

© Anke Richter

Die älteren Frauen spielen gerne Domino.

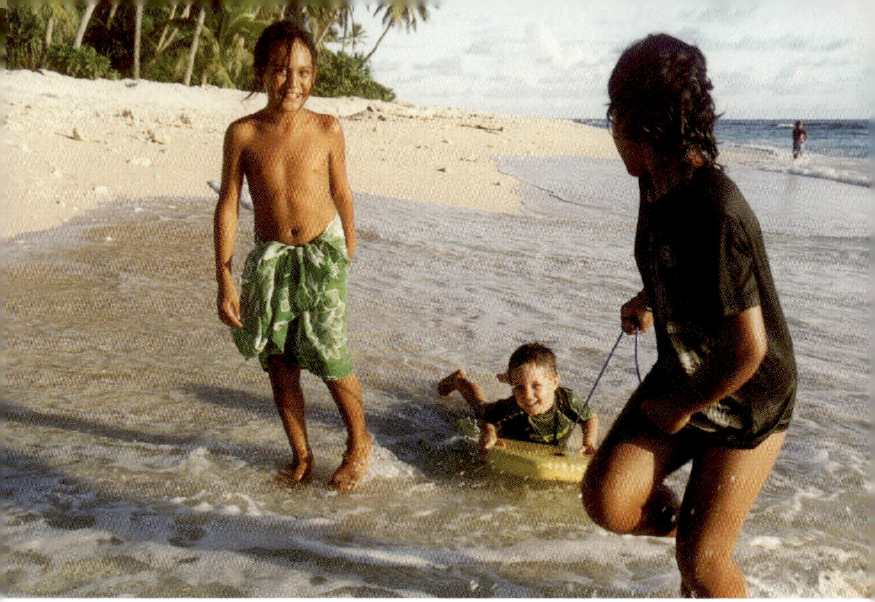

© Anke Richter

Jasper und Freunde toben an einem Sonntagnachmittag im Wasser.

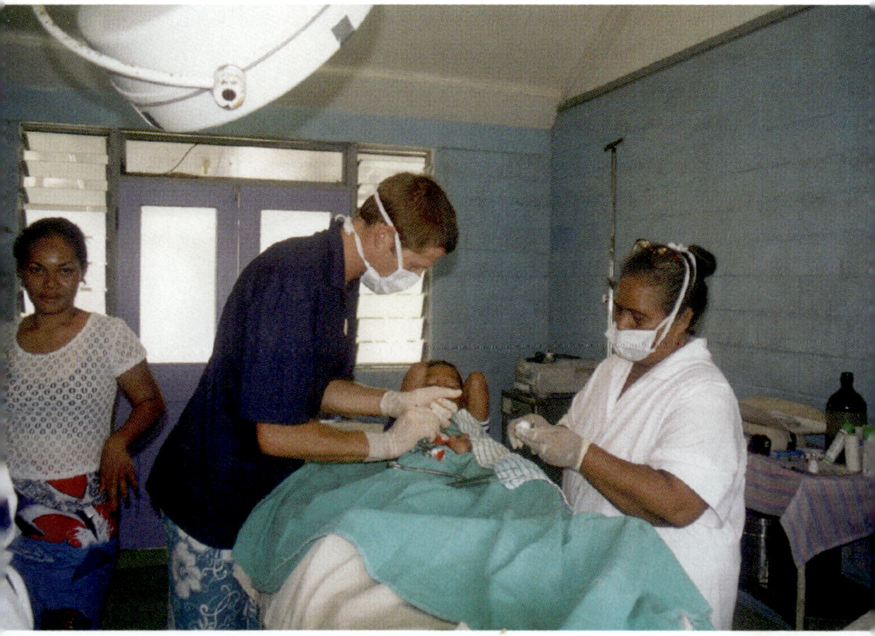

© Anke Richter

Operation im Lomaloma-Krankenhaus.

Manueta kostete von meinem Salat. »Sehr lecker«, befand sie, »endlich mal etwas Neues.« Ab zehn Uhr näherte sich das Fest dem Ende, denn um elf war wie üblich der Strom weg. »The last song« wurde immer wieder auf Englisch angekündigt. Manueta brachte den Dank an alle wichtigen Mitglieder der Gemeinde zum Ausdruck. Es war das Zeichen für uns, als Erste zu gehen, damit die anderen aufräumen konnten.

»Das war noch besser als unsere Weihnachtsfeier«, sagte Manueta am nächsten Morgen, als wir in der Sonne auf den Stufen vor der Klinik saßen. Wir tranken süßen Tee und führten das klassische »Am Tag danach«-Gespräch, das sich wenig vom Tratsch mit deutschen Freundinnen unterschied: Wer aus der Rolle gefallen war, wer ungefragt aufgetaucht war, wer gut tanzen konnte und wer heute alles unter einem Kater litt. »Lass uns bald mal einen Ausflug auf die äußeren Inseln machen«, schlug Manueta vor. »Schwimmen und ein bisschen Spaß haben.« Es war also doch nicht nur Einbildung, dass ich den Frauen seit gestern näher gekommen war.

Der Ausflug war meine erste Fahrt über die Lagune. Eigentlich war sie ein Kratersee: Das gesamte Atoll war einst nicht mehr als ein Ring aus Korallen gewesen, der sich um einen Vulkan im Meer gebildet hatte. Der Vulkan versank im Laufe der Jahrtausende, das Riff wuchs zu kleinen Inseln heran. Irgendwo weit unter mir, am Boden der Lagune, ging es vielleicht noch ins Innere der Erde.

Bis auf die zwei Männer, die unsere Dinghis steuerten, waren nur Frauen an Bord. Manueta trug Shorts, Nua hatte sich einen ausgewaschenen Lavalava wie einen Turban um die Haare gebunden. Sie saugte und kaute an faseriger frischer Kokosnussschale und bot mir ein Stück an: »Hier, schmeckt ganz süß!« Die jungen Lernschwestern ließen vorne die Beine über den Bootsrand baumeln und sangen ein Lied. Hinter unseren Rücken waren die Häuser des Dorfes nur noch kleine bunte Tupfer am anderen Ende des großen Wassers. Eine halbe Stunde lang fuhren wir in der prallen Vormittagssonne. Die Insel, an der wir hielten, war die östliche Landmasse des Atolls. Sie hatte Sandstrand und war mit dichtem grünen Palmenbusch bedeckt. Das Land war unter den Familien in 30 Teile aufgeteilt, jedes hatte davon einen eigenen Namen. Zäune gab es nicht, nur Markierungen in Form von in die Stämme geritzten Kreuzen. Für mich sah jeder Meter Gebüsch gleich aus.

Die Männer schlugen mit ihren Messern frische Zweige ab, und die Schwestern setzten sich in den Sand und flochten daraus lockere Körbe. Zahnarzt-Schwester Sala stapfte mit einer großen Machete in der Hand los. »Wir gehen Kokosnuss-Krabben fangen«, sagte sie zu mir. Von diesen Tieren hatte ich bereits gehört. Sie lebten an Land, ernährten sich von Kokosfleisch und konnten einem die Finger abzwicken, so kräftig waren sie. Mit einem Fußtritt rollte Sala einen modrigen Palmstamm beiseite. Eine tellergroße Krabbe bewegte sich darunter hervor und wollte ins Unterholz flüchten. Sala war schneller, setzte einen Fuß auf das Tier, packte mit einem gekonnten Klammergriff die Scheren und hieb die Machete präzise in eine Spalte des Bauchpanzers. Die Krabbe zuckte noch einmal und wurde in den Korb aus Palmblättern geworfen. Ein paar Schritte weiter fand Sala im Gestrüpp schon ihr nächstes Opfer. Als wir nach einer guten halben Stunde zu den anderen zurückstießen, war der Korb voll.

Mit Schwester Nua ging ich Lu sammeln, die tokelauische Variante von Grünkohl. Dafür wurden nur die zarten, noch leicht eingerollten Blattspitzen einer mannshohen Pflanze abgerissen. »Die musst du zu Hause lange in Kokosmilch kochen. Sehr lecker!«, sagte Nua und strahlte mich an. Bei ihr fühlte ich mich immer umsorgt und aufgehoben. Sie war sicher die konservativste unter den Schwestern, aber von einer grundguten, innigen Herzlichkeit. Während wir nebeneinander durchs Gebüsch liefen und frischen Lu suchten, nahm ich meinen Mut zusammen. Ich fragte sie nach Dr. Tayo Afolabi, der toten Ärztin aus Uganda. Nua schaute mich überrascht an. Dann lachte sie. Das konnte auf Tokelauisch alles mögliche heißen. Manchmal auch, dass einem eine Frage zu persönlich oder eine Antwort unangenehm war. »Bitte sag mir, was mit ihr passiert ist«, bat ich sie. Nua überlegte. Dann erzählte sie mir, wie sehr sie »Dr. Tayo«, wie sie sie nannte, gemocht hatte. Dass sie ihr Muschelketten gebastelt hatte. Dass Dr. Tayo sehr schüchtern gewesen war. »Aber sehr, sehr nett.« Sie konnte nicht schwimmen. Das brachten ihr die Jugendlichen bei. Irgendwann sei keine Post mehr von ihrem Mann gekommen. »Aber neben ihrer Leiche wurde doch ein Brief gefunden«, warf ich ein. Nua wusste nichts von einem Brief. Die Krankenschwestern hätten sich damals gewundert, weil die Ärztin nicht zum Dienst erschienen war. Sonst war sie immer akkurat und pünktlich. Die Frauen hätten dann durch die Glaslamellen des Fensters geschaut und sie in dem spärlich möblierten Haus auf dem Bett liegen sehen. »Sie war angezogen. Neben ihrem Körper lagen ihr abgelegter Ohrschmuck und Fingerringe. Und daneben die leere Schlaftablettenpackung«, sagte Nua. Sie dachte einen Moment nach. »Finobarb«, murmelte sie. So hieß das Medikament. Mehr konnte oder wollte die gestandene Krankenschwester mir nicht erklären. Meine vorsichtigen Fragen verunsicherten sie. »Wir hatten eine schöne Trauerfeier für Dr. Tayo«, sagte sie abschließend und sah bedrückt aus.

Wir stießen mit unserem Korb voller Lu zu den anderen Frauen. Sie rauchten, suchten am Strand nach liebesperlengroßen Muscheln für Schmuckketten und machten ein Feuer. Die Kokosnusskrabben wurden kurz angeröstet. Nua zeigte mir, wie man sie aß: Um an das saftige Fleisch in den Scheren heranzukommen, schlug man sie zwischen zwei Steinen auf. Unter dem Bauchpanzer wartete eine gelbliche, flüssige und streng riechende Masse. »Das ist das Beste!«, strahlte Nua. Alle schauten mich erwartungsvoll an. Ich kostete. Es schmeckte so, wie es roch: gewöhnungsbedürftig, aber nicht schlecht. Ich kratze den Panzer genüsslich mit den Fingern aus. Nua lächelte mich an: Test bestanden! Sie sprach mit den anderen auf Tokelauisch. Die Schwestern schauten dabei verstohlen zu mir herüber.

»Jetzt gehen wir schwimmen«, befand Manueta nach dem Essen. »Tunken« wäre der passendere Ausdruck gewesen. In Shorts und T-Shirts hockten wir Frauen uns wenige Meter vom Strand entfernt ins hüfttiefe, warme Wasser und dümpelten leicht planschend vor uns hin. »Anke«, sprach mich Manueta mit einem kleinen Lacher von der Seite an, »du interessierst dich also für Dr. Tayo?« Es klang betont beiläufig, aber auch eine Spur herausfordernd. Ich fühlte mich wie ertappt. Schwester Nua hatte den anderen wohl brühmwarm von meinen Fragen erzählt. Meine Neugier war mir plötzlich peinlich. »Du bist hier nicht auf Recherche«, sagte ich zu mir selber.

Aus dem Wasser tauchte der Mann einer Krankenschwester auf und hielt einen Fisch in der Hand. Er hatte ihn gerade frisch gefangen. Seine Frau reichte ihm eine Zigarette. Im klitschnassen gelben Polohemd saß er im türkisen Wasser der Lagune. Aus seinem Schnäuzer tropfte Salzwasser. Ein Bild für die Götter. Er schnippte die Kippe weg und biss genussvoll in den rohen Fisch.

»Du hast etwas verpasst«, meinte ich an diesem Abend zu Frank. »Ich war Krebse fangen.« – »Dafür werde ich jetzt bald mal von den Männern nachts zum Fischen mitgenommen«, sagte er. Fischen war auf Atafu viel mehr als reine Nahrungsbeschaffung. Es war das, worum sich fast alles drehte: Lieder, Gespräche, Anerkennung. Die Kinder jagten im seichten Wasser kleinen Schwärmen hinterher, und die Ältesten begutachteten die Beute, die aus den Kanus entladen wurde. Ich beneidete Frank. Es gab so vieles, das ich als Frau auf Atafu nie würde erleben können. Der Ausflug heute war eine seltene Ausnahme. Normalerweise bewegten die Frauen sich nur im Radius von Haus, Shop und Kirche. Es waren die Männer, die täglich mit ihren Eimern auf einer geschulterten Stange zu den Schweinegehegen liefen, die zum Kokosnussernten über die Lagune fuhren und die sich beim Fischen und Tauchen vor das Riff und in die Unterwasserwelt begaben. Das Universum des Meeres, von dem das ganze Land lebte, kannten die Tokelauerinnen kaum.

Einmal in der Woche wurde uns auf einer Schubkarre ein Stück roher Thunfisch gebracht, blutig und mehrere Kilo schwer. Inati heißt das komplizierte Verteilungssystem, nach dem der Fischfang von den Ältesten des Dorfes streng nach Familiengröße aufgeteilt wurde. Der Zuteiler stand mit seiner akribisch errechneten Liste vor den vielen Fisch-Häufchen und rief dann jeweils eines der Kinder auf, das mit dem Vorrat seiner Inati-Gruppe auf der Schulter, im Korb oder mit der Schubkarre stolz von dannen zog. »Essen für die Kinder« war ein geläufiger Ausdruck für die Inati-Portionen. Für den Pastor, den wichtigsten Mensch im Orte, gab es meist noch etwas extra, und auch wir hatten das Gefühl, oft die dicksten Stücke zu erwischen.

Im Inati lebt ein polynesischer Urkommunismus fort, der sich auf Tokelau erhalten hat: Das Wohl der Gruppe geht über individuelle Bedürfnisse, Unterschiede von arm und reich gibt es nicht. Alle sind gleich, und alle bekommen das Gleiche. »Bei uns kümmert man sich nicht zuerst um die Familie, sondern um die Gemeinschaft. Und die Gemeinschaft kümmert sich um die Familien. Ich kam von außerhalb und habe zehn Jahre gebraucht, bis ich kapiert habe, dass ich nicht für mich, sondern für meine Leute fische«, sagte Lui Carter, der Staatschef ohne Limousine, Leibwächter oder Allüren. »Das erfordert viel Vertrauen.« Sein Haus unterschied sich in keiner Weise von den anderen. Nur seine halbwüchsige Tochter trug die gewagtesten Klamotten der Dorfjugend und die Nase etwas höher. Den christlichen Sitten des Dorfes musste der Politiker sich genauso unterwerfen. Von einer Krankenschwester erfuhren wir unter dem Siegel der Verschwiegenheit, dass der Faipule vor nicht allzu langer Zeit vor den Ältestenrat zitiert worden war. Sein Vergehen: Er hatte etwas zu öffentlich mit einer entfernten Nichte angebandelt – auf Atafu war jeder mit jedem verwandt. Solcher Klatsch hielt die Tokelauer wie jedes andere Volk der Welt ständig bei Laune, war aber nicht für unsere Ohren bestimmt. Unsere Anfangslektion hieß: Den Palagi spielt man gerne heile Welt vor. Damit gaben wir uns nicht zufrieden. Wir wollten das echte Leben und, wenn irgend möglich, dazugehören.

»Es wird Zeit, dass wir uns unters Volk mischen«, sagte ich zu Frank, als Jasper im Bett lag. »Lass uns tanzen gehen.« An diesem Abend war Disco. Einen Babysitter brauchten wir hier nicht. Die reduzierte Privatsphäre auf so engem Raum hatte auch eine gute Seite: Die Nachtschwester, die auf der Bank vor der Klinik saß, würde in der abendlichen Stille durch die geöffneten Lamellenfenster unseres Hauses sofort hören, falls Jasper weinte. Sie wäre in wenigen Schritten bei ihm.

Die Disco fand im Lotala-Versammlungshaus statt und verströmte den Charme eines bunten Abends bei der FDJ. Hell erleuchteter Saal, graue Plastikstühle in einem großen Kreis, in der Mitte die leere Tanzfläche. »Wie soll denn hier jemals Stimmung aufkommen?«, fragte mich Frank. Wir waren mal wieder zu früh und fast die Einzigen im Saal. An der Decke hing eine glitzernde Disco-Kugel. Sie wurde nicht mehr benutzt, erfuhren wir. »Der Raum war dann zu dunkel«, erklärte der junge Mann, der einen überdimensionalen Getthoblaster mit Steckern und Kabeln verband. »Das gefiel den alten Leuten nicht. Weil … – ihr wisst schon«, sagte er, lachte und zwinkerte uns zu.

Als Hüterinnen der Moral hatten sich ein paar alte Frauen in langen Blumenkleidern auf den Stühlen niedergelassen. Auch die »Schranze« war dabei. Ihren Kinderschlägerfächer aus der Kirche hatte sie zu Hause gelassen. Sie wirkte ausgelassen, scherzte mit den anderen Aufpasserinnen und begann, sehr elegant zu tanzen, sobald die Musik einsetzte. Ein Mann im Hawaiihemd, der ungefähr ein Drittel so alt war wie sie, hatte sie aufgefordert.

Wir hatten Spaß. Die Tanzfläche war voll, die Musik wurde gut, immer mehr junge Leute strömten herein. Sie sahen anders aus als sonst: Enge T-Shirts, Jeans und Turnschuhe statt Lavalava und Shorts. Ein junger Lehrer trug Nike-Klamotten und hatte sich grüne Halme und Blätter um den Kopf gewickelt. Es stand ihm gut. Ich tanzte ausgelassen mit ihm. »Sex on the beach« hieß die Charts-Nummer, die gerade aus den Boxen dröhnte. Das Lied war eine Coverversion aus Samoa, und der Refrain war den Landessitten angepasst worden: »Fun on the beach« hieß es hier vorsichtshalber. Hinter den geöffneten Lamellenfenstern vom Lotala-Haus standen Kinder im Dunkeln und schauten uns fasziniert zu. Irgendwann wurden sie von älteren Geschwistern weggescheucht und nach Hause geschickt.

6 Damit du es sehen kannst

Ke ke kitea

Eigentlich sollte seit Tagen das Boot von Apia unterwegs sein. Da wir eine Waschmaschine, Geschirr und Haushaltsgegenstände erwarteten, interessierte uns natürlich, wann. Außerdem drehte sich auf Tokelau nun mal alles um »Te Vaka«, das Boot. Jede Ankunft und Abfahrt waren der Höhepunkt im ruhigen Treiben des Dorfalltags. »Das Boot hat Verspätung«, antwortete Manueta auf Franks Frage. »Wann kommt es denn an?« »Am 3. März«, sagte sie. »Aber heute ist doch schon der 5. März«, sagte er. Es blieb weiter spannend. Auch die Patienten gaben ihm an diesem Morgen Rätsel auf. »Nehmen Sie Medikamente?«, fragte Frank einen alten Herrn mit Übergewicht und Gicht in den Knien. »Io«, sagte er, Ja. »Welches Medikament?« »Ein gelbes.« »Nehmen Sie es jeden Tag?« »Io«, nickte der Mann. »Haben Sie es heute morgen genommen?« Kopfschüttelndes »Heai« – Nein. »Haben Sie es gestern genommen?« Wieder »Heai«. Die Schwestern saßen daneben, nickten und lächelten, als ob die Unlogik der Antworten und damit die ganze Unsinnigkeit einer medikamentösen Behandlung nicht im Entferntesten etwas mit ihrer Aufgabe zu tun hatten. »Spinne ich oder spinnen die?«, fragte sich Frank.

Das Boot aus Apia legte schließlich an. Ein junger Mann lief Trompete blasend durch den Ort, um es anzukündigen. Ein Blick auf die jungen und unverheirateten Hilfsschwestern hätte mir das Gleiche verraten. Maina, die hübscheste von ihnen, sah ungewohnt schick aus. Sie hatte Lavalava und T-Shirt gegen ein bodenlanges, enges rotes Kleid mit Dekolleté getauscht. Ich fragte mich, wo hier am frühen Morgen schon eine Party stattfinden sollte, doch dann erinnerte ich mich an die Schiffsbesatzung, die uns vor wenigen Wochen nach Atafu gebracht hatte – alles muskulöse, attraktive Männer. Maina schien sich auf einen von ihnen besonders zu freuen.

Die ersten Passagiere kamen von Bord. Jeder war gespannt auf Neuankömmlinge und auf die, die länger weg gewesen waren: Sie brachten Nachrichten von den Familien auf den anderen Atollen, in Apia oder den Vororten von Wellington und Auckland, und manchmal hatte jemand auch ein nagelneues Kinderfahrrad oder anderes begehrtes Spielzeug dabei, das dann von sämtlichen Kindern in Beschlag genommen wurde.

Catherine, eine neuseeländische Hebamme auf dem Weg zu ihrem mehrmonatigen Einsatz auf dem südlichen Atoll Fakaofo, schaute nach dreitägiger Überfahrt kurz in der Klinik vorbei. Frank gab ihr Handtuch und Seife zum Duschen, trank mit ihr einen Kaffee und erfuhr, dass die medikamentöse Versorgung auf den anderen Inseln ähnlich katastrophal war wie auf unserer. Ein schwacher Trost. »Das liegt ganz einfach daran, dass die Rechnungen der Apotheker nicht bezahlt werden«, wusste Cathy. »Irgendwann sind die sauer und liefern nichts mehr an Tokelau – oder nur ihr abgelaufenes Zeug.«

Auch ich bekam Überraschungsbesuch. Ein Mann aus dem Büro der staatlichen Telefongesellschaft Teletok klopfte an unsere Tür. Im Schlepptau hatte er zwei junge Europäer. Der Anblick von weißen Gesichtern und langen Beinen in kurzen Hosen war bereits nach knapp drei Wochen Inselleben ungewohnt. Balder und Eline waren aus Holland, mit einem riesigen Stativ bewaffnet und dienstlich hier. Die Internet-Domain des Landes, das Kürzel ›tk‹ für ›Tokelau‹, war an eine niederländische Computerfirma verkauft worden. Es gäbe »Millionen von Begriffen und Firmennamen«, erklärte mir die schwitzende Frau, »die man hier vor Ort sicher nicht braucht, die aber für Weltkonzerne interessant sind, www.philips.tk zum Beispiel.« Sie kam mir mit ihrem Business-Ton vor wie ein Wesen von einem anderen Stern. Ihr Kollege und sie wirkten seltsam reserviert und unpersönlich. Was sie sicher überhaupt nicht waren. Ich hatte mich schon so an das herzliche Wesen der Tokelauer gewöhnt, dass mir normale Zivilisationsmenschen gestört vorkamen. So schnell wie sie aufgetaucht waren, verschwanden die beiden auch wieder. Die Trompete tönte durchs Dorf, das Boot legte früher ab als geplant, und die Holländer mussten sich beeilen, um die Abfahrt nicht zu verpassen.

Tile kutschierte mit seinem Motorradanhänger mehrere Kartons vor unsere Türe. Das Auspacken war wie Weihnachten und Geburtstag in einem, auch wenn die bestellten Töpfe, Teller und Messer zum größten Teil fehlten. Dafür hatte sich das Büro des Gesundheitsministers mit einem ganz besonderen Geschenk revanchiert: Ein in Zellophanpapier und Schleifen verpacktes Teeservice, mit Goldrand, Rosenmuster und Schnörkeln. Völlig absurd wirkte dieses Präsent angesichts unserer bescheiden ausgestatteten Küche. Das tokelauische Durchschnittsgeschirr bestand hauptsächlich aus Plastiktellern und -bechern, wie man sie andernorts zum Camping oder als Kindergeschirr verwendet. Aber irgendetwas musste sich der Gesundheitsminister dabei gedacht haben. Vielleicht, dass wir standesgemäße englische Tea time abhielten?

Am meisten freute ich mich auf die Kiste aus Apia, in die Tala im Tokelau-Büro Gemüse und Obst für uns gepackt hatte. Leider hatte die Gute das meiste in Plastiktüten gelassen: Nach drei Tagen Bootsfahrt in der Hitze waren Tomaten, Salat, Bohnen und Avocados angegammelt oder verdorben. Die Bananen lagen zuunterst und waren nur noch brauner Matsch. Aus dem bestellten Sack Kartoffeln war ein kleines

Säckchen geworden – eine herbe Enttäuschung. Alles, was in den Müll wanderte, würde erst in mehreren Wochen wieder ersetzbar sein. Und ob dann in genießbarem Zustand, war fraglich. Ich versuchte, den Tonfall und das Schulterzucken der Krankenschwestern nachzuahmen und murmelte: »That's isolation!« Bevor auch der Rest verdarb, aßen wir tagelang Kartoffel- und Gurkensalat und legten eine erste Fischpause ein.

Jasper lief jetzt morgens allein zum Kindergarten, mit einer Brotdose und Wasserflasche ausgerüstet. Mittags hörte ich seine kleinen nackten Füße über die Korallen zurück zum Haus tapsen. Er schaute kurz in die Küche, legte zwei Muscheln auf den Tisch – »guck mal, was ich für dich gefunden habe!« –, erzählte mir von einem Tanz, den er gelernt hatte, und lief dann hinüber zur Klinik, wo er mit Manuetas Tochter in den leeren Räumen herumrannte. Sobald die größeren Kinder aus der Schule kamen, sahen wir ihn manchmal den ganzen Nachmittag nicht mehr. Seine neuen Freunde nahmen ihn völlig in Beschlag. »Come, Jas, come swim«, forderte ihn Luta in rudimentärem Englisch auf, und sie verschwanden Richtung Lagune, wo sie stundenlang im seichten Wasser planschten. Mal hatten sie ein Stück altes Styropor als Boot, mal einen Baumstamm als Floß. Die wilde Luta war Jaspers ganz persönliche Beschützerin geworden und fing ihn liebevoll auf, sobald er unterzutauchen drohte. Irgendwann standen sie dann pitschenass und strahlend wieder in unserer Küche und wollten Cracker oder Milch haben. Er hatte von ihr bereits ein paar Brocken Tokelauisch gelernt.

Es war ein nie gekannter Luxus, mir um Jaspers Betreuung keine Gedanken machen zu müssen. Keine Verabredungen und Babysitter-Termine mehr, um ein paar Stunden für meine Arbeit rausschlagen zu können. Zu wissen, dass ihm von keinem Menschen hier eine Gefahr drohte – dass es keine Straßen gab, auf denen er überfahren werden konnte und dass überall, wo er hinlief, jemand war, der ihn kannte und auf ihn Acht gab. Die kollektive Erziehung auf Atafu hieß, dass sich jeder Erwachsene für alle Kinder verantwortlich fühlte. Am meisten schätzte ich aber, dass das Kindsein auf Tokelau so selbstverständlich war. Manchmal hatte es auch sein Gutes, wenn sich keiner für sinnvolle Erziehungskonzepte interessierte – von den Ohrfeigen mal abgesehen. Außerhalb des starren Disziplin-Korsetts von Kirche und Schule genossen die Kinder hier ein Gruppenleben und eine Freiheit fern von den Erwachsenen, um die sie jedes pädagogisch überfrachtete, neurotische deutsche Einzelkind nur beneiden konnte. Ich dachte an die vielen Nachmittage in unserem Park zurück, wo jeder Schritt und jede Schäufelchenbewegung der lieben Kleinen von überengagierten Müttern kommentiert und überwacht wurde. Spielen durfte nie ohne Erziehung passieren. Dass ich lieber auf der Parkbank Zeitung las, anstatt pausenlos »Lass das« oder »Komm her« zu kommandieren, machte mich in den Augen der Sandkastenmuttis sicher suspekt. Wie wohltuend, dass mich hier niemand für eine Rabenmutter hielt, weil ich meinen Sohn einfach seinem Schicksal in Form anderer Kinder überließ. Was ja nicht ausschloss, ihm Bücher vorzulesen oder mit ihm holperige Fahrzeuge aus Kokosnussschalen zu basteln.

An den Werktagen wanderte ab fünf Uhr nachmittags alles, was sich für jung hielt, zum Sportplatz der Schule. Jeden Tag wurde dort Volleyball oder Touch, eine Art gemäßigtes Rugby, gespielt – mit einer Energie und Ausdauer, die ich in dem warmen Klima und dem Inselphlegma nicht vermutet hätte. Wer noch nicht ins Handarbeits- und Schnitzalter gehörte, hatte außer Sport auf Atafu keinerlei Freizeitangebote. Umso größer war der Andrang beim Ballspiel, zumal Mädchen und Jungen hierbei zusammen kamen. Frank war in der ersten Woche zum »Team Tokelau« gestoßen und machte jeden Tag eisern mit. Die Bälle wurden mit solcher Wucht gedonnert, dass sie in der Lagune landeten oder mal ein Fenster der Schule zu Bruch ging. Ab und zu kam ich mit, saß mit einigen Jugendlichen als Beobachterin am Rande und bewunderte die Sprünge und Schläge der muskulösen Männer und Frauen. Auch die Hilfsschwestern, die ich bisher nur in knöchellangen Kleidern kannte, trugen Shorts und Turnschuhe und tobten als Sportskanonen über den Platz. Einen hünenhaftern Spieler mit fliehender Stirn und kahlrasiertem Schädel hatten Frank und ich »das Tier« getauft, weniger aufgrund seines furchterregenden Aussehens, sondern wegen seiner Schmetterkraft. In Wirklichkeit hieß er Siva – das tokelauische Wort für Tanz. Jetzt holte er aus und donnerte den Ball in Franks Richtung. Der konnte nicht schnell genug reagieren. Der Ball traf ihn mit einer solchen Wucht an der Stirn, dass mindestens das Nasenbein gebrochen worden wäre, wenn er ein paar Zentimeter tiefer aufgesetzt hätte.

Als ein kleiner Junge zu weit aufs Spielfeld lief, verpasste Siva ihm eine Ohrfeige. Der Junge heulte auf. Ich schaute mitleidig zu ihm rüber. Das interpretierte Siva wohl falsch und schlug das Kind noch einmal, damit es endlich Ruhe gab. Ich stand auf, setzte mich demonstrativ neben den Jungen und tröstete ihn leise. Siva warf mir einen irritierten Blick zu und pritschte weiter. Auch die »Trine« war diesmal wieder beim Volleyball dabei. Er spielte fantastisch. Die graziösen Bewegungen täuschten, wenn man sah, was er für kräftige Schmetterbälle drauf hatte. Heute zierte ein unübersehbarer Knutschfleck seinen Hals.

»Warum spielst du nicht auch mit?«, fragte mich eine junge Frau, die im Gegensatz zu allen anderen ihr Haar kurz und offen trug. Über ihrer Brust war ein Männername eintätowiert. Sie saß jeden Tag am Sportplatz, mit einer Zigarette in der Hand und einem zweijährigen Mädchen im Arm. Die Kleine, die ich für ihre jüngere Schwester hielt, sah trotz verrotzter Nase zum Anbeißen niedlich aus. Sie hatte stets eine Chipstüte in der Hand und zwei frische Blüten hinter ihren winzigen braunen Ohren. »Weil ihr so gut spielt und ich dagegen keine Chance habe«, antwortete ich der Frau. Sie sagte mir ihren Namen: Ave. Sie hatte zehn Jahre in Neuseeland gelebt, sprach fließend Englisch und hatte andere Fragen als die übliche, wer denn meine Eltern seien. »Warum bist du nach Atafu zurück gekommen?«, fragte ich. »Weil es hier so friedlich ist«, sagte sie. »Ich wusste nicht, dass es überhaupt Kriminalität und Verbrechen gibt, bis ich Tokelau verlassen habe.« Ich dachte: »Glückliches Geschöpf. Welch ein behütetes Leben!«

Das glückliche Geschöpf, so stellte sich bald heraus, war manisch-depressiv und psychotisch. Im letzten Jahr hatte die psychisch kranke Frau sich mehr und mehr zurückgezogen, war kaum mehr ansprechbar und wanderte jeden Tag allein zum Friedhof. Dort fing sie irgendwann an, ein Loch zu graben. »Es sollte ein Grab für sie werden«, erzählte uns Manueta. Ave kam in Franks Sprechstunde, damit er ihr Psychopharmaka verschrieb. Allerdings war von dem Mittel, das sie brauchte, nur noch eine Packung vorrätig. Niemand hatte daran gedacht, das Medikament nachzuordern. Es konnte Wochen, wenn nicht Monate dauern, bis Nachschub kam. Zum Glück schien Ave gerade eine gute Phase zu haben.

Lui Carter, der Staats- und Inselchef, kam in die Klinik. Mittlerweile war aus der anfänglichen Reserviertheit ein freundlich-interessierter Umgang geworden. Als der Premierminister ging, riet ihm Frank zum Abschied grinsend: »Nehmen Sie in den nächsten Tagen lieber einen Regenschirm mit – der hilft vielleicht, wenn uns die russische Raumstation auf den Kopf fällt!« Seit dem Abend zuvor wussten wir aus der E-Mail eines Freundes, dass die MIR durch den Orbit taumelte und in wenigen Tagen mehr oder weniger unkontrolliert in den südlichen Pazifik stürzen würde. Diese Information war für das Staatsoberhaupt neu und warf sofort Sorgenfalten auf seine Stirn. »Das muss ich im Ältestenrat besprechen, bevor die Bevölkerung unnötig in Aufregung versetzt wird«, sagte Lui Carter. Ich war gespannt, was der Ältestenrat dazu zu sagen hatte. Auch MIR-Abstürze waren genauso wie die Klimakatastrophe sicher nicht in der Bibel verzeichnet.

Am nächsten Tag war die Nachricht bis in den Pazifik vorgedrungen und im samoanischen Rundfunk zu hören, der von den wenigen Radiobesitzern auf Atafu empfangen wurde. Glücklicherweise sei Samoa von dem Absturz nicht betroffen, da die Absturzstelle weit entfernt sei, hieß es. Sollte aber dennoch jemand in den nächsten Tagen einen Krater im Garten entdecken, dann besser nichts anfassen – Radioaktivität könnte nicht ausgeschlossen werden. Lachend erzählte mir eine Lehrerin von diesem Schwachsinn. »Nur angucken, nicht berühren«, alberten wir. Drohenden Katastrophen, auch den weitaus realistischeren, begegnete man in Tokelau möglichst mit Humor. »Ich könnte dir allein zehn köstliche Geschichten vom letzten Wirbelsturm erzählen«, sagte die Lehrerin. »Was wir alles gemeinsam erlebt haben, als wir in der Schule zusammenhockten und warteten, dass die Flutwelle einmal über die Insel bis zur Lagune rollt und wieder zurück.« Ich guckte sie weniger amüsiert als erschrocken an. Ein Taifun war das Schlimmste, was ich mir auf dieser Insel vorstellen konnte. Dann erzählte sie mir zumindest eine Geschichte. Sie war kein bisschen komisch. Von einem alten Mann, der sich damals weigerte, sein Haus zu verlassen und lieber im Sturm sterben wollte. Seine Tochter blieb aus Treue bei ihm. »Sie wurden beide hinaus ins Meer gespült«, sagte mir die Lehrerin ohne eine Spur von Tragik in der Stimme. Es klang, als ob sie es dem alten Mann von Herzen gönnte, dass sein Todeswunsch auf diese natürliche Weise erfüllt worden war. Alles war letztendlich Gottes Wille – also warum darüber unglücklich sein? Wieder hatte ich etwas über das tokelauische Denken erfahren, aber es noch lange nicht begriffen. Und vor einem Taifun hatte ich nach wie vor Angst.

Es gab in der Tat keinen vergessenen russischen Kosmonauten zu begrüßen, der den rauchenden Trümmern der MIR entstieg. Sie war irgendwo bei Fidschi ins Meer gestürzt. Ave war jedoch mehr an Romanzen und Männergeschichten als an Raumfahrt interessiert. »Wie hast du Frank kennen gelernt?«, fragte Ave mich ein paar Tage später am Sportplatz. Sie zeigte auf einen der Volleyballer, ein Kraftpaket mit Sonnenbrille, Pferdeschwanz und Stirntuch. »Ich war letztes Jahr von ihm schwanger«, zog sie mich ins Vertrauen. »Aber ich habe das Kind verloren.« Es wäre ihr viertes gewesen. Ave war jetzt 24 und wurde mit 16 zum ersten Mal in Neuseeland schwanger. Dort hätte sie eine Abtreibung machen können, aber ihre Mutter war dagegen und sie selber hatte Angst vor dem Eingriff. Ihre beiden jüngsten Kinder stammten von einem Samoaner, den sie dort in der Disco kennen gelernt hatte. Seit zwei Jahren waren sie getrennt. »Aber er liebt mich noch immer und will mich heiraten«, raunte Ave mit Schmelz in der Stimme und leicht verklärtem Blick. »Er sagt, er hat sich geändert.« Wie geändert, wollte ich wissen. Der anhängliche Boyfriend, stellte sich heraus, hatte sie geschlagen: weil sie Shorts trug, weil sie mit ihren Freundinnen tanzen gehen wollte, weil sie ihm nicht gehorchte. Er hatte sie im siebten Monat ihrer Schwangerschaft so verprügelt, dass sie mit heftigen Blutungen in die Klinik kam. Das kleine Mädchen, das jetzt mit Chipskrümeln um dem Mund auf Aves Schoß herumkletterte, war als Frühgeburt zur Welt gekommen. In meinem Kopf hämmerte es vor Wut und Mitleid. Ich sagte ihr, dass solch ein Mann ins Gefängnis gehörte – bestimmt nicht vor den Traualtar. Sie guckte hilflos und ungläubig, als ob ich ein Naturgesetz in Frage stellte. »Hast du denn nicht wenigstens den Ärzten im Krankenhaus gesagt, woher die Blutungen stammen?«, fragte ich. »Nein, denn mein Freund stand daneben«, sagte Ave. »Ich hatte doch Angst vor ihm.« All das sei aber jetzt vorbei, hier auf Atafu. Ich sah wenig überzeugt aus. Ave beruhigte mich: »Wenn bei uns ein Mann eine

Frau schlägt, bekommt es jeder mit, und der Mann kriegt es von den anderen zurück. Daher kommt es fast nie vor.«

Nach diesen Einblicken in Aves Liebesleben hatte ich eine nahe liegende Frage. »Wie geht man in Tokelau mit dem Thema Verhütung um?« »Familienplanung« hieß der hier gebräuchliche propere Ausdruck dafür, der bereits implizierte, worum es vorrangig ging. »Das gibt es nur für verheiratete Frauen«, antwortete Ave. »Das ist die Regel der Klinik. Nur wer verheiratet ist, bekommt dort die Pille.« Mir fiel die 20-jährige Frau ein, der im Lomaloma-Hospital von einer der Schwestern gesagt worden war, es sei doch an der Zeit, dass sie endlich eine Familie gründe. Den Fall hatte ebenfalls Dr. Robert Bester in seinem Abschiedsbericht festgehalten. Und dann fiel mir der große Sack an Präservativen ein, der im Schrank der Klinik verstaubte. »Warum holen sich nicht die Männer Kondome?«, fragte ich Ave. »Es sind genug da.« – »Die Männer schämen sich, die Schwestern danach zu fragen. Es spricht sich hier halt alles sofort herum.« Ich dachte nicht lange nach. »Dann sollen sie direkt zu uns kommen. Und auch deine Freundinnen, die Verhütungsmittel brauchen. Ich werde mit Frank reden, und wir regeln das außerhalb der Klinik.« Ave nickte. Wir verabschiedeten uns wie Verschwörerinnen. Erst als ich aufstand, merkte ich, dass die erwachsene Nichte von Schwester Manueta neben uns saß. Hatte sie gehört, was ich gesagt hatte? Mein subversiver Vorschlag war für sie wahrscheinlich eine Ungeheuerlichkeit und würde in Kürze Manueta zu Ohren kommen. Ich musste dringend mit Frank reden.

Zu Hause explodierte ich fast. »Was für ein Schwachsinn«, regte ich mich auf, »dass man einer alleinerziehenden Mutter dreier Kinder von zwei verschiedenen Vätern eine Art Sex-Verbot erteilt, weil sie nicht verheiratet ist. Das ist es doch, wenn jemand wie Ave nicht verhüten darf.« Als die junge Frau letztes Jahr von dem Volleyballspieler schwanger wurde, hatte sie Unmengen eines dubiosen Kräutertees getrunken. Dadurch ging der Fötus schließlich ab. Einige Freundinnen von ihr hatten ebenfalls mit mehr oder weniger Erfolg Abtreibungen auf eigene Faust versucht. Das klang mittelalterlich. Frank war alles andere als begeistert.

Ich erzählte ihm, dass Ave sich früher einen Brief ihres Psychiaters aus Neuseeland besorgen musste. Der hatte ihr bestätigt, dass eine weitere Schwangerschaft zu einer schweren postnatalen Depression führen würde. »Nur mit diesem Wisch in der Hand bekommt sie hier ihre Dreimonatsspritze«, sagte ich. »Und das, obwohl sie wenige Wochen nach der letzten Geburt versucht hat, sich umzubringen.«

Das reichte. Obwohl es schon dunkel war, ging Frank rüber in die Klinik und brachte Druckmaterial aus dem Bücherschrank mit. »Frauen und Kinder auf Tokelau«, hieß eine Regierungsbroschüre. Die Statistik darin zeigte: Auf die 500 Einwohner Atafus kamen pro Jahr im Schnitt fünf Schwangerschaften bei Müttern im Alter von 16 bis 19 Jahren – angesichts des hohen Gesundheits-, Entwicklungs- und Bildungsniveaus Tokelaus eine alarmierende Zahl. Frank las eine Passage aus der Broschüre vor. Laut tokelauischer Regierung sollte jede Frau im gebärfähigen Alter die »Möglichkeit zur Familienplanung« haben. Damit war eindeutig Empfängnisverhütung auch für die Unter-18-jährigen gemeint. »Ich hätte kein Problem damit, das halbe Dorf vor den Kopf zu stoßen, indem ich hier an jeden Kondome ausgebe«, sagte Frank. »Aber umso besser, wenn ich mich dabei auf die Regierungslinie berufen kann.« Auch ihn hatte eine Mischung aus Ärger und Aktivismus gepackt. Wir blätterten in den Büchern und Schriften der Weltgesundheitsorganisation über Verhütung und überlegten, wie er das Thema in der Klinik ansprechen könnte. Jasper schnappte ein Wort auf und fragte: »Was ist ein Diafragmal?« Wir mussten lachen. Zum Glück verstand außer uns niemand Deutsch. Das verschaffte uns zumindest eine akustische Privatsphäre.

»Mach doch am besten eine Informationsveranstaltung im Dorf«, schlug ich Frank vor. Jeden Dienstag tagte das Frauenkomitee. Die Damen würden ihm sicher eine Stunde Gehör einräumen, um die Ansichten des Doktors zu diesem wichtigen Thema zu hören. So wie früher bei uns im Biologieunterricht könnte er ja dort die Anwendung verschiedener Verhütungsmittel erklären. »Oh ja«, grinste Frank gequält, »am besten mit einer Banane, auf die ich ein Kondom aufziehe. Da kann ich gleich abreisen.« »Hast du ein Glück«, sagte ich, »die Bananen sind mal wieder alle.«

Vor lauter Aufklärungsstrategien hatten wir unser Abendessen fast vergessen, das auf dem Herd auftaute. Das Eisfach unseres Kühlschranks wurde zwar in den Stunden, wo der Strom aus war, wärmer, aber zum Einfrieren reichte es. Ich hob den Deckel vom Topf. Darin blubberte Dosengemüse mit Huhn. Der Anblick der Fleischstücke in grünlich-brauner Soße widerte mich geradezu an. »Ich glaube, ich kann davon nichts essen«, sagte ich. Ich wunderte mich, denn mein Magen schien doch in Ordnung zu sein. Gestern hatte ich bereits vormittags Hunger auf eine große Tüte Chips gehabt. Überhaupt hatte ich die letzte Zeit vor allem mit Essen und Schlafen verbracht. Trotz Mittagschlaf fielen mir regelmäßig ab halb zehn Uhr abends die Augen überm Buch zu. »Vielleicht ist ja doch nicht nur mein niedriger Blutdruck daran schuld, dass ich dauernd müde bin«, sagte ich laut vor mich hin. Frank horchte auf. Ich rechnete ihm vor, wann ich das letzte mal meine Periode gehabt hatte: Vor sieben Wochen. Selbst bei einem unregelmäßigen Zyklus eine lange Zeit. »Warte mal noch eine Woche ab, das ist sicher nur die Klimaveränderung«, meinte Frank. Ich wartete nicht ab, sondern nahm mir einen der aus Neuseeland mitgebrachten Schwangerschaftstests aus der Schublade und verschwand im Bad. Eine Minute sollte man aufs Testergebnis warten. Doch kaum hatte ich mich vom Klo erhoben, erschien bereits ein satter blauer

Streifen im Sichtfenster. Eindeutig und unanfechtbar positiv. »Soviel zum Thema Familienplanung«, sagte ich und hielt Frank den Plastikstab vor die Nase. Ich konnte kaum noch geradeaus denken.

Ich rechnete nach. Wahrscheinlich war ich ziemlich genau seit der Ankunft auf der Insel schwanger. Deutlich früher, als von uns geplant. »Es« würde mich also hier die gesamte Zeit begleiten. Ich lag auf unserem Sofa, starrte auf den summenden Tischventilator und war gleichzeitig aufgeregt und gelähmt. Alles erschien jetzt in einem anderen Licht: Die Isolation, die eingeschränkte Ernährung, das Fehlen eines Gynäkologen oder echter Intensivmedizin. Frank würde der Einzige sein, der sich um mich kümmern konnte, falls es Komplikationen in der Schwangerschaft gab. Im Notfall konnte ich nicht ausgeflogen werden – Tokelau hatte keine Landebahn, und es gab kein einziges Wasserflugzeug in Samoa. Und wo das Kind zur Welt bringen? Wir wollten frühestens im nächsten Jahr nach Deutschland zurück. Doch das Lomaloma-Hospital kam für eine Entbindung einfach nicht in Frage. »Meinst du, das Baby hat mehr von einem samoanischen oder neuseeländischen Pass?«, fragte ich Frank. Der war noch immer sprachlos. Nur Jasper brabbelte vor sich hin. Er meinte, ich müsste noch mal einen Schwangerschaftstest machen, damit er einen Bruder und eine Schwester bekommen würde. Es kam mir vor, als ob wir drei gerade eine Filmszene drehten. »Cut«, und dann würde alles wieder normal.

Es dauerte einen Tag, bis ich wirklich begriff, was sich still und heimlich in meinem Körper abspielte. Bald würde es unübersehbar sein. Die vielen »wie, was, wenn«-Gedanken, die gestern noch durch meinen Kopf gerast waren, hatten sich gelegt. Ein warmes, unbeschreibliches Glücksgefühl stellte sich ein. Ich dachte an die Schwangerschaft damals mit Jasper zurück, die weitaus weniger geplant gewesen war. Ich hatte sie bis zum letzten Tag genossen, war fit und gesund gewesen und hatte noch im sechsten Monat meinen Gelbgurt in Taek-

won Do gemacht. Warum sollte das beim zweiten Kind, das
wir uns eh gewünscht hatten, anders sein? Mir blieb gar keine
Chance, als einfach so weiterzumachen wie bisher. Ich war
gezwungen, alles positiv zu sehen. Auch wenn vor fünf Jahren
eine hochschwangere Frau auf Atafu gestorben war. An Bluthochdruck. Das Medikament, mit dem sie problemlos hätte
behandelt werden können, war mal wieder »out of stock«.

Von: Frank Küppers [anke_frank@clear.net.nz]
An: Alle
Datum: Samstag, 14. April 2001
Betreff: Südseegefahren

Da sitzen wir nun mitten im Pazifik, zwischen Äquator
und Samoa. Fast zwei Monate sind um und wir können uns
eigentlich ein erstes Zwischenurteil erlauben. Anfangs weiß man ja nicht so recht, ob man sich und den
Lieben mit so einer Aktion überhaupt etwas Gutes tut.
Eltern, die Ihre Karrieren auf Eis legen und einen
Dreijährigen den Südseegefahren aussetzen, gehört
eigentlich das Sorgerecht entzogen. Und nun auch noch
schwanger. Geht das überhaupt ohne Ultraschall? Aber
dank vieler gutmeinender Experten wussten wir ja
schon ganz genau, welche Gefahren auf uns lauern. Der
tödlich giftige Riffrochen, Haiattacken: am besten
nicht bewegen und ganz laut schreien und so still wie
möglich schnell aus dem Wasser. Alle Nase lang wird
man hier von fallenden Kokosnüssen erschlagen, und
wenn der Taifun kommt und das Atoll überspült: sofort
alles an einer Palme festbinden, das hat in einem Hol-
lywoodstreifen eine ganze Familie gerettet. Na dann
kann ja nichts mehr schief gehen!
Der Tokelauer zeichnet sich durch eine erhebliche
Gelassenheit und Frömmigkeit aus. Gefahren bestehen

nur, wenn der liebe Gott es will, und dann kann man es
eh nicht ändern. Riffrochen und Haie? Oh ja, die gibt
es und gefährlich seien die wahrscheinlich auch. Und
wann hat es den Letzten hier erwischt? »Och, eigentlich ist das noch gar nicht vorgekommen. Und von einer
Kokosnuss ist auch noch keiner erschlagen worden, nur
auf Samoa mal vor zehn Jahren.« Nun beißen die Haie
denjenigen vielleicht nicht, der dreimal pro Woche
zum Gottesdienst geht — ein wahrhaft hoher Preis!
Aber das ist ja wohl das Mindeste, was ich tun kann,
um die Familie vor dem Riffrochen zu beschützen. Von
wegen kein Verantwortungsgefühl!

Aber die Gefahren? Sonnenbrand? Schon eher. Man geht
aber auch nicht unbedingt in die pralle Sonne. Und ich
habe mir beim Volleyball scheußlich den Fuß ver-
knackst. Zuvor habe ich auf dem heißen Betonplatz
barfuß Tennis gespielt und mir eine Brandblase am Fuß
zugezogen. Das sind Gefahren.

Und wenn der Taifun kommt? Elias ist hier so etwas wie
ein Schulrat und ein sehr gebildeter und weiser Mann:
»Frank, das mit dem an die Palme binden ist ein prima
Tipp. Das ist wohl die einzige reelle Möglichkeit,
hier tatsächlich von einer Kokosnuss erschlagen zu
werden.«

So isses,
Frank

7 Mutterland

Toku matua

»Hey, wir sind mitten in der Südsee!«, sagte Frank mit der Stimme eines aufgekratzten Club-Animateurs, als er eines Morgens den Wasserkessel aufsetzte. Die Sonne war verschwunden, der Himmel dunkel von Regenwolken, und der Blick aus der Küche fiel auf einen alten Wassertank aus grauem Beton und auf die nackten Wände des halbfertigen Hauses gegenüber. Vom Wohnzimmerfenster aus sah man auf einen Abfallhaufen aus Konservendosen und auf rostige Ölfässer. Selbst die Hühner, die in den leeren Kokosnussschalen herumpickten, sahen heute räudiger aus als sonst. »Könnte auch Guguletu Township in Südafrika sein«, antwortete ich matt. Mit mir war in diesen Tagen nicht viel anzufangen. Mein niedriger Blutdruck schien bei diesen Temperaturen und dem schwangerschaftsbedingten Hormonumschwung vollends im Keller zu sein. Ich schleppte mich schwer vom Bett zur Dusche und hing danach schlapp im Sessel. Am liebsten hätte ich so den ganzen Tag verbracht und als einzige Aktivität die eine oder andere kühle Kokosnuss ausgesaugt. »Dann mach' das doch einfach«, riet Frank mir zu. Recht hatte er. Langsam setzte sich die wohltuende Erkenntnis bei mir durch, dass es hier kein »muss« gab, vom Kirchgang mal abgesehen. Ich gab mich faul dem Phlegma und dem seit Jahren nicht mehr gekannten Genuss hin, nichts erledigen zu müssen, tagsüber stundenlang zu lesen und nicht ein einziges Mal auf die Uhr zu schauen. Keine Termine, keine Rückrufe, kein Zeitdruck im Nacken, keine Verpflichtungen. Wir hatten nicht einmal ein Telefon, das klingeln konnte. Alles durfte warten – die eingeweichte Wäsche im Eimer und mein Laptop und selbst Jasper, der eh alleine vom Kindergarten zurücklief. Eigentlich gar nicht schlecht, so ein schwacher Blutdruck. »Hey, ich bin mitten in der Südsee!«, sagte ich mir auch wie zur Erinnerung. Aber statt des erwarteten Kicks stellte sich nur satte Gemütlichkeit ein. Dazu passte auch die Reaktion von Chefschwester Manueta, der ich als erster von meiner Schwangerschaft erzählte. Sie nahm es auf, als ob ich vermeldet hätte, dass ich mir jeden Morgen die Zähne putze: Ohne ein sichtliches Zeichen von Aufregung oder Interesse. Für sie und die anderen Frauen war mein Zustand der normalste der Welt.

Wie eine alte Oma nahm ich halbe Tage lang das Leben nur durchs Fenster nach draußen war. Die »Trine«, stellte ich dabei fest, wohnte ein paar Häuser weiter. Fasziniert beobachtete ich, wie selbstverständlich und stolz der feminine Mann mit seiner Homosexualität umging. Nie sah ich jemanden über ihn kichern. Auch die Kinder, die jedem Hellhäutigen hemmungslos »Palagi, Palagi!« hinterher riefen und sich über alles, was von ihrer Norm abwich, amüsieren konnten, behandelten ihn wie jeden anderen auch. In der festen Rolleneinteilung des Dorfes hatte Sam, so sein richtiger Name, seine Nische gefunden. Er arbeitete tagsüber wie die anderen Männer an den Häusern oder holte Kokosnüsse vom Baum. Zwischendurch schlüpfte er aber auch mal kurz zu den Müttern, die den Kleinen im Kindergarten beim Essen halfen, scheuchte ein paar Kinder zum Händewaschen ins Freie und schüttelte Matten aus. »Er ist immer bei uns Mädchen, wie eine Freundin«, erzählte mir Ave, die mitteilsame Manisch-Depressive. »Und er ist sehr glücklich hier.« Den Eindruck hatte ich auch. Sie kicherte. »Er hat seine Boyfriends, aber wir wissen nicht, wer sie sind.«

Die Kirchenglocke bimmelte. »Komm, gehen wir Hostien schänden«, sagte Frank am Sonntagmorgen und grinste gequält, als er sich seine Krawatte umband. Nach wie vor erschloss es sich uns nicht, wann nun eigentlich der Gottesdienst begann, obwohl er doch so etwas wie das Herzstück der Woche war. »Ein tokelauischer Mensch ist ein christlicher Mensch«, hatte ich gerade in einem Buch der Anthropologin Judith Huntsman gelesen. Diesmal standen wir um halb neun vor der Kirche, aber es probte noch der Chor. Ich wappnete mich innerlich für eine trostlose Stunde Langeweile. Auch nach den ersten Malen hatte das sonntägliche Ritual nicht dazu gewonnen – im Gegenteil. Drinnen lächelte ich zwei kleinen Mädchen in Rüschenkleidern zu, die sich auf der Bank nach uns umgedreht hatten. Sie guckten irritiert, fast erschrocken zurück. Hatte man ihnen beigebracht, in der Kirche keine Miene zu verziehen? Im Dorf lachte mich sonst jedes Kind an und rief »bye«, wenn ich vorüberlief. Selten hatte ich strahlendere, offenere Gesichter gesehen als bei den Kindern auf Atafu. Jetzt war das Lächeln ängstlichen Blicken in Richtung der älteren Aufpasserin gewichen, die mit ihrem Strohfächer auf die Köpfe schlug, wenn sich einer davon zu sehr bewegte. In mir krochen finstere Gedanken hoch. Der Glaube an Gott war für die Menschen hier etwas Elementares – aber durfte man Kinder deshalb auf Kirchenbänke zwingen? Wut staute sich in mir auf, bevor die erste Hymne zuende war. Der Pastor, letzte Woche noch ein liebenswerter Mensch aus Fleisch und Blut, war jetzt wieder nur die Marionettenfigur in einem schlechten Kasperltheater. Meine Aggressionen entluden sich darin, dass ich mit doppeltem Tempo meinen Fächer wedelte. Jasper hatte sich unseren elektrischen Taschenventilator eingesteckt, ein Abschiedsgeschenk meiner Hamburger Kollegen. Er bewegte es wie ein Flugzeug vor seinem Gesicht hin und her. »Auch eine gute Art, die Zeit totzuschlagen«, dachte ich. Ich spürte die missbilligenden Blicke der alten Männer hinter mir und verspannte noch mehr. Frank schaute mich mitfühlend an. »Halt durch«, sagten seine Augen. Wahrscheinlich ging er im Kopf den Notfallunterricht durch, den er am Montag vor den Krankenschwestern halten wollte. Jasper kletterte von der Kirchenbank und wollte sein Propellerflugzeug über dem Boden fliegen lassen. Ich zog ihn wieder nach oben. Noch mehr strenge Seitenblicke. »Warum gibt sie dem Bengel nicht einfach eins hinter die Ohren, damit er still sitzt?«, schienen die Mienen meiner lieben Mitchristen zu sagen. Der Schweiß lief mir unter der weißen Sonntagstracht herunter. Nach einer Stunde gingen die Jüngeren nach draußen, und ich verabschiedete mich erleichtert mit unserem unruhigen Sohn. Wahrscheinlich litt ich unter einer zunehmenden Sermon-Phobie. Diesmal gab es im Anschluss auch noch ein Abendmahl, was meinen Zustand sicher verschlimmert hätte. Frank blieb sitzen, wohl in der Hoffnung auf einen Schluck Rotwein. Aber es wurden nur Keksstückchen und eine rötliche Flüssigkeit serviert – »Raro« mit Himbeergeschmack.

Der allabendliche Ansturm der mit Schulheften bewaffneten Teenager ließ nicht nach. Frank flüchtete sich in die Klinik an den Computer, sobald abends der Strom wieder da war. Dafür musste ich jetzt immer öfter als Hilfslehrerin ran. Manche Nachhilfestunden waren die reinste Farce. Stumm schlug die 15-jährige Tochter von Schwester Nua ihr Englisch-Heft auf. Sie hatte einen kurzen Text über das Fischen auf Tokelau von der Tafel abgeschrieben, dazu ein paar Stichworte über Aufbau, Gliederung und Zusammenfassung eines Aufsatzes. »Was musst du denn machen?«, fragte ich sie. Sie schaute mich mit großen Augen an und zeigte auf den Fisch-Text. »Sollst du ein Essay verfassen?«, riet ich. Sie nickte. »Über welches Thema?« »In Englisch«, antwortet sie. Ich versuchte mehrfach, herauszubekommen, worüber sie schreiben wollte oder sollte. Sie zuckte die Schultern. In der Schule wurde niemand zum Nachfragen ermuntert, wenn er etwas nicht verstand. Mund halten und von der Tafel abschreiben war dort die Devise. Ich sagte: »Das Thema musst du dir schon selber ausdenken. Schreib doch über etwas Wichtiges hier auf Atafu.« »Das Krankenhaus?«, schlug sie nach langem Nachdenken vor. Wir waren einen großen Schritt weiter. »Wunderbares Thema«, lobte ich sie. Sie guckte weiter erwartungsvoll. »Schreiben sollst du deinen Aufsatz aber selber«, sagte ich. »Wir können uns ja zusammen überlegen, was darin stehen soll.« Sie erwartete offensichtlich, dass ich ihr Stichworte diktierte. Also schlug ich ihr vor: »Patienten, Arzt, Krankheiten, Ausstattung, Medikamente, kostenlose Versorgung für jeden – all das kannst du beschreiben. Ich korrigiere dann nachher gerne das, was du geschrieben hast.« Das Mädchen guckte mich an, als ob ich mich weigern würde, meine Zaubertricks vorzuführen. Offensichtlich hatte ich ihre Erwartungen enttäuscht, denn sie kam an dem Abend nicht mehr wieder. Dafür zwei ihrer Klassenkameraden mit genau der gleichen Aufgabenstellung. Wieder begann das mühsame Frage- und Antwort-Spiel. Ich sagte mir, dass dies wohl die gerechte Strafe dafür war, dass ich mich vor 20 Jahren mit wenig Lerneifer, aber umso größerer Klappe durch meine Schulzeit gemogelt hatte. Der liebe Gott vergaß anscheinend nichts, schon gar nicht auf Atafu.

Ich lernte im Gegenzug aber auch von den Schülern. Nicht nur über Tokelaus Fischerei, sondern auch über die allgemeine Abscheu vor Geckos, die an der Decke über uns harrten und die Fliegen rund um die Neonröhre vernaschten. »Iiiih, findest du die nicht eklig?«, fragten die Mädchen und schüttelten sich. Ich fand sie niedlich. Auch mit meiner Annahme, die vielen Kirchgänge müssten für die Dorfjugend eine ähnliche Tortur sein wie für mich, lag ich völlig daneben. »Wir wachen jeden Sonntag auf und freuen uns, den Herrn loben zu dürfen«, erklärte mir Joe mit Inbrunst. Er war der intelligenteste unserer abendlichen Besucher, in Australien aufgewachsen und für das Abschlussexamen nach Tokelau zurückgekehrt. Hier war die Konkurrenz für ihn als einer der Besten des Jahrgangs geringer. Damit stiegen seine Chancen auf ein Stipendium in Neuseeland, Fidschi oder Samoa. »Wir fühlen uns sauber, weil unsere Seelen durchs Beten von den Sünden gereinigt werden.« Joe strahlte wieder, und ich kam mir wie der einzige Heide unter Erleuchteten vor. Fast hätte ich neidisch werden können auf diesen unkritischen, aber ehrlichen Glauben aus tiefstem Herzen. Vielleicht war er doch kein Gruppenzwang. Vielleicht konnte ich ihn nur einfach nicht begreifen.

Wir redeten über Aberglauben und Hexenzauber, der in Joes Familie wie in vielen anderen noch traditionell gepflegt wurde. »Meine Urgroßmutter konnte Kräutermixturen machen, die hat sie sterbenden Babys gegeben, und dann wurden sie sofort gesund«, erzählte Joe mit unverhohlenem Stolz. Außerdem konnte die alte Dame angeblich böse Flüche aussprechen, von denen sich manche Männer erst nach Wochen erholten. Joes Klassenkameradinnen schauten ihn mit Bewunderung an. »Glaubt ihr an Geister?«, fragte ich die Jugendlichen. Sie kicherten verwundert und nickten. Was für eine absurde Frage – jeder in Tokelau glaubte an Geister. Genauso gut hätte ich fragen können, ob sie an die Existenz der Sonne und des Mondes glaubten.

Das Gespräch ließ mich auch am nächsten Morgen noch nicht los. Ich saß mit den Krankenschwestern beim Morgenkaffee vor der Klinik. Sie freuten sich jedes Mal, wenn ich mich zu ihnen setzte, warteten auf eine Gelegenheit zum Lachen und fragten sich wohl, was ich denn diesmal wieder an seltsamen Themen auf Lager hatte. »Hier im Krankenhaus gibt es auch Geister«, sagte Manueta. Zahnarzt-Schwester Sala zeigte auf den schäbigen Operationssaal. »Da gehen wir nie herein, wenn es dunkel ist. Da drinnen macht es nachts ganz komische Geräusche.« Ich warf ein, das könnte doch alles Mögliche sein, vom Wind bis zu Ratten. Keine Chance. Die Schwestern hatten auch schon Gespenster gesehen, nachdem jemand im Lomaloma-Krankenhaus gestorben war. Hundertprozentig und so wahr sie hier saßen. Ich versuchte es mit Logik: Vieles, was man früher für Wunder oder Magie gehalten hatte, ließe sich mit unserem heutigen Wissen naturwissenschaftlich erklären. Schön und gut, befand Manueta diplomatisch, aber hatte auch ein unschlagbares Argument: »Es sind tokelauische Geister, und die gibt es bei euch halt nicht.«

Abende lang saß ich unter unserer Neonröhre, die Hunderte von Fliegen umkreisten, und nähte eine Puppe für Jaspers Geburtstag. Obwohl er vor allem Legosteine und Spielzeugautos vermisste, hatte er seit unserer Ankunft auch seiner Puppe in Kiel nachgetrauert. Meine Mutterehre war gefordert. Je eine Unterhose von mir und Frank wurde als Trikotstoff geopfert, aus dem ich Kopf, Rumpf, Arme und Beine schneiderte. Ich trennte eines unserer Kopfkissen auf und entnahm ein paar Hände voll Schaumstoffflocken für die Füllung. Der Rock der Lumpenpuppe stammte von einem T-Shirt, dem Frank die Ärmel abgeschnitten hatte, und die Bluse war aus einem bunten Fetzen, den ich am Strand gefunden hatte. Von Schwester Nua, die ihre freie Zeit mit Handarbeiten verbrachte, lieh ich mir Wolle. Ich schwankte zwischen schwarzer und gelber Haarpracht, entschied mich dann aber angesichts Jaspers Heimatverbundenheit für blond. Ich betrachtete mein Werk voller Stolz. Lotta, getauft nach meiner Lieblingsfigur aus Astrid Lindgrens »Krachmacherstraße«, hatte unterschiedlich lange Beine, eine Naht unterm Kinn und einen Maulwurfblick. »'n beten scheef, hat Gott leev«, lästerte Frank auf plattdeutsch. »Ist doch eine schöne Erholung vom Hochglanz-Journalismus, aus alten Unterhosen Kinderpuppen zu nähen, oder?«

Da hatte er absolut Recht. Mein Beruf fehlte mir noch kein bisschen. Dafür ließ sich meine Kreativität kaum bremsen. Aus dem knallbunten »Raro«-Brausepulver im Laden wollte ich mit Mehl und Wasser Fingerfarben für Jasper anrühren.

»Vielleicht kann man mit konzentrierter Limo ja auch Sachen einfärben«, überlegte ich. Mir fiel eine Fernsehmoderatorin mit schrillroten Haaren ein, die eine Saison lang in jeder Talkshow erzählt hatte, wie sie früher in der DDR ein Fußpilzmittel zum Haarfärben benutzt hatte. Langsam konnte ich nachvollziehen, warum Mangelwirtschaft erfinderisch macht. In den verstaubten Schränken der Klinik fand ich Kohlepapier. Da weit und breit keine Schreibmaschine zu entdecken war, nahm ich es mit, kochte es zu Hause in einem Topf aus und batikte ein paar verwaschene Kleidungsstücke in dem dunkelblauen Sud. Frank hörte auf zu lästern und freute sich über sein verschönertes T-Shirt. Auch er wurde experimentierfreudig: Entgegen aller üblichen ärztlichen Praxis, aber auf Anraten der Lomaloma-Schwestern streute er das Pulver aus aufgeknackten Penicillin-Kapseln direkt auf meine eiternden Beinwunden, wenn diese mal wieder nicht zuheilten. Es half, und ich musste keine Antibiotika mehr schlucken.

Meine »Do it yourself«-Exzesse hatten einen weiteren Vorteil: In der klaustrophobischen Enge des Dorflebens blieb nichts den anderen verborgen. Bald konnte ich einige meiner neugewonnenen Fähigkeiten mit den Frauen teilen. Irgendwie hatte es sich herumgesprochen, dass wir Senfpulver und Knoblauch in unseren Vorräten hatten. Frank und ich waren garantiert die einzigen Menschen im Umkreis von mehreren hundert Seemeilen, die hin und wieder Knoblauchgeruch verströmten. »Lass uns damit Pickles kochen«, schlug mir die Assistentin des Erziehungsdirektors vor. Wir pflückten unreife Papayas und köchelten sie mit meinen Zutaten zu einem süßsauer eingelegten Gemüse ein. Als ich mir eine Nähmaschine auslieh, um mir für meinen dicker werdenden Babybauch ein Hängerkleid zu nähen, war es nur eine Frage der Zeit, bis eine der Krankenschwestern vor der Tür stand und fragte: »Könntest du mir eben ein paar Kissenbezüge zusammennähen?« Sie hatte zwei volle Plastiktüten mit zugeschnittenem Stoff dabei und schien sämtliche Sitzmöbel in ihrem Haus neu zu bepolstern. »Ich brauche sie bis morgen«, meinte Pella noch. Kurz nach unserer Ankunft hatte sie uns eine Strohmatte für unser Haus geschenkt, die ihre Mutter für uns geflochten hatte.

Auf Atafu hatte niemand Hemmungen, uns um Hilfe zu bitten. Für mich war diese Selbstverständlichkeit ungewohnt, mit der sich jeder der Fähigkeiten des anderen bedienen konnte. Aber ich fand sie absolut sinnvoll. Das Leben in der Kommune existierte – und funktionierte – hier wirklich. Nicht aus ideologischen Gründen oder staatlich erzwungen, sondern aus purer Notwendigkeit: Nur so hatten die Tokelauer auf ihren abgeschiedenen, kargen Inseln so lange und so autark überleben können. Die Aumaga, die Truppe der arbeitsfähigen Männer und damit das Kernstück des Dorfes, fand für jeden eine sinnvolle Aufgabe. Wer zu gebrechlich zum Arbeiten war, von dem wurde erwartet, dass er die anderen zumindest mit dem Ruf »Malo te galue« (gut gemachte Arbeit) anfeuerte. »Malo te tapuaki« kam dann zurück: gut gemachte Unterstützung.

Welch ein Privileg, dass wir Teil davon sein durften, dachte ich manchmal. Schon immer hatten mich Kibbuzim, Aussteigerkommunen und ähnliche Lebensgemeinschaften interessiert. Vielleicht war dieser uralte Traum nichts anderes als ein menschliches Grundbedürfnis: Nicht konkurrierender Einzelkämpfer, sondern Teil einer Gruppe von Gleichgesinnten zu sein.

»Kannst du uns beim Backen helfen?«, fragten mich eines Nachmittags zwei Frauen, die ich nur flüchtig kannte. Ich wusste nicht so recht, was von mir erwartet wurde. Zumindest war es eine Abwechslung in meinem schwangerschaftsbedingten Kreislauf-Durchhänger. Mit dem Backblech aus unserem nagelneuen Gasherd bewaffnet fand ich mich wie verabredet abends um acht Uhr in der Gemeinschaftsküche des

Lotala-Versammlungshauses ein. Dort roch es bereits köstlich. Ege, ein stämmiger Kerl in Shorts und Muscle-Shirt, schob gerade ein Blech Kekse in den Ofen. Kopf und Hals erinnerten bei ihm an einen dicken Baumstamm, an dem links und rechts wie zwei Pilze die Ohren saßen. Er hatte in Neuseeland nicht nur Rugby-Karriere, sondern auch eine Kochausbildung gemacht und war daher heute Abend so etwas wie der Küchenmeister. »Erst mal Tee trinken«, befahl Ege und hielt mir mit seiner Pranke einen gefüllten Henkelbecher entgegen.

Drei Stunden später hatten die anderen Frauen, Ege und ich weitere Tassen geleert, viel gelacht, Teig gekostet und zwei Rührkuchen zustande gebracht. Beschwingt fuhr ich im Dunkeln auf dem Klinik-Motorrad nach Hause, mit einem weiteren Auftrag: Nächste Woche gab es einen großen Empfang, und vielleicht könnte ich ein Rezept fürs Büffet beisteuern? Ich schlug Thunfischsalat vor. Ege schien von der Idee angetan und versprach, ein paar Zwiebeln aufzutreiben.

Die Woche schlich dahin. Einsamer Höhepunkt war Jaspers vierter Geburtstag. Die Tokelauer feierten ihre Geburtstage bescheiden oder gar nicht: Gruppenfeste waren wichtig, Individualismus nicht, und Geschenke konnte man eh nicht kaufen. Jasper sollte aber zumindest einen Abglanz seiner früheren Kindergeburtstage erleben. Ich brachte einen Topf, einen Kochlöffel und eine Tüte »Loli« mit in den Kindergarten und machte mit der ganzen Schar Topfschlagen. Es war ein Riesenspaß. Und Lotta, meine selbst gemachte Puppe, wurde von Jasper trotz Maulwurfblick sofort ins Herz geschlossen.

An der Schule musste eine zwei Meter tiefe Grube ausgehoben werden, auf der neue Toilettenhäuschen entstehen sollten. Einen Bagger gab es auf Atafu nicht, nur viele Arme und ein paar Schaufeln. Ein Mann lockerte mit einer Eisenstange den spröden Korallenboden, ein anderer schaufelte in kräftigem Tempo den Schutt weg. Dann klopfte ihm sein Hintermann auf die Schultern und löste ihn ab, bis der Nächste an die Reihe kam. Auch Frank stieg mit in die Grube und schaufelte schwitzend unten im Dreck. Jede seiner Schaufelbewegungen wurde mit einem lauten »Malo, Doktor!« quittiert. Die Männer feuerten sich gegenseitig an, reichten sich Kaffee, ackerten um die Wette. Frank hatte großen Spaß und am nächsten Tag einen Muskelkater. Im Dorf traf er Elias, den Hüter der Traditionen und Feind alles Fremden. »Ich habe dich gestern arbeiten gesehen. Du bist ja ein echter Tokelauer!«, sagte er und grinste unter seinem grauen Bart noch freundlicher als sonst. Es war das größte Kompliment, das er Frank machen konnte.

8 Krieger

Tamatoa

Unsere Insel erwartete Staatsbesuch. Der französische Botschafter aus Neuseeland wollte dem Land seine Aufwartung machen – der erste offizielle Kontakt zu Frankreich in der Geschichte Tokelaus. Und es war das erste Mal, dass Tokelau ein anderes Land außer Neuseeland um finanzielle Hilfe bat. Seit einer Woche wurde Atafu bis auf die letzte Koralle poliert. Hier sollten der Hauptfestakt und die wichtigsten Gespräche stattfinden. Nachmittags war jetzt plötzlich der Generator an, damit die Männer Strom für ihre Reparaturen hatten. Bis zum Abend hörte man Hämmern und Sägen. Ein ungewohnter Aktivitätsschub hatte das Dorf gepackt. Ölfässer wurden weggerollt, trockene Blätter aufgesammelt, und die Schwestern hockten jeden Morgen vor der Klinik und zupften Unkraut aus dem trockenen Boden.

Das letzte Boot hatte einen interessanten Mann auf die Insel gebracht, den wir erst jetzt näher kennen lernten. Vitale war für die nächsten drei Jahre amtierender Direktor des Faipule-Rates und somit einer der wichtigsten Männer im Staate. Er hatte durch und durch Stil, angefangen von seiner stolzen Haltung und den geschmackvollen Hemden bis hin zu den zwei Hippie-Armbändern um seine kräftigen Handgelenke. Auf denen waren Plastikperlen mit den Buchstaben »Jesus loves you« aufgefädelt – wahrscheinlich ein Geschenk von einem seiner fünf Kinder. Sein Englisch zeugte von höherer Bildung, und seine Umgangsformen waren perfekt, aber locker. Wir entdeckten ihn in Khaki-Shorts ein paar Reihen vor uns in der Kirche und sahen ihn abends mit Kopfhörern auf den Ohren Richtung Meer joggen – beides ein ungewohnter Anblick auf Atafu. Er musste über 50 sein, wirkte aber wesentlich jünger. Die beiläufigen Gespräche mit ihm waren ein Genuss im Vergleich zu den oft mühsamen Konversationen mit anderen Insulanern. Sie inspirierten uns und waren eine Bereicherung. Wir waren ausgehungert nach Menschen wie ihm.

»Unsere Kultur und wie wir hier leben können, ist einzigartig auf der Welt«, sagte Vitale zu uns. »Wir sind noch nicht vom Tourismus abhängig. Aber trotzdem geht alles langsam den Bach runter, wenn wir nichts tun.« Selbst er, der dieses kleine Land über alles liebte, schickte seine älteren Kinder lieber in Neuseeland zur Schule, weil das Schulsystem auf Tokelau immer schlechter wurde. Er war studierter Lehrer und früher einige Jahre Erziehungsdirektor von Tokelau gewesen. Damals hatte er dafür gesorgt, dass die Unterrichtssprache in der Schule statt Englisch wieder Tokelauisch wurde – ein wichtiger Schritt raus aus der Kolonialzeit. Jemand anderes mit dem gleichen Werdegang und geistigen Horizont hätte den Atollen längst den Rücken gekehrt, um sich ein bequemeres Leben in Auckland oder Sydney zu machen. Aber Vitale hatte ein Ziel: »Ich will nicht, dass Tokelau das gleiche Schicksal ereilt wie so viele andere arme, kleine Länder. Ich glaube daran, dass sich unsere Arbeit hier lohnt. Das ist das Beste, was ich aus meinem Leben machen kann.«

Vitale war zuvor mit einer Delegation bei den Vereinten Nationen in Genf gewesen und reiste dieses Jahr nach New York, wo Tokelau endlich als eines der letzten Länder von der Liste noch existierender Kolonien gestrichen werden sollte. Eine zwiespältige Angelegenheit: Tokelau wollte zwar administrative Unabhängigkeit von Neuseeland, aber eine komplette Loslösung vom Commonwealth konnte es sich bei sechs Millionen Neuseeland-Dollar Unterstützung im Jahr finanziell nicht leisten.

Vitale hatte daher für die UN eine lange Liste von Bedingungen mit erarbeitet, von besseren Transportmöglichkeiten bis zu einer Infrastruktur, die kommerzielle Fischerei ermöglichte. Solange jedoch das Geld aus Übersee floss, bewegten sich alle Verbesserungsvorschläge in einem Teufelskreis. Für die Tokelauer bestand kein echter Druck, sich neue Märkte zu erschließen. Die thunfischreichen Gewässer rund um die Atolle hätten ihnen theoretisch Millionen einbringen können, aber es fehlten entsprechende Boote, Landungsmöglichkeiten, Kühlhäuser, Strom. Bis ein frischgefangener Thunfisch für viele Hunderte von US-Dollar in einem japanischen Feinschmeckerrestaurant verzehrt worden wäre, wäre er schon auf der Fahrt von Tokelau nach Samoa verfault. Deshalb kassierten die Insulaner nur einen Bruchteil der möglichen Summen durch Fischereilizenzen, die sie an andere Staaten vergeben hatten. Unter anderem an die Franzosen.

Der Inselchef brauchte sein Gichtmedikament und wollte sich vom einzigen Europäer weit und breit die korrekte Aussprache des französischen Botschafternamens sagen lassen. »Jacky Musnier«, näselte Frank ihm vor. Lui Carter übte mit ihm. Noch etwas beschäftigte ihn. »Doktor, haben Sie von dem Fall in Samoa gehört? Da ist eine Familie gerade an einem unheilbaren Virus gestorben. Irgendeine Grippe, mit Blutungen, ganz gefährlich.« Er sorgte sich, dass eine Epidemie das ganze Atoll auslöschen könnte. »Die Leute hier sind beunruhigt. Es gibt dann schnell Gerüchte auf der Insel. Aber die Regierung von Samoa hat erklärt, dass kein Grund zur Besorgnis besteht, obwohl es Tote gab.« Der Faipule wirkte besorgt und irritiert. Frank beruhigte ihn. »Samoa liegt fünfhundert Kilometer entfernt, das Boot kommt nur alle paar Wochen und braucht mehrere Tage. So gesehen ist Atafu der ideale Standort, um gerade keine Epidemien zu bekommen. Man könnte höchstens überlegen, alle Passagiere vor der Abfahrt oder direkt nach der Ankunft zu untersuchen.« Immer mal wieder gab es Erkältungswellen auf der Insel. Eine schriftliche Warnung über das so genannte »Samoa-Virus«, die seit einem Jahr am Infobrett neben der Post vergilbte, hatte offenbar dazu geführt, dass die Insulaner das Boot als permanente, gefährliche Infektionsquelle betrachteten.

Jetzt konzentrierte sich alles auf die Ankunft des französischen Botschafters. »8.10 Uhr – Begrüßung« sah das Festprogramm vor, das wir als Kopie bekommen hatten. Eine absurd exakte Zeitangabe angesichts unserer Erfahrungen mit der »Tokelauan Time«. Wie zu erwarten, hielt sich auch der ausländische Besuch nicht minutiös an die Vorgabe. Wir standen bereits zwei Stunden lang herausgeputzt und mit Blumenkränzen im Haar am Hafen, zwischen Kindern in Schuluniformen und Männern in kriegerischen Tanzkostümen, als sich endlich ein wuchtiges graues Marineschiff der Insel näherte.

Der Herr Botschafter ließ sich für seine Good-Will-Tour von den Wallis- und Futuna-Inseln über Tokelau und anschließend nach Samoa eigens in einem französischen Kriegsschiff transportieren. Was sich als Problem herausstellte. Nach etlichen missglückten Anläufen brach der Kapitän die Ankerversuche vor dem Riff ab, kreuzte hilflos hin und her und schickte schließlich einen Ankerspähtrupp im Beiboot aus. Mittlerweile waren Stunden vergangen, und so beschloss die diplomatische Entourage endlich das, was schon von Anfang an sinnvoller gewesen wäre: den Chef einfach von Bord zu lassen, auch ohne Anker. Die Männer Atafus hatten seit dem frühen Morgen in ihren Kanus ausgeharrt. Jetzt setzten sie sich in Bewegung und steuerten dem Kanonenfrachter entgegen. Jacky Musnier und der erste Offizier, ganz in Marine-Weiß, kamen auf Stühlen sitzend mit dem Verladefloß durch die schmale Passage im Riff. Der Inselchef Lui Carter und sein Direktor Vitale kamen ihnen als Begrüßungstrupp mit einer Gruppe ausgewählter Schulkinder entgegen. Zwei Hühner wurden weggescheucht, die sich Richtung Kai verirrt hatten. Händeschütteln, Blumenketten und eine Tanzaufführrung der Männer am Ufer, während der Botschafter freundlich in alle Richtungen lächelnd den kurzen Weg zum Versammlungshaus heraufschritt. Der Pfad war eigens mit weißen Korallen aufgeschüttet worden, der tokelauischen Version von Rollrasen. Links und rechts steckten frische Palmwedel im Boden. Alle Würdenträger des Ortes trugen Krawatte. Nur Elias, der Bildungsdirektor, hatte demonstrativ auf förmliche Kleidung verzichtet und präsentierte sich im bis zum Bauch aufgeknöpften Hawaiihemd. Er hielt offensichtlich nichts davon, einem fremden Palagi so viel Respekt zu bezeugen, Staatsaffäre hin oder her. Elias war Traditionalist und stolzer Patriot. Für ihn gab es nur Tokelau und dann erst mal ganz lange gar nichts, und das ließ er deutlich durchblicken. Als Bewahrer der tokelauischen Kultur war sein neuestes Langzeitprojekt, die Bibel aus dem Englischen in seine Muttersprache zu übersetzen.

Der Botschafter war ein distinguiert wirkender älterer Herr mit Brille, blütenreinem Hemd und nagelneuen Segelschuhen. Im Gegensatz zum tokelauischen Staatschef trug er keine Krawatte. Vielleicht lag Elias doch nicht so daneben. Frank und ich durften uns als die einzigen einheimischen Weißgesichter im dicht gefüllten Versammlungshaus zu Monsieur Musnier setzen. Schweigend tranken wir wie die anderen unsere gekühlte frische Kokosnuss. Den Gästen wurde ein Küchenhandtuch auf einem Teller zum Händetrocknen gereicht, dann begann schon der offizielle Teil. Hamu, ältestes Mitglied des Ältestenrates, hatte die Ehre, den Franzosen zuerst zu begrüßen. Der Greis hatte kaum noch Zähne im Mund, eingefallene Wangen, trug eine verspiegelte Sonnenbrille und eine schief sitzende Krawatte um den dürren Hals. Er stützte sich auf die Schultern seines Nebenmannes und dankte dem Allmächtigen, dass er den Gast sicher übers Wasser begleitet hatte. Es folgten höfliche Begrüßungsformeln. Plötzlich stockte Vitale, der die Rede übersetzte. »Wir hoffen, lange in unserer Heimat ohne Bedrohung durch atomare Abfälle und Atombombentests leben zu können«, hatte der alte Hamu soeben gesagt. »Oha!«, dachte ich und horchte auf. Dem sanft lächelnden Botschafter war keinerlei Reaktion anzumerken. Wieder wurde der Allmächtige zitiert und das Wort an den Pfarrer übergeben. Er hatte sich zur Feier des Tages die Haare über den Ohren gestutzt und einen cremeweißen Anzug angelegt. Niemand übersetzte seine lange Rede ins Englische. Jacky Musnier lächelte weiter sanft vor sich hin.

Jetzt kam endlich das tokelauische Staatsoberhaupt an die Reihe. Lui Carter erging sich nicht nur in Höflichkeiten, sondern kam schnell zur Sache. »Ein deutliches Thema, das echte Furcht in unsere Herzen gebracht hat, ist der Treibhauseffekt. Wir bitten Sie, Ihrer Regierung einen Bericht über unsere Angst zu übermitteln, denn wir möchten nicht vom Angesicht der Erde verschwinden.« Ich merkte, wie ich eine Gänsehaut bekam. Hier wurde nichts mehr im Namen der Bibel ignoriert. »Genauso wie Ihre Regierung uns geholfen hat, als wir in der Vergangenheit von Taifunen getroffen wurden, so bitten wir diesmal bescheiden um dieselbe Unterstützung, um den Rest der Welt auf unser Schicksal aufmerksam zu machen. Wir wollen nicht wegen der globalen Erwärmung von den gleichen Gewässern zerstört werden, die uns bisher Leben geschenkt haben. Um zu uns zu gelangen, mussten Sie viele, viele Meilen auf dem Meer überwinden, von dessen Gnade wir so abhängig sind. Nicht nur, um uns täglich Nahrung zu schenken, sondern auch, um unsere Kultur, Traditionen, unsere Musik und unsere Tänze zu pflegen.« Im Saal war es vollkommen still. Ich war beeindruckt von der Wortgewalt des Faipule, genauer gesagt Vitale – er hatte diese Rede geschrieben. Die aufrechte Ernsthaftigkeit darin und das Anliegen berührten mich zutiefst. Dies war so viel ehrlicher und existentieller als all die aufgeblähten politischen Scheingefechte in bundesdeutschen Parlamentsdebatten.

Der gesamte Saal sang zusammen eine Hymne. Im Gegensatz zu den öden Gottesdiensten ging mir der emotionale Gesang diesmal unter die Haut. Eine Woge des Mitgefühls für die Menschen um mich herum erfasste mich. Ich war so froh, dass ich auf ihre Seite gehörte und nicht zum Trupp des westlichen Besuchers. Der lieferte gleich darauf die beste Bestätigung für meine Gefühle: Nach den üblichen diplomatischen Floskeln betonte er, wie sehr gerade Frankreich – alles andere als berühmt für seine Umweltpolitik im Südpazifik – der Treibhauseffekt am Herzen läge: »Wir Franzosen haben den Ausstoß von Kohlendioxid um 60 Prozent reduziert«, behauptete er. Vitale, der hinter ihm sitzend jeden Satz ins Tokelauische dolmetschte, beugte sich vor, als habe er nicht ganz richtig gehört. »Sechs-Null?«, vergewisserte er sich höflich, »oder 16?« »Raffiniert«, dachte ich.

Bei der ersten Kaffeepause, nachdem der Botschafter sich weiterhin indifferent lächelnd die Tanzaufführung der Schulkinder angeschaut hatte, köchelte Vitale leicht vor sich hin, aber aus einem ganz anderen Grund. »Die Rede des Ältesten war nicht in Ordnung«, meinte er leise zu mir. »Das war nicht tokelauischer Stil, den Gast gleich mit der Atompolitik zu konfrontieren. Wenn wir jemanden treffen wollen, dann holen wir gekonnter und zum richtigen Zeitpunkt aus.«

Zurück im Saal durfte der Ältestenrat der ausländischen Delegation Fragen stellen und Anliegen vortragen. Ich setzte mich in eine hintere Reihe und ließ mir von einer Lehrerin übersetzen. Die kurzen Redebeiträge der Männer variierten zwischen »Wir hoffen auf gute Beziehungen zu Frankreich« und »Wir brauchen einen Laster/ bessere Stromversorgung / Gesundheitsmittel«. Dann war ein alter Mann namens Paul an der Reihe. »St. Paul«, flüsterte die Lehrerin mir augenzwinkernd zu. Wenn ich ihre Übersetzung richtig verstanden hatte, sagte der heilige Paul dem Herrn Botschafter Folgendes: »Ihre Leute haben uns damals aus Europa das Christentum gebracht. Nun sind wir gespannt, was sie uns diesmal mitbringen.« Die Lehrerin und ich kicherten in uns hinein.

Jacky Musnier sprach exzellentes Deutsch und hatte drei Jahre in Bonn gearbeitet. In der Mittagspause trat Frank zu ihm. Er hatte eine große Bitte. »Wir haben einen Patienten mit gebrochenem Kiefer, der zur Versorgung nach Apia muss. Mit dem nächsten regulären Schiff ist er erst in zwei Wochen dort. Wäre es möglich, dass Sie ihn heute Abend mitnehmen?« Musnier sprach kurz mit seinem ersten Offizier und der in ein Walkie-Talkie. »Wir müssen das erst klären«, entschuldigte er sich.

Ob ich ihm sagen könne, wo er den Patienten fände, der mit aufs Boot sollte? Ich zeigte auf das vierrädrige Motorrad und fragte, ob er aufsteigen wolle. Der französische Marine-Offizier setzte sich in seinen gebügelten weißen Hosen hinter mich auf den Gepäckträger. Wir tuckerten los zur Klinik. Unterwegs winkte mir der »Bäcker« zu. »Alles klar?«, rief er auf Deutsch. Ich nickte und winkte zurück. Er lachte lauthals und machte eine ausholende Bewegung mit der Hand, die einen dicken Bauch andeuten sollte. Das war die Retourkutsche für meine freche Kondom-Bemerkung damals.

Mateio, der Mann mit dem Kieferbruch, war von Frank vorsichtshalber ins Bett gesteckt worden, um auch ja richtig krank auszusehen. Der Offizier wollte Mateios Pass sehen. Er gab die Nummer mit seinem Walkie-Talkie an die Kollegen auf dem Kriegsschiff durch. Von dort gingen die Daten an einen militärischen Stützpunkt weiter. Vielleicht musste bis nach Paris abgeklärt werden, ob sich hinter dem tokelauischen Fischer nicht jemand Gefährliches verbarg, den man nicht an Bord des Kriegsschiffes lassen durfte.

Es dauerte. Nach etlichem Hin und Her auf Französisch kam endlich das erlösende »Okay, wir nehmen ihn mit.« Die Schwestern strahlten. Mateios hochschwangerer Frau fiel ein sichtbarer Stein vom Herzen. Auch mich steckte die Euphorie an, etwas Besonderes geschafft zu haben, obwohl mein Beitrag lediglich im Motorradfahren bestand. Mich freute, dass Frank die Aktion eigenmächtig in die Wege geleitet hatte. Der

Gesundheitsminister würde später von ihm informiert werden.

Das weitere Botschafter-Programm sah ein Bade-Picknick in kleinem Kreise und in legerer Kleidung auf einer der unbewohnten Atoll-Inseln vor. Auch Frank und ich waren eingeladen, aber er musste sich um die Übergabe und Reisefähigkeit des Kieferbruch-Patienten kümmern. Mit Jasper an der Hand fuhr ich in einem Motorboot mit dem Besuchstross zum Motu. Ich kannte es bereits vom Abend zuvor. Manueta hatte auf der Badeinsel ein kleines Picknick mit den Klinikangestellten für uns organisiert. Ich war ziemlich überrascht, dass der eigentlich malerische Ort noch genauso aussah wie gestern: Leere Konservendosen waren unter den Palmen verstreut, ein Stofffetzen schwamm im Wasser, im Gebüsch lagen Müllkartons. »Bin ich spießig, dass mir das auffällt?«, fragte ich mich. Aber es wollte mir einfach nicht in den Kopf, dass auf Atafu tagelang jedes Unkrautpflänzchen gezupft wurde, aber niemand sich daran störte, dass der Botschafter zwischen Müllhaufen baden ging. Er bewahrte Haltung, zog seine Schwimmbrille an und machte ein paar Anstandszüge in der Lagune. Danach wurden Spanferkelstücke und Kokosnusskrabben serviert. Monsieur wusste, wie man die Scheren mit einem Stein aufschlägt: »Das kenne ich noch aus der Karibik!« Ob es auch Krebse auf Tokelau gäbe, wollte er wissen. Sein Wunsch war den Männern neben ihm Befehl. »Ich werde dafür sorgen, dass sie morgen bei ihrem Besuch auf Fakaofo frische Krebse bekommen«, versprach Vitale.

Als wir wieder auf der Dorfinsel anlegten, liefen uns die Schulkinder entgegen. Sie waren in kleinen Gruppen heraus zum französischen Marineschiff gefahren und hatten es von innen besichtigen dürfen. Ein seltener und aufregender Ausflug. »Wir haben Schokolade bekommen!«, rief mir ein Mädchen freudestrahlend zu. Irgendwie hatte es auch Sam, die »Trine«, geschafft, sich als Kinderbetreuer mit auf das Boot zu mogeln. Er schwirrte aufgekratzt um uns herum. »Na, wie war es?«, fragte ihn Frank augenzwinkernd. Sam verdrehte verzückt die Augen und demonstrierte Hingerissenheit. Anscheinend hat es an Bord von attraktiven Matrosen nur so gewimmelt.

Elias dagegen wirkte weniger angetan von dem ganzen Spektakel. »Warum haben wir die Rede des Botschafters heute morgen wörtlich mitgeschrieben?«, fragte er Frank verärgert. »Wenn dem Mann wichtig wäre, was wir zu sagen haben, hätte er ebenfalls eine Sekretärin mitgebracht, die sich die Rede unseres Faipule aufschreibt. So hat das doch alles keinerlei Bedeutung. Wir sind viel zu entgegenkommend.« Der amerikanisch wirkende Vitale mit seinem kosmopolitischen Auftreten, der als einziger an diesem Tag den diplomatischen Smalltalk beherrschte, schien dem sonst so humorvollen Bildungsdirektor ein echter Dorn im Auge zu sein.

Als die Sonne unterging, standen wir am Hafen und verabschiedeten die müde wirkenden Besucher auf ihrem grauen Seeungeheuer. Botschafter und Offizier nahmen je einen Strohhut, ein naturgetreu nachgebildetes Ausleger-Kanu, eine aus Holz geschnitzte Dose zum Aufbewahren von Angelhaken und mehrere Muschelketten als Gastgeschenk mit zurück. Sie revanchierten sich mit einem Bildband über Frankreich, der demnächst in der Schulbibliothek verstauben würde. Immerhin hatte Jacky Musnier der Schule und dem Krankenhaus Solarzellen versprochen.

Auf dem südlichen Atoll kam der Botschafter jedoch nie an. Er fuhr über Nukunonu direkt weiter nach Apia und sagte nicht einmal per Funkspruch unterwegs auf Fakaofo ab. Seit Wochen hatten dort die Kinder, genau wie auf Atafu, ihre Vorführ-Tänze geprobt. Reden und Festlichkeiten waren geplant gewesen. Die Frauen hatten Unmengen gekocht, und selbst die bestellten Krebse waren noch über Nacht für den Gast gesammelt worden. Säckeweise. Was für den Botschafter wohl nur ein unwichtiger Programmpunkt auf der Tokelau-Route war, war für die Insel ein Staatsereignis – und die Absage ein echter Affront. Der Ältestenrat von Fakaofo war verschnupft und verlangte eine Erklärung von Atafu. Als die Tokelauer sich höflich in der französischen Botschaft in Wellington erkundigten, warum die Delegation einfach an Fakaofo vorbeigefahren war, lautete die Antwort: Man habe einen schwerverletzten Patienten mit Komplikationen an Bord gehabt, der schnellstens in die Klinik nach Samoa musste.

»Eine glatte Lüge«, bestätigte Frank, der mit Apia telefoniert hatte. »Mateio ging es die ganze Fahrt über gut.« Lui Carter hatte jetzt noch mehr Sorgenfalten. »Wir können auf diese Brüskierung nicht wirklich reagieren«, sagte er. »Schließlich wollen wir ja Geld von ihnen.«


```
Von: Frank Küppers [anke_frank@clear.net.nz]
An: Alle
Datum: Mittwoch, 9. Mai 2001
Betreff: Internationale Beziehungen


Liebe Gemeinde,

ihr würdet es nicht glauben! Man kann mich jeden Sonn-
tag zweimal im Ausgeh-Lavalava, das ist ein Wickel-
rock mit Taschen als Anzugshosenäquivalent, weißem
Hemd und Schlips, einer riesigen Bibel mit Goldrand
unter dem Arm auf Badelatschen mit Surfsonnenbrille
über den blendend weißen Korallenboden, vorbei an Ko-
kos-, Bananenpalmen und Brotfruchtbäumen zur Kirche
schlurfen sehen. So ändern sich die Menschen. Ich bin
es dem Sozialstatus des Doktors (Nummer zwei nach dem
Pastor und noch vor dem Premierminister!) absolut
schuldig, dort zu erscheinen. Da der Gottesdienst auf
Tokelauisch abgehalten wird und die protestantisch
kongregationalistische Liturgie eigentlich nur aus
```

Beten und Predigen besteht, lese ich halt in der Bibel. Mit der Genesis bin ich schon durch, am achten Tage müssten wir eigentlich alle beschnitten werden, urologisch gesehen durchaus gewinnträchtig. Wenn ich zurück bin, dann können sich die Wachturm-Verkäufer von den Zeugen Jehovas auf was gefasst machen! Ich werde ihnen ihre Bibel um die Ohren hauen, dass ihnen schwindelig wird. Mord und Totschlag, Sex and Crime, ein Plotfehler nach dem anderen, das dürfte nicht mal bei PRO 7 verfilmt werden.

Anke hat sich bereits geschickt aus der Affäre gezogen und verlässt das Gotteshaus, sobald Jasper zu nervös wird. Dessen Zeitschaltuhr springt verlässlich nach drei bis vier Minuten an. Jetzt hat sie einen neuen Trick. Sie ist einfach schwanger und deshalb wird ihr alles verziehen. Es ist sogar so dreist, dass je weniger sie in der Kirche erscheint, die fromme Gemeinde glaubt, dass es ihr wohl gerade nicht so gut geht, was wiederum zur Folge hat, dass sie mit Essen und Hausputzangeboten überhäuft wird. Aber schwanger ist sie tatsächlich, und da der Strom abends abgeschaltet wird, ist das auch kein Wunder.

Das Leben hier plätschert geruhsam und freundlich dahin, morgens kommt der Premierminister Tokelaus regelmäßig auf einen Kaffee und ein zweites Frühstück in die Klinik, um sich seinen Fuß verbinden zu lassen, und wir machen ein wenig internationale Diplomatie und Weltgeschichte, indem er mich über Europa ausfragt. Letztens war der französische Botschafter Neuseelands zum Staatsbesuch und hat sich damit gebrüstet, dass es gar keinen Treibhauseffekt mehr geben würde, wenn die ganze Welt Frankreichs leuchtendem Beispiel in Sachen Umweltschutz folgen würde. Die Franzosen! Das waren doch die, die in Neuseeland die Rainbow-Warrior von Greenpeace versenkt haben und die

Letzten, die noch Atomtests im Pazifik veranstaltet haben und auch den Klimagipfel in Rio haben platzen lassen! Solche diplomatischen Verrenkungen lassen sich problemlos beim Frühstückskaffee geradebiegen. Und wenn Frankreich jetzt bankrott geht, weil Tokelau die bilateralen Beziehungen etwas schleifen lässt — mea culpa — ich war's!

Ich warte wie der Rest der Insel auf das nächste Schiff, das hoffentlich jede Menge neue Medikamente mitbringt und auch ein wenig chirurgisches Instrumentarium, denn das, was hier ist, ist wirklich erbärmlich. Der Rest der Insel wartet übrigens weniger auf Medikamente als vielmehr auf Bier, das im Laden ausgegangen ist. Das ist nun wirklich eine nationale Krise, die mehr Ängste verursacht als irgendwelche MIRs, die sich nicht entscheiden können, wo sie in den Pazifik purzeln.

Nächste Woche schaut der Nuntius aus Rom kurz rein, wieder ein Staatsbesuch, es wird hier nicht langweilig, von Isolation keine Spur — mal sehen, ob er sich anständig benimmt, sonst muss ich auch noch den Vatikan oder ganz Italien in den Ruin treiben.

Ich bin ein wenig müde, nach drei Patienten heute musste ich viel Volleyball spielen und dann noch in der Brandung im türkisen Wasser baden und durch die Taucherbrille Regenbogenfische über Korallen anschauen, während die Dorfjugend am Strand auf die Palmen geklettert ist, um der Doktorfamilie frische Kokosnüsse zu köpfen. Das Leben kann schon ganz schön anstrengend sein!

Gute Nacht von kurz hinter dem Äquator (der Schaltzentrale des internationalen Geschehens),
Frank

9 Fisch

Ika ika

Kaum war das Klinikbett vom kieferbrüchigen Mateio geräumt, bekam Frank seinen nächsten stationären Patienten. Eine junge Mutter von drei Kindern, getrennt von ihrem Mann, starke Raucherin und Trinkerin. Mit ihren 29 Jahren litt sie schon seit längerem an einem Magengeschwür, das durch Alkohol und Zigaretten nicht gerade besser wurde. Jetzt hatte sie extreme Bauchschmerzen, erst in der Magengegend, dann auf Höhe des Blinddarms. »Wenn sie auch noch hohes Fieber bekommt, müssten wir sofort operieren«, erzählte mir Frank abends beim Essen. »Aber das ist mit diesem schlechten Equipment hier kaum möglich und verflucht gefährlich. Es ist ja nicht mal der richtige Faden da, um den Bauch wieder zuzunähen.«

Das Gerät zum Sterilisieren der Instrumente war kaputt, es gab keine Abdecktücher, die meisten Instrumente zum Operieren hatten leicht Rost angesetzt – und jetzt trat das ein, was Frank befürchtet hatte. Vorsichtshalber ließ er von seiner Mannschaft die Instrumente schrubben. Er hatte Hoffnung, dass rostfreier Stahl auch rostfrei blieb, wenn er gelegentlich gepflegt würde. Auch die Schwestern verstanden offenbar, dass nicht alle Missstände außerhalb des Krankenhauses zu suchen waren.

»Es gibt nur eine kleine Fußtritt-Pumpe für die Geburtshilfe, aber wenn da richtig Eiter im Bauch ist, dann muss mit mehreren Litern Salzwasser gespült werden. Die kriegen wir damit nicht wieder raus«, sagte Frank resigniert zu mir. Er hatte an diesem Tag versucht, eine alte elektrische Saugung in Gang zu bringen. Das bezahlte er mit einigen Stromschlägen, denn das Gehäuse des halbverrotteten Teils stand auch unter Strom. Immerhin lief der Motor wieder, aber von einem Einsatz im OP war die Pumpe noch weit entfernt.

Mit Magensonde, Infusion und verschiedenen Medikamenten stabilisierte sich die Patientin vorerst wieder. Fieber hatte sie keines, und Frank entspannte sich langsam. Plötzlich wusste er wieder, wie angenehm es gewesen war, ein Röntgengerät, einen Ultraschall und ein Labor zu haben. Hier konnte er zwischen dem Fieberthermometer, dem Stethoskop und Urin-Teststreifen wählen. Er musste sich auf seine tastenden Hände verlassen und im Übrigen versuchen, so viel wie möglich aus den Patienten zu erfragen. Die Schwestern übersetzten und hatten jeweils eine eigene Idee, wo das Problem saß. Frank musste bei jeder Diagnose das wieder abziehen, was sie selbst hineininterpretiert hatten.

Dr. Eteuati Foua, den wir in Samoa getroffen hatten, war der Rettungsanker für die auf Tokelau eingesetzten Ärzte. Er hatte selber jahrelang auf den Atollen gearbeitet und kannte nicht nur fast alle Patienten in Tokelau persönlich, sondern die komplette Familiengeschichte dazu. Doch selbst er konnte Frank am Telefon nicht so recht weiterhelfen. »Die Frau lebt zurzeit allein – man sollte also auf jeden Fall an eine ausgedehnte Geschlechtskrankheit denken und einen Schwangerschaftstest machen«, schlug er vor. »Wenn operiert werden muss, dann viel Glück!« In Dr. Fouas Vorschlag spiegelte sich eine ganz andere Moralvorstellung wieder, als sie hier jeden Sonntag gepredigt wurde.

Gynäkologisch schien mit der kranken Frau alles in Ordnung zu sein. Da das Versorgungsschiff in ein paar Tagen erwartet wurde, wollte Frank sie lieber über das Wochenende »konservieren« und dann den besser ausgerüsteten Kollegen in Apia übergeben. Das Turfen – so der Ausdruck, wenn man missliebige Problempatienten einer anderen Abteilung zuschob – kannte er zu Genüge von seinem früheren Arbeitsplatz. Aber im Gegensatz zur Uniklinik war dieser Ärztesport auf Atafu nur alle drei bis vier Wochen möglich, wenn das Boot ankam.

Abends hatte sich der Zustand der Patientin weiter verschlechtert. Ihre Schmerzen schienen stärker zu werden, und Frank befürchtete, noch in der Nacht operieren zu müssen. Zumindest elektrisches Licht sollte man in dem Fall haben, befand er. Doch dafür brauchte Manueta eine Sondererlaubnis vom Bürgermeister Patuki, damit er diese Nacht den Generator anließ.

Patuki war als Betonkopf und kleinlicher Prinzipienreiter verschrieen. Das ganze Dorf bereute bereits, ihn vor zwei Jahren zum Pulenuku gewählt zu haben, die Krankenhausmannschaft ganz besonders. Wann immer die Klinik außer der Reihe Strom benötigte, stellte er sich erst einmal quer. »Warum?« und »Für wie lange?«, fragte er sogar dann, wenn eine Frau in den Wehen lag. Da Frank wohl den Bonus des Neuankömmlings hatte, klappte die Anfrage aber diesmal. Er stand in der Nacht zwei Mal auf, kontrollierte die Werte seiner Patientin und legte sich mit ungutem Gefühl wieder hin. Als es endlich hell wurde, ging es ihr deutlich besser. Das Schlimmste schien überstanden. Mit wackeligen Schritten tapste sie zur Toilette und zog das Infusionsgerät an einer Stange hinter sich her.

Schwester Nua brachte mir am Morgen eine Schüssel voll süßer Krapfen – die Reste des Fressgelages, das die Familienangehörigen der Magengeschwürpatientin seit gestern Abend aus Anteilnahme vor der Klinik hielten. Wer krank war, wurde pausenlos mit Essen versorgt. »Wenn das so weitergeht, werde ich bald genauso aufgehen wie diese Hefekugeln«, dachte ich. Wir schlürften lauwarmen Kakao und sprachen über die kranke Frau. »Wir müssen sie jetzt wieder mit ihrem Mann zusammenbringen«, sagte Nua zu mir. »Vielleicht kann Frank dabei helfen. Wir unterstützen einander. So ist unsere Kultur.« Vorhin sei der Ehemann an der Klinik vorbeigelaufen, aber seine kranke Frau habe den Kopf zur Wand gedreht und ihn nicht gegrüßt. Nua schüttelte ob solcher Sitten missbilligend den Kopf. »Vielleicht liebt sie ihn nicht mehr«, warf ich ein, »vielleicht ist er ja ein schlechter Ehemann.« Nua zog nur leicht die Augenbrauen hoch und murmelte: »Da ist sie doch nicht die Einzige. Es gibt immer Probleme in einer Ehe.« Ihr sonst so gütiges Gesicht war jetzt ins Säuerliche verzogen und verriet, was sie dachte: Frauen sollten sich nicht so anstellen.

Selbst der Faipule machte sich Gedanken über die Beziehung der kranken Säuferin. Lui Carter schaute wegen seines Gicht-Fußes in der Klinik vorbei und nahm sich einen Krapfen. »Kann man sich hier als Paar wirklich richtig trennen?«, fragte Frank ihn. »In Deutschland oder in Neuseeland kann man in eine andere Stadt ziehen und sich aus dem Weg gehen.« »Das geht hier auch«, meinte Carter und lächelte süffisant, »hier geht man halt den ganzen Tag fischen.«

Während ich meinen dritten Krapfen verdrückte, klopfte es. Zwei junge Frauen standen draußen mit einem selbst gefertigten Strohhut, an dem ihre Großmutter sicher eine Woche lang geflochten hatte. Er war feingelöchert und mit Bastblumen verziert. »Den kann ich wirklich nicht annehmen«, sagte ich. Frank hatte letztens schon einen Hut geschenkt bekommen, den ich manchmal in der Kirche trug. »Doch, bitte«, sagte eine der Frauen schüchtern, aber insistierend. »Du bist die Frau vom Arzt« – ich guckte sie fragend an – »und deshalb so wichtig wie die Frau des Pfarrers. Du musst den Hut annehmen.« Dieser Logik konnte ich mich schwerlich entziehen. Ich war dankbar und beschämt und beschloss, für die Hut flechtende Großmutter einen Kuchen zu backen. Im Shop waren die Eier schon lange ausverkauft. Drei Stück hatten wir noch im Kühlschrank. Zwei davon stanken faulig, als ich sie aufschlagen wollte. Der Geruch wurde mir langsam vertraut. Und auf das letzte Ei samt Kuchen backen war mir der Geschmack vergangen – so lange, bis das nächste Schiff mit frischen, zumindest frischeren, Eiern ankam. Also wurde aus dem Dankeschön-Gebäck mal wieder ein Reispudding. Damit hatte ich bereits reihum sämtliche Krankenschwestern beglückt und befürchtete, dass halb Atafu längst der Appetit auf diese Süßspeise vergangen war (»Oh nein, die Palagi-Frau schon wieder mit ihrem komischen Reispudding. Na, wenigstens mögen ihn die Schweine ...«). Klassische kleinkarierte Hausfrauensorgen, wie ich sie bisher nur aus Jacobs-Krönung-Werbespots kannte. Wie oft ertappte ich mich hier bei Gedanken wie »Was sollen nur die Nachbarn von uns denken?« und »Was reden die wohl über uns?« – Spießersorgen und Schrebergartenmentalität, die ich mein Leben lang verachtet hatte. Jetzt konnte ich mir besser vorstellen, wie verunsichert sich frisch zugewanderte Ausländer in Deutschland fühlen mussten. Nur schenkte denen niemand Strohhüte.

Während Frank bis zur Ankunft des Bootes, das seine Patientin mitnehmen sollte, immer unruhiger wurde, fiel ich nach dem ganzen Botschafter-Trubel in ein tiefes Kreislauf-Loch. Ich wachte mit schweren Gliedern auf, schleppte mich mit Schwindelgefühl unter die Dusche, hing abwesend und mit flauem Magen am Frühstückstisch herum und plumpste lang aufs Sofa, sobald Jasper im Kindergarten und Frank in der Klinik waren. Stundenlang döste ich oder las anspruchslosen amerikanischen Secondhand-Trash. Ich ärgerte mich, wieso ich mit diesem Schund meine Zeit totschlug. Ich hätte bessere Bücher lesen, Gitarre spielen, Yoga-Übungen versuchen, Briefe schreiben, schwimmen oder spazieren gehen können. Nichts davon erschien mir auch nur annähernd machbar. Die einzige Aktivität, zu der ich mich aufraffen konnte, war das allabendliche Kochen.

Meine Tage spielten sich in der halbdunklen stickigen Bude zwischen Bett und Kühlschrank ab. Wenn mittags der Strom ausging und der Tischventilator stillstand, wurde es erdrückend warm. Langsam bekam ich einen Hüttenkoller und schaute immer öfter sehnsüchtig auf den Rohbau des neuen Doktorhauses am Rande der Lagune. Es hatte eine Veranda und den Wohnbereich im ersten Stock. Dort ging ständig ein lauer Wind durch die Räume. Die vier Wochen, in denen der Bau abgeschlossen sein sollte, waren bereits zweimal rum, aber von Einzug konnte noch lange nicht die Rede sein. Das Haus sah so unbewohnbar aus wie bei unserer Ankunft.

Auch Frank schien den ersten Anflug eines Inselkollers zu bekommen. Wir saßen vor unserem mager gedeckten Frühstückstisch, der das immergleiche Stillleben aus halbzerlaufener Butter und Konserven-Marmelade bot. »Hättest du lieber Butter mit Marmelade oder Marmelade mit Butter auf deinen Toast? Oder sind wir schon so weit, dass wir Dosen-Pfirsiche als Brotbelag ausprobieren wollen?«, fragte er mich halb albern, halb sarkastisch. »Und reich doch bitte mal den Sportteil der Zeitung rüber. Du kannst ja schon mal einen Blick ins Kinoprogramm werfen.« Haha. Ich verzog gequält das Gesicht und schlug mit gespielter Fröhlichkeit vor: »Lass uns doch heute Abend ausnahmsweise mal zu Hause bleiben und was ganz Besonderes kochen – wie wär's denn zur Abwechslung mit einem schönen Fisch?« Mein Lachen klang leicht hysterisch. Frank jaulte in gespielter Verzweiflung auf: »Noch vier Monate!« Wir waren dämlich und undankbar, keine Frage. Wer hatte schon die Chance, fern vom Tourismus so lange auf einem idyllischen Atoll leben zu dürfen? Statt jeden Morgen vor Lebensfreude mit Kokosnüssen zu jonglieren, sumpften wir vor uns hin und steigerten uns in Sehnsüchte nach den profanen Abwechslungen hinein, die wir doch ganz bewusst hinter uns gelassen hatten.

Diese Erkenntnis trieb mich immerhin dazu, endlich einmal morgens schwimmen zu gehen – das Mindeste, um der Südsee zu huldigen, und außerdem ein gutes Fitnessprogramm gegen meine Kreislaufschwäche. Ich lief in Richtung Friedhof, wo um diese Zeit Flut war. Ein paar Männer standen am Weg und holten Kokosnüsse von den Palmen. Es waren grüne zum Trinken. »Hier, nimm eine«, sagte einer der Männer und reichte mir eine frisch aufgeschlagene Nuss. Ich bedankte mich und ging um ein paar Takte beschwingter weiter. Hätte mir zu Hause jemals ein Fremder einen frisch gepflückten Apfel oder Gemüse über seinen Zaun gereicht, nur weil ich zufällig vorbeikam? Wie konnte ich da nur dem Kino-Programm nachtrauern.

Das Wasser war herrlich klar und kühl, die Wellen kräftig, und ich tauchte, schaukelte und schwamm mindestens eine halbe Stunde lang. Ich nahm mir vor, das in Zukunft öfter zu machen, dann hatte die verhasste Lethargie keine Chance mehr. Mit gelockerten Muskeln und klarerem Kopf stieg ich aus dem Wasser. Unter den Palmen am Friedhof saß die gesamte Krabbelgruppe des Kindergartens und schaute mir fasziniert beim Abtrocknen zu. Die Mütter guckten mich etwas abschätzend und gleichzeitig erstaunt an, so als hätte ich gerade mit Babybauch einen Bungee-Sprung von der höchsten Palme Atafus gemacht. Eine von ihnen fragte: »Ist das nicht zu gefährlich?« »Was denn?« »Die Wellen ...«, sagte sie und zeigte mit einer zweifelnden Geste aufs Wasser. Sie mussten mich für unverantwortlich halten, für schlicht übergeschnappt. Schwangere, die rauchten und Alkohol tranken, waren hier ein vertrauterer Anblick als eine werdende Mutter im Meer.

Am Sonntag darauf traf ich zwischen Klinik und unserem Haus auf Jimi, der eine Harpune in der Hand trug. Er war einer der schlauesten und handwerklich geschicktesten Männer des Ortes und Franks erklärter Lieblingstokelauer. Früher, als es noch keine Telefone gab, war er der Funker gewesen, jetzt fungierte er als Klempner und genoss aufgrund seiner besonderen Fähigkeiten eine Art Narrenfreiheit. Für hiesige Verhältnisse war Jimi ein echter Individualist. Selbst in der Kirche sah man ihn fast nie. »Warst du fischen?«, fragte ich ihn und war froh, dass es doch Menschen gab, die gegen heilige Regeln verstießen. Jimi erklärte mir genau, wie er die Harpune in einen großen Thunfisch jagte und dann hinterher tauchte, um das Tier ins Boot zu ziehen. »Ich würde ja zu gerne mal mitkommen«, schlug ich vor, »ist das den Frauen hier denn erlaubt?« »Kein Problem«, sagte er, aber klang nicht sehr überzeugend. Er druckste etwas verlegen herum. »Aber ...« »Was, aber?« »Schwangere sollten nicht zu lange im Meer schwimmen, weißt du.« »Ich bin doch nur schwanger und nicht krank«, entgegnete ich. Das hatte ich bereits zu Schwester Pella gesagt, als ich mit dem Motorrad zum Laden fahren wollte. »Aber fahr nicht zu schnell«, hatte sie mich ermahnt. Da das Tempo des Insel-Gefährts ungefähr dem eines Fahrrads entsprach, hielt ich die Bemerkung für einen Witz. Aber auch Jimi hatte nicht gescherzt. »Gerade in den ersten Monaten sollen die Frauen nicht zu viel schwimmen, wirklich«, meinte er besorgt. Ich erklärte ihm, dass das allen medizinischen Erkenntnissen widersprach und dort, wo ich herkam, gerade Schwimmen als der sicherste und beste Sport für Schwangere galt. Jimi hörte mir aufmerksam zu und lenkte dann ein: »Vielleicht ist das Schwimmen ja auch nur für unsere Frauen gefährlich.«

Mit einem »Bounty« hätte mich schon lange niemand mehr locken können. Kokosnüsse hingen mir mittlerweile zum Hals heraus. Pur aßen sie hier die wenigsten – die sichelförmigen Stücke, die in Deutschland gerne für 50 Cent neben kandierten Äpfeln und Zuckerwatte an Kirmesständen verkauft werden, wurden hier mit der Spitze der Machete direkt aus der Schale gehebelt und dann an die Schweine verfüttert. Als Spezialität galt dagegen das weiche, schaumstoffähnliche Innere sprießender Kokosnüsse. Und aus dem noch glibberigen Fruchtfleisch der unreifen grünen Nüsse kochten die Frauen eine süße Suppe, angedickt mit Sago und Kokosraspeln, die nach jeder Geburt eines Kindes an alle ausgegeben wurde.

Im Shop dünnte sich das eh schon bescheidene Angebot sichtlich aus. Es gab kein Bier, keine Cola, kein Mehl, keine Äpfel, kein Fleisch, keine Eier und kein Klopapier mehr. Zahnbürsten hatte es das letzte Mal vor ein paar Monaten gegeben. Zigaretten, Raro und Chips gingen dagegen nie aus. Frank hatte in seiner Funktion als Arzt bereits an den Rechtsbeauftragten Maka appelliert, dass der Laden doch mehr gesündere Waren in Neuseeland ordern sollte. Aber die zuständige Shop-Managerin war nicht nur die Fleisch gewordene Erfindung der Langsamkeit, sondern beherrschte Englisch so wenig wie den Taschenrechner. »Warum macht nicht jemand die Arbeit, der das besser kann?«, fragte Frank Maka. Schließlich gab es genügend Menschen auf Atafu, die organisatorisch geschickter waren und flüssig lesen, rechnen und schreiben konnten. Maka erklärte ihm, was der Ältestenrat entschieden hatte: »Ihre Familie braucht mehr Einkommen, deshalb macht sie jetzt den Job.« Auch das war eine Form von Inati, dem kommunistischen Verteilungssystem, das sich nicht nur auf den Fischfang erstreckte, sondern auch auf das Geld aus Neuseeland. Soziale Gerechtigkeit kam vor allem anderen.

Auf der Suche nach anderen Leckereien hatte ich im halbleeren Laden in einem der hinteren Regale eingemachte Rote Beete erspäht. Erstmals kaufte ich auch eine Dose Ketchup und ein Glas Mayonnaise ein – beides Lebensmittel, die in Deutschland nur selten den Weg in unseren Kühlschrank gefunden hatten, mir aber jetzt wie eine Delikatesse vorkamen. Meine Schwangerschaftsgelüste und die Sehnsucht nach Geschmackserlebnissen, die sich von Fisch, Kokosnuss und Brotfrucht abhoben, führten zu interessanten Mahlzeiten. Eines Mittags überraschte mich Frank dabei, wie ich mir mit verklärtem Blick den fünften Cracker mit Butter und Ketchup in den Mund schob. Egal, dass die Tomatensauce nach einem penetranten Lebkuchengewürz schmeckte und das muffige Esspapier namens »Cruskit« (laut Packung »Neuseelands beliebtestes Knusperbrot«) seit zwei Monaten über das Haltbarkeitsdatum hinaus war. Das waren die kleinen Freuden der Isolation. Das nächste kulinarische Highlight war ein Hühnersalat aus den zähen Resten eines gekochten Dorfgockels, Mayonnaise, Currypulver und Ananasstücken aus der Dose. Vergessen waren unsere früheren Kreationen aus Rucola, frischem Parmesan und Olivenöl – selten war ein Salat köstlicher als diese blasse Pampe.

Vae, die kluge alte Dame, war nicht nur TIME-Leserin, sondern überließ mir auch einen Stapel zerlesener »Women's Weekly«, ein neuseeländisches Yellow-Blatt. Ich war begeistert über die triviale Abwechslung, verschlang alles über Ally McBeal und mir völlig unbekannte Seifenopern-Darsteller. Und ich entdeckte zwei neue Fischrezepte: Zum einen Thunfisch, mariniert in Essig, Honig (ich nahm Zucker) und Wasabi (hatte ich noch aus Samoa), dann kurz in den Ofen – es schmeckte köstlich und zart. Auf die zweite Variante hätte ich längst selber kommen können: Fischfilets in Kokosmilch getunkt, mit Kokosraspeln paniert und im Ofen gegrillt. Langsam hätte ich ein Kochbuch schreiben können: »Wie man mit den immer gleichen Zutaten möglichst viele Fischgerichte kreiert«. Aus gekochtem, kalten Fisch machte ich Fischsalat, oder ich vermanschte ihn mit Kartoffeln und Ei und briet Fischküchlein daraus. Fisch wanderte in die Nudelsoße und auf die käse- und tomatenfreie Pizza, er kam kalt aufs Brot und mit Sojasoße ins Stir-Fry-Gericht. Nur unsere Cornflakes aßen wir noch ohne Fisch.

Am liebsten mochten ihn die Fliegen. Sobald wir ein Meerestier verarbeiteten, egal wie frisch, schwirrte ein ganzer Schwarm um uns herum. Die Reste im Schweineeimer fingen in kürzester Zeit an zu stinken. Einmal wimmelte Frank eine Horde weißer Maden entgegen, als er den Deckel abnahm. Mittlerweile hatten wir das Eimer-Problem so gelöst, dass ich auf die Jungen und Männer wartete, die mit ihren Schweineeimern an unserem Haus vorbei Richtung Gehege zogen. Auch Manu, der damals neben uns auf dem Schiff seine seekranken

Kinder versorgt hatte, lief regelmäßig vorbei und winkte freundlich. Ich hatte gehört, dass er Bilder malt. Er musste seit der Ankunft etliches abgenommen haben und kam mir jede Woche schlanker vor. Meistens passte ich einen der Jugendlichen ab. Erst dachte ich, ich würde es mir nur einbilden, aber ich hatte hin und wieder den Eindruck, dass der Eimerinhalt mit Missbilligung quittiert und etwas Abfälliges auf Tokelauisch gemurmelt wurde. Es dauerte Wochen, bis sich jemand traute, uns aufzuklären. Wie so oft hatten wir von nahe liegenden Dingen keine Ahnung, weil es als unhöflich galt, unser Verhalten zu kritisieren. Fischreste gehörten in die Lagune, nicht in den Eimer, lernten wir endlich. Die Schweine könnten sich eine Fischvergiftung zuziehen und sterben. Ich wünschte, wir hätten die tokelauische Mülltrennung etwas eher begriffen. Hoffentlich hatten wir kein Schwein auf dem Gewissen.

Unsere erste Post aus der Heimat war eine Ausgabe der AMICA, die mir mein früherer Chefredakteur bis in die Südsee hinterherschickte. Frank und ich amüsierten uns stundenlang mit dem beiliegenden Single-Heft. Es war wie ein Kinobesuch, die unfreiwillig komischen Kurzbeschreibungen der einsamen Herzen zu studieren. Fremde Welten taten sich da auf, die wir früher in der Fülle des täglichen Medienkonsums völlig ignoriert hatten. Jetzt studierten wir jede Zeile. Frank hätte mich nachts wecken können, und ich hätte im Halbschlaf heruntergebetet: »Johannes aus Kaiserslautern, 32, hat als Fehler, dass er manchmal zu ehrlich ist, träumt von einer Motorradreise und will seine Liebste mit einem schönen Candle-Light-Dinner, Kuschelrock und allem, was dazugehört, verwöhnen.« Nicht nur die Welt der AMICA-Singles, »250 zum Verlieben«, war so entschieden anders und mir viel fremder als die von Atafu. Manueta, Maina und Epe blätterten in der ausgelesenen Frauenzeitschrift, die ich ihnen in die Klinik gebracht hatte. Sie verstanden kein Wort, aber genossen die optische Abwechslung. Ich sah, wie sie sich erst die Werbung und dann die Fotostrecke über eine Schauspielerin ansahen. Ihre Kommentare konnte ich nicht verstehen. »Ist das normal in Deutschland?«, fragte Manueta schließlich und zeigte auf die in ein dünnes Nichts gehüllte Frau. Sie sah sicher nicht aus wie jemand, der bei uns auf der Straße rumläuft, aber halt wie jemand, der in einer Zeitschrift posiert. Auf einmal waren mir die vielen Bikinis, Dessous und nackten Beine auf den Anzeigenseiten peinlich. Die Krankenschwestern guckten mich an, als ob ich ihnen einen HUSTLER in die Hand gedrückt hätte.

Bis auf die Jugendlichen, die mit ihren Hausaufgabenheften und großen Augen auf unserem Sofa saßen und alles aufzusaugen schienen, was von uns kam, interessierte sich niemand dafür, woher wir kamen. Mit »Germany« konnten die meisten Erwachsenen nichts oder nur gerade so viel anfangen, dass sie mich fragten: »Kennst du Ben?« Bernd, so hieß er wohl richtig, war ein technisch begabter Berufsschullehrer, der schon mehrmals bei Klempner Jimi zu Besuch gewesen war und den Tokelauern unvergesslich blieb, weil er einfach alles reparieren konnte. Vor allem Waschmaschinen.

»Esst ihr eigentlich auch die Leber vom Schwein oder den Hühnern?«, wollte ich von Maina wissen, zu der ich mich in Ermangelung anderer Ausgehmöglichkeiten abends unters Neonlicht vor die Klinik gesetzt hatte. Seit der französische Botschafter da gewesen war, aber leider keine Gänseleberpastete hinterlassen hatte, hatte ich den Ehrgeiz, selber eine herzustellen. Mit Senf, Eigelb, Zwiebeln und vielleicht einem kleinen Schuss »Hotstuff« sollte so was eigentlich machbar sein. Maina sagte mir, sie würden die Leber hier gerne roh essen. »Ich mag sie gebraten lieber«, sagte ich. Das war das Stichwort.

Eine Nachbarin klopfte am nächsten Morgen an die Tür und überreichte mir ein kleines Schälchen. Darin lagen zwei gekochte Hühnerlebern. Ich war gerührt über diese prompte

Erfüllung meiner heimlichen Wünsche, auch wenn die Leber-stücke wie Hartgummi aussahen. »Schmeckt mit Senf aufs Brot sicher gut«, dachte ich und bedankte mich. »Du tust uns Frauen so leid, weil es dir nicht gut geht. Die Schwangerschaft ist wohl nicht leicht«, meinte die ältere Dame. Ich war noch gerührter. Während ich noch kaute, klopfte die Nachbarin schon wieder und hatte ein grünes Bündel für mich. In zwei Bananenblätter gewickelt lag eine riesige schwarzverkohlte, offensichtlich lange im Erdofen durchgebrutzelte Schweine-leber. Sie war steinhart und zäh und erinnerte entfernt an die Schuhsohle aus Charlie Chaplins Film »Goldrausch«. In mei-nen Essensfantasien hatte ich mir das Ganze so vorgestellt: kurz in Butter angebratene rosa Kalbsleber, dazu Zwiebeln und Äpfelringe und am besten selbst gemachter Kartoffelbrei. Ein Traum, unerfüllbar.

Frank sägte mittags tapfer an der Schweineleberkohle, von deren Anblick mir fast schlecht wurde. Es klopfte, ein Mann stand an der Tür und überreichte mir eine pfundschwere fri-sche Leber, roh. »Von wem kommt die?«, fragte ich über-rascht. Er nannte einen Namen, den ich nicht kannte. Das wabbelige Organ in meiner Hand sah aus wie ein poröser, drüsiger Schwamm in graurosa und hatte leider wenig ge-mein mit den zarten rosa Stücken aus meiner Fantasie. »Wie komme ich bloß wieder aus dieser Nummer raus?«, fragte ich mich.

Ein paar Stunden vergingen, dann brachte ein Junge einen geflochtenen Essenskorb vorbei: ein Geschenk des Ältesten-rates an die hungrige Schwangere. Darin, noch warm, ein hal-ber gegrillter Schweineschenkel, Brotfrucht, Taro, ein baum-stammähnliches Stück Wurzelgemüse und als milde Gabe eine Dose Corned Beef – ausnahmsweise keine Leber. Es war ein bisschen wie Geburtstag heute, nur dass man die über-flüssigen Geschenke nicht einfach bei der nächsten Gelegen-heit weiterverschenken konnte. »Wann werden wir jemals all den tiefgefrorenen Fisch essen, der sich im Kühlschrank anhäuft?«, fragte ich Frank, als wir einen Spaziergang zum Meer und zu den Schweinegehegen machten. Er lachte. »Wir müssen ihn wohl heimlich an die Haie verfüttern.«

Es war Mittwoch, und um diese Zeit war nachmittags eigentlich Kirchgang. Wir waren stattdessen lieber in die Wellen gehüpft und standen danach mit triefend nassen Klamotten auf der Steinmauer, die rund um das große, schattige Schweineareal führte. Ein Mann mit einem Futtereimer in der Hand kam uns entgegen. Ich hatte noch nie mit ihm gesprochen und kannte auch sein Gesicht nicht. »Ihr mögt doch gerne Schweineleber?«, fragte er uns. »Wir schlachten nachher.« Meine Essengelüste hatten auf Atafu innerhalb eines Tages schneller die Runde gemacht als jede Epidemie-Warnung. Ich lehnte höflich ab, kam mir dabei aber unhöflich vor. Doch der junge Mann grüßte nur freundlich und rief uns im Gehen nach: »Aber beim nächsten Mal, okay?« Ich musste dringend eine Leber-Rückrufaktion starten.

Wir beobachteten belustigt die Schweine. Eine ausgemergelte Muttersau harrte ergeben und regungslos zwischen Kokosschalenresten, während zwei Ferkel an ihren schlaffen Zitzen saugten und ein Eber gleichzeitig versuchte, sie von hinten zu besteigen. Fasziniert und abgestoßen zugleich starrten wir auf das seltsam verdrehte Geschlechtsteil, das aus dem Bauch des Tieres zuckte. »Während die anderen Choräle singen, gucken wir beim Schweinevermehren zu«, konstatierte Frank grinsend. »Es wird einem doch wirklich was geboten auf Atafu. Oder hast du gewusst, dass Eber rosa Korkenzieher zwischen den Beinen haben?« Wir liefen zurück und kamen prompt zu spät ins wie ausgestorben wirkende Dorf, in dem bereits das Abendgebet eingeläutet worden war. Mich trieb heftigster Durchfall aufs Klo. Die Hühnerleber.

»Hast du eigentlich einen Freund?«, fragte ich Ave, als wir am Volleyballfeld saßen. Mein Magen zwickte noch immer. Sie nickte. »Er ist erst sechzehn und geht in die letzte Klasse«, sagte sie so leise, dass nur ich es hören konnte. »Es ist ganz heimlich.« Jetzt flüsterte sie. »Er schreibt mir Briefchen, die bringt mir jemand, und dann treffen wir uns abends unten am Kanal.« Sie lächelte ein wenig, aber sie sah dabei nicht glücklich aus. Irgendwie wirkte sie anders als sonst. »Kommst du heute Abend auch zur Disco?«, fragte ich sie. Sie klang matt. »Vielleicht.«

Ave stand vor der Tür des Lotala und rauchte, als die Disco anfing. Sie zitterte. »Alles in Ordnung?«, fragte ich sie besorgt. Sie lächelte übertrieben und nickte heftig. »Oh ja, alles okay!« Wir gingen nach drinnen. Es war ähnlich wie bei unserem ersten Disco-Besuch. Diesmal unterbrachen die alten Damen die Pop-Musik, fingen an zu singen und begannen einen traditionellen Tanz. Alle anderen stellten sich im Kreis dazu und tanzten begeistert mit. Wir gingen früher als sonst. Ich war müde, der Durchfall hatte mich geschwächt. Am nächsten Tag erzählten die Krankenschwestern, dass Ave Ärger mit den alten Frauen bekommen hätte. Sie hätte provozierend eng mit einem Jungen getanzt. Auf den Rüffel hätte sie nur mit Schulterzucken reagiert. Manueta sah Frank an und sagte: »Sie wird wieder komisch. Das geht nicht lange gut.«

Jeden Dienstag tagte das Frauenkomitee im Versammlungshaus, und endlich schaffte ich es auch einmal dorthin. Nua war als Vertreterin der Krankenschwestern da und zeigte auf einen der hölzernen Stützpfeiler: »Lehn dich dagegen!« Es schienen die Ehrenplätze zu sein. Die anderen Pfeiler waren von der Frau des Faipule, die zusammen mit der Frau des Bürgermeisters Komitee-Vorsitzende war, der Frau des Pfarrers und der pensionierten Schuldirektorin belegt. Alle verheirateten Frauen und alle Über-Dreißigjährigen waren automatisch im Frauenkomitee, und wie in allen Gruppierungen Atafus spielten auch hier die Posten und Pöstchen, die Formalitäten und das richtige Auftreten eine große Rolle.

Die Damen hatten allesamt ihre schönsten Rüschenkleider

angezogen und trugen Blüten im Haar oder hinterm Ohr. Rund zwei Stunden lang wurde diskutiert. Nua übersetzte hin und wieder für mich, und ich bekam bruchstückhaft in folgende Probleme Einblick: 1. Statt ihren Kindern das Mittagessen in die Schule zu bringen, sollten in Zukunft dienstags alle Frauen zur Frauenversammlung erscheinen; 2. Die Frauen brauchten ein neues, eigenes Versammlungshaus, langes Hin und Her über Vor- und Nachteile der diversen Bauplätze; 3. Einige Frauen hatten noch immer nicht ihre Beiträge ans Komitee gezahlt – es fehlten 76 Dollar; 4. Wer kochte für den Besuch des neuseeländischen Bischofs, der mit dem nächsten Boot erwartet wurde, und wer half mit, vorher Müll aufzusammeln?

Über alles wurde abgestimmt, eine Sekretärin führte Buch. »Ist auch nicht viel anders als beim Montagskreis des CDU-Ortsverbands Fiefhusen«, dachte ich. Hatte ich insgeheim feministische Debatten und aufrührerische Gedanken erwartet? Es war erst wenige Jahre her, dass Frauen auf Atafu überhaupt öffentlich Alkohol trinken durften. In meinen Augen gab es noch deutlich wichtigere Errungenschaften zu erkämpfen, von der Verhütungsmittelfrage ganz abgesehen. Bis heute saß unter den zahnlosen, aber mächtigen Greisen im Ältestenrat keine einzige Frau. Ich verkniff mir alle Fragen und jede Agitation und bot an, beim Backen und Kochen für den kirchlichen Besuch zu helfen.

Mir taten die Knie vom Sitzen im Schneidersitz weh. Einige der Frauen hatten ihre Beine ausgestreckt, aber sich Matten darüber gelegt. Es galt unter Polynesiern als ausgesprochen rüde, jemandem im Sitzen die Füße entgegen zu strecken.

Als die Ernennung einer neuen Schatzmeisterin als letzter Programmpunkt anstand, verabschiedete ich mich diskret. Mir war schwindlig und flau. Ich wollte mich hinlegen, aber wusste, dass mich zu Hause stickige Hitze erwartete. Auf meinem Nachhauseweg kam ich an einer Baustelle vorbei.

Der Pulenuku stand davor und beaufsichtigte als Bürgermeister und Vorarbeiter in Personalunion die Arbeiter. Mit dem Mut der Verzweiflung, an der mein angeschlagener Zustand schuld war, trat ich auf ihn zu. Ich bat um Entschuldigung, dass ich ihn mit meinem Problem belästige – aber ich sei schwanger und würde zunehmend unter der Hitze in unserem kleinen Haus leiden. Patuki verzog keine Miene. Trotzdem preschte ich vorsichtig weiter vor: »Können wir irgendetwas tun, um den Bau des neuen Doktor-Hauses zu beschleunigen?« Er schaute noch immer, als ob ich ihm gerade auf die Füße getreten war. Er guckte an mir vorbei und sagte: »An uns liegt es nicht. Wir warten auf Baumaterial, das mit dem Schiff kommt. « Dann guckte er gen Himmel. »Lasst uns beten, dass der Herr bald dafür sorgt, dass es ankommt.« Thema beendet, dachte ich. Die Isolation ist schuld. »Ja, sicher«, sagte ich. »Danke.« Ich wollte mich gerade kleinlaut verabschieden, da sagte er zu mir: »Oh, Verzeihung, ich hatte vergessen, euch etwas zu sagen. Auf dem Motorrad darf immer nur eine Person fahren. So sind die Bestimmungen.« Damit hatte er mich nicht nur elegant in meine Schranken verwiesen, sondern auch unseren Spritztouren über die Insel ein Ende bereitet. Ich entschuldigte mich für unser Vergehen. Er entschuldigte sich, dass er es uns nicht früher gesagt hat. Ich verabschiedete mich übertrieben höflich und ging noch erschlagener als vorher nach Hause. »Ich glaube, ich habe mich wie eine Idiotin benommen«, sagte ich zu Frank. »Das geht sicher nach hinten los.«

Frank hatte seine erste Operation vor sich. Ein 82-jähriges Mütterlein mit gebeugtem Rücken und Knoten in der Brust, der entfernt werden sollte. Der OP-Termin richtete sich nach dem Bootsfahrplan, da die Gewebeprobe am nächsten Tag zum Pathologen mit nach Apia genommen werden sollte. Aus dem maroden Inventar suchte Frank sich ein Operationsbesteck zusammen und sterilisierte es im Dampfkochtopf.

Die Patientin erschien mit ihren vier Töchtern, die vor der Tür auf der Holzbank warteten, während ihre Mutter auf den OP-Tisch gehievt wurde. »Was wäre ein Radio jetzt klasse«, dachte Frank, der die Musik vermisste, die ihn stets im Operationssaal begleitet hatte. Die alte Dame erhielt eine örtliche Betäubungsspritze und gab die ersten Schmerzenslaute von sich. Eigentlich hätte sie von da an höchstens ein leichtes Ziehen und Zwicken spüren sollen, mehr nicht. Als Frank sich mit Fingern und Skalpell zum Knoten vorarbeitete, fing sie laut an zu jammern. »Heul hier nicht vor dem Doktor rum, das ist eine Schande!«, herrschte Schwester Nua sie an. »Sing lieber!« Es half: Ohne Zähne im Mund, aber mit kräftiger Stimme hob die Frau zu einem Choral an. Die Schwestern stimmten ein. Das Operationszimmer dröhnte vor Gesang. Zehn Minuten später war die Prozedur beendet und die Wunde vernäht.

Endlich begann die Arbeitstruppe damit, das neue Doktor-Haus von innen zu streichen. Allerdings mit einer Rostschutzfarbe, die für den Außenanstrich gedacht war. Als der Fehler bemerkt wurde, ruhte auch die Arbeit erst mal wieder für ein paar Tage. Frank wurde zusehends unzufriedener, je weniger Bewegung in die Bauarbeiten kam. »Wir sollten den Männern vielleicht mal eine Runde Bier ausgeben«, schlug ich vor. So spontan ging das allerdings nicht. Die Alkoholika-Abteilung des Dorfladens war nur montags, donnerstags und freitags für zwei Stunden am Nachmittag geöffnet, und pro Person durften jeweils nur vier Flaschen Bier ausgegeben werden. Als Frank endlich an einem Montag einen Karton voller Flaschen organisiert hatte, legte ich eine große Portion rohen gewürfelten Fisch in Zwiebeln und Sojasoße ein. Die kleine Spende kam gut an. An diesem Tag hörten wir die Bauarbeiter bis in den Nachmittag hinein hämmern.

Dass der Doktor, der unberechtigterweise den Ruf eines Antialkoholikers genoss, so großzügig »Cold Stuff« verteilte, brachte die Männer auf eine Idee. Am nächsten Tag gaben sie der Schwesternhelferin Maina Geld, die damit zu Frank kam und ihn bat: »Könntest du für die Männer beim Pulenuku anfragen, ob sie ausnahmsweise außerhalb der Verkaufszeiten eine Flasche Gin aus dem Laden haben können?« Richtig wohl war Frank dabei nicht, dass er sich als Schnapsbeschaffer beim Bürgermeister betätigen sollte. Auf der anderen Seite wollte er kein Spielverderber sein, schon gar nicht gegenüber den Bauarbeitern. Ihm lag auch noch eine andere Art von Sprit am Herzen. Für jede vier Gallonen Benzin, die das Motorrad schluckte, mussten die Schwestern umständliche Bestellungsformulare ausfüllen, um nach entsprechender Wartezeit wieder Nachschub zu erhalten. Frank wollte bei Patuki deshalb nach einem ganzen Benzinfass anfragen, damit der unsinnige Papierkram ein Ende hatte. Er wählte die Nummer des Bürgermeisters. Ein Kind hob ab. Es brauchte einige Minuten und einiges an Gebrüll im Hintergrund, bis der Gesuchte aufgetrieben war. »Doktor, Sie haben eine Frage?«, sagte er statt einer Begrüßung. Frank erklärte ihm das Problem mit dem Benzin-Nachschub. Patuki blockte sofort ab. »Wir haben nur drei Benzinfässer auf der ganzen Insel, da können wir keines extra fürs Krankenhaus abzweigen. Aber wenn die Schwestern weitere Bestellungsformulare brauchen, sollen sie sich die doch einfach abholen kommen.« Ohrfeige, setzen. Auch Franks zweite Bitte stieß nicht gerade auf Entgegenkommen. Die Männer wüssten genau, dass es am Dienstag keinen Gin zu kaufen gäbe. Da könne er auf keinen Fall eine Ausnahme machen. Danke und »Tofa« (Auf Wiedersehen).

Die Schwestern waren hell empört. »Er lügt«, sagte Zahnarzthelferin Sala. »Mein Mann arbeitet dort, wo die Benzinfässer sind. Da stehen mindestens sechs oder sieben volle herum.« Manuetas Fazit war klar: »Er hasst uns. Und wir hassen ihn. Er versucht, dem Krankenhaus mit sturen Regeln das Leben schwerer zu machen.« Der leicht unbeholfene, aber immer sehr ernst wirkende Bürgermeister, der uns nie in die Augen gucken konnte, kristallisiert sich plötzlich als natürlicher Feind heraus.

An diesem Abend wurde das Diagramm der Wichtigen und Mächtigen auf Atafu um ungeahnte Dimensionen erweitert. Frank hatte sich als Nebenbeschäftigung zum Video-Reparateur gemausert und durfte reihum an den defekten Geräten der Insel herumbasteln. Heute Abend hatte er Visite bei einer Frau, deren Videorekorder mal wieder kaputt war. Eine lange Woche ohne Horror-Filme für die lieben Kleinen stand bevor. Zwei Stunden später war der Apparat wieder heile und Frank um eine interessante Information reicher.

»Rate mal, was ich über unseren Pastor gehört habe«, sagte Frank. Ausgerechnet der Gottesmann war anscheinend auch nur ein armer Sünder. Und was für einer. Die vertraulich weitergegebene Geschichte war unappetitlich und klang durchaus tragisch. Auch wenn sie hoffentlich nichts als Tratsch war, erklärte sie aber die stets sorgenvoll umflorte Miene der Pfarrersfrau, die sich bereits wegen diffuser psychischer Beschwerden von Frank behandeln ließ. Und erst recht erklärte sie, warum der Pastor bei seinem Antrittsbesuch bei uns so verstört reagiert hatte, als ich nichtsahnend das Thema »Teenagerschwangerschaften« ansprach.

Die Frau mit dem Videorekorder hatte sich nach der pikanten Auskunft bei Frank beklagt, dass auf Atafu jeder alles über jeden wisse. Es gäbe keine anderen Gesprächsthemen. »Ich kann hier ein wunderbares, sorgenfreies Leben führen«, waren ihre Worte. »Aber wenn ich anfange, mich auf die ganzen Intrigen und Feindschaften einzulassen, würde ich wahnsinnig werden.«

10 Gott des Meeres

Tagaloa

Jasper konnte seinen ersten vollständigen Satz auf Tokelauisch sagen. Damit sollte Tepeni, Lutas großer Bruder, bei seinen neuesten Übeltaten gestoppt werden. Er hieß übersetzt: »Wirf das Küken nicht gegen die Palme!« Ich liebte diese Worte. In ihnen steckte mehr von Tokelau als in jedem Reiseführer.

Eines der Küken lief uns zu. Genauer gesagt, hatten Jasper und seine Freundin Luta so lange mit dem Tier gespielt, dass es nicht mehr zu seiner Mutter zurückfand. Wir versuchten, es einer der Glucken anzuhängen, die mit ihrer Brut hinter der Küchentür herumpickten, aber es misslang. Jetzt hatten wir also Kalimero, kurz Kalle, am Hals. Und zwar wortwörtlich. Er wollte am liebsten auf der Schulter sitzen oder in der Halskuhle, wo es warm war. Kalle fiepste und piepte vor sich hin, fraß kleine Brotbröckchen, kackte den Linoleumboden voll und war unsere ganze Wonne.

Eine der kleinen Inseln am anderen Ende der Lagune gehörte dem Rechtsbeauftragten Maka und seiner Frau Rosa. Die Insel war nur einige hundert Quadratmeter groß, hatte nichts außer einer offenen Fale, der Hütte, und einem ebenso offenen Vava, dem Bretterklo. Sie hieß Lagimaina, nach einer Göttin und Urmutter Atafus. Maka und Rosa boten uns an, dort ein Wochenende zu verbringen. Sie brachten uns im Motorboot hinüber, aßen mit uns ein ausgiebiges Picknick, badeten und fuhren wieder ab. Sie ließen uns eine Petroleumlampe, einen Kerosinkocher und einen riesigen Teekessel da. Wir waren zum ersten Mal seit unserer Ankunft in Tokelau allein.

Ich schwamm und schnorchelte stundenlang zwischen den Korallenhügeln. Das Wasser war hier viel klarer als in der Nähe des Dorfes. Unter mir bewegte sich ein graues Tier mit einem eigenartig geformten Kopf: ein riesiger Rochen. Jasper planschte mit Frank im warmen Wasser. Ich lief zur anderen Seite der kleinen Insel, wo das Riff lag. Außer uns schien es hier nichts zu geben als Meer und Fische und die Palmen. Es war wie auf einer dieser Luxus-Robinson-Inseln auf den Seychellen oder Bora Bora, wo man sich für mehrere tausend Dollar pro Nacht aussetzen lassen kann. Nur schöner, und umsonst. Der Himmel war orange und rot und gelb, wie ein »Tropical Mix« aus Raro-Brausepulver, dann versank die Sonne und es wurde dunkel. Wir machten die Petroleumlampe auf der überdachten Holzplattform an und aßen zu Abend. Jasper war auf seiner Strohmatte eingeschlafen. »Komm mit«, sagte Frank leise und zeigte auf eine Palme neben der Hütte, die fast waagerecht über das Ufer hinaus wuchs. Am Himmel stand der Vollmond. Wir saßen eng umschlungen auf der Palme, unter uns gluckste sanft das Wasser, über uns schien der Mond. Noch nie hatten wir uns außerhalb unserer vier Wände in den Armen gehalten. Diese Nacht entsprach jedem Klischee der Südsee.

Die Postkartenstimmung hielt an. Am nächsten Morgen lief ich nackt die vier Schritte von der Hütte zum Wasser und ging im ersten Sonnenschein schwimmen. Es fühlte sich unbeschreiblich an. Kein Mensch weit und breit, keine lästigen Klamotten an meinem Körper. »Kein Wunder, dass diese Insel nach einer Göttin benannt wurde«, dachte ich. Dann sah ich in der Ferne ein kleines Dinghi liegen. Als ich heute morgen aufgestanden war, war dort noch kein Motorboot gewesen. Ich wurde nervös. War uns jemand gefolgt und beobachtete nun, wie ich nackt aus dem Wasser kam? Die Vorstellung, dass sich das im Dorf herumsprach, war mir mehr als unangenehm. Schon wieder setzte die altbekannte Paranoia ein.

Maka und Rosa holten uns am Nachmittag ab. Sie freuten sich, wie sehr wir ihr Wochenenddomizil genossen hatten. Als wir jetzt nach zwei Tagen Abwesenheit unser Haus betraten, war es still. Kein Piepsen und Fiepen! Kalimero lag tot in seiner Pappkiste. Er hatte in den Wassernapf gekackt, aus dem er trank, und sich damit vergiftet. Frank entsorgte das Küken, bevor Jasper hereinkam. »Kalle ist zu seiner Mutter gelaufen«, log er ihn an. Ich sagte zu Frank: »Das war die Strafe fürs Nacktbaden.«

Rosa schenkte mir ein paar Tage später einen selbst geflochtenen Umhängekorb. »Die Blätter stammen von Lagimaina«, sagte sie. Den Baum kannte ich. Es war die gebeugte Palme, auf der Frank und ich nachts gesessen hatten.

Frank bastelte nicht nur an Videorekordern, aus denen er als Störungsquelle in erster Linie Kakerlaken entfernte, sondern auch an seiner Verhütungsmittelrede. Diesmal sah sein Plan vor, erst vor dem Frauen-Komitee, dann vor dem Rat der Männer und schließlich in der Schule über das heikle Thema zu reden. Zuletzt hatte er im Lotala-Versammlungshaus eine Informationsstunde zum Thema Ernährung abgehalten. Die WHO-Broschüren und Fachbücher waren wenig brauchbar: Gemüse, Obst, Milchprodukte und Ballaststoffe, die dort im Rahmen einer gesunden Ernährung empfohlen wurden, gab es in Tokelau so gut wie nicht. Franks Intention war daher, den Atafuanern ihren ursprünglichen Speiseplan wieder schmackhafter zu machen. Die traditionelle Inselkost aus Fisch, Kokosnuss, Reis und Brotfrucht war für unsere Gaumen zwar eintönig, aber deutlich gesünder als Chips, Cola und das exportierte Büchsenfleisch, das nicht nur unglaublich fett war, sondern das Aussehen und die Qualität von Hundefutter hatte.

Unter den Broschüren im verstaubten Klinikschrank lag

auch ein Heftchen der UN aus Genf, das über die Arbeit seiner Freiwilligen Helfer im pazifischen Raum informierte. Frank drückte es mir in die Hand. Auf der letzten Seite war ein Schwarzweißfoto. Eine dunkelhäutige, schlanke Frau, wahrscheinlich zwischen dreißig und vierzig und in einen Lavalava gewickelt, stand barfuß und vage lächelnd auf einem Stück hellem Sandstrand und lehnte sich an eine Palme. Die Palme wuchs fast waagerecht und ragte übers Wasser. Es sah wie ein Schnappschuss aus dem Urlaub aus. Die Organisation hatte darunter geschrieben: »Wir widmen dieses Heft der Erinnerung an Dr. Afolabi, die plötzlich während ihres Einsatzes in Tokelau starb«. Ich steckte die Broschüre in unsere Kommodenschublade zu meinen persönlichen Sachen. Niemand würde sie vermissen. Und ich würde keine Fragen mehr stellen.

Eskortiert von Schwester Pella und Schwester Nua brach Frank am Dienstag zum Frauentreffen auf. Nua trug eine Bildtafel unter dem Arm. In bunten Farben waren darauf eine Pillenpackung, Spritze, Spirale, Kondom sowie das männliche und weibliche Geschlechtsorgan im Querschnitt abgebildet. Die Tafel stammte noch aus der Ära der afrikanischen Ärztin, deren Spezialgebiet Fortpflanzungsmedizin gewesen war. Im Versammlungshaus saßen diesmal rund vierzig Frauen aller Altersstufen und blickten uns erwartungsvoll an. Frank setzte sich vor die Versammlung und begann seinen Vortrag. Pella übersetzte. Immer wieder schaute er zwischendurch zu mir. Ich hatte mich neben Vae, die kluge alte Dame, gesetzt.

»Es ist ein Menschenrecht für jede Frau, egal ob verheiratet oder nicht, Zugang zu Verhütungsmitteln zu haben und selber zu bestimmen, ob sie ein Kind will«, betonte Frank. Ab jetzt würden im Lomaloma-Krankenhaus absolute Vertraulichkeit und Diskretion herrschen. Die erste Wortmeldung kam aus dem Publikum. In der Vergangenheit sei das aber nicht immer der Fall gewesen, behauptete die Frau. »Wie können wir da sicher sein?« Schwester Nua guckte wie versteinert in die Menge. Sie musste sich angesprochen gefühlt haben. Dann sprach Vae. Ihre damals 18-jährige unverheiratete Tochter sei vor drei Jahren wieder nach Hause geschickt worden, als sie um Verhütungsmittel bat. Das müsse man erst mit dem Dorfrat besprechen, hätte es damals geheißen. Diesmal zuckte Schwester Pella leicht zusammen. Sie war vor Manueta die Leitende Schwester der Klinik gewesen. Franks Gefühl verstärkte sich, dass sie nicht jedes seiner Worte eins zu eins übersetzte.

»Was ist, wenn die Frau verhüten will, aber der Mann noch mehr Kinder will?«, fragte eine andere Frau. Franks Antwort lautete: »Es sollte Sache der Frau sein, über ihren Körper zu entscheiden. Sie kann zur Klinik kommen und sich Dreimonatsspritzen geben lassen. Ihr Mann muss nichts davon erfahren.« Die nächste Frage: »Was ist mit den jungen Frauen unter 18?« Nua guckte noch gequälter als vorher. Die pensionierte Schuldirektorin meldete sich, schaute ernst in die Runde und sagte: »Das muss natürlich die Mutter entscheiden!« Vae, ein paar Jahre älter als ihre Amtsnachfolgerin, murmelte verärgert neben mir: »Aber es ist ja wohl nicht die Mutter, die schwanger wird. Frauen, aufwachen!« Ich nickte ihr bestätigend zu. Sie flüsterte in meine Richtung: »Wusstest du, dass es im Dorf eine 14-jährige Schwangere gibt?« Ich schüttelte überrascht den Kopf. »Im wievielten Monat?« – »Im fünften«, zischte Vae. In dem Moment meldete sich eine Sekretärin aus dem Büro des Faipule. Was denn mit den ganz jungen, den unter 16-jährigen sei? »Das ist hier auf Atafu kein realistisches Problem«, antwortete Frank ruhig. Da fing er meinen insistierenden Blick und mein Nicken auf. »Oh doch«, schien ihm mein Gesichtsausdruck zu sagen. Er begriff sofort. »Wenn es solch ein Problem doch gibt«, hob er an und klang überhaupt nicht mehr gelassen, »dann ist auch die Gemeinschaft dafür mitverantwortlich. Und wenn die das nicht als ihr Problem ansieht, dann stimmt etwas mit ihr nicht.«

Ich rief ihm auf Deutsch leise zu: »Was ist mit Abtreibung?« Frank schüttelte nur den Kopf. Damit hätte er auf Atafu garantiert den Rahmen des Erlaubten gesprengt. Als Kompromiss erklärte er die »Pille danach«: Im Falle einer Befruchtung sei bis zu 48 Stunden später ein Hochdosieren der Anti-Baby-Pille möglich. »Das muss aber auf jeden Fall in der Klinik und nicht privat gemacht werden.« Von dieser Methode hatten bisher die wenigsten gehört. Auch Schwester Nua schaute ziemlich überrascht.

Zum Schluss meldete ich mich zu Wort. »Es ist wunderbar, dass auf Atafu Kinder so willkommen sind und jeder sich um sie kümmert. Vielleicht denken deshalb viele von euch, es sei doch kein Problem, wenn eine sehr junge Frau ein Kind bekommt.« Ich holte Luft. »Aber denkt doch auch mal an diejenigen, die jetzt in der letzten Klasse sind, vielleicht eine Ausbildung machen oder ins Ausland gehen wollen. Die Welt da draußen macht es alleinerziehenden Müttern sehr viel schwerer als hier. Diese jungen Frauen müssten all ihre anderen Pläne für immer aufgeben.« Vae sah mich an, nickte und sagte laut: »Malie.« Das hieß »gut«. Die pensionierte Schuldirektorin dagegen runzelte die Stirne.

Frank war sichtlich sauer, dass ihm die Schwestern nichts von der 14-Jährigen erzählt hatten. Wie konnten sie ihn in diese Veranstaltung ziehen lassen, ohne ihn über so etwas Wichtiges zu informieren? Erst vor kurzem hatte er sie nach jeder Schwangeren auf der Insel befragt, um über den Gesundheitszustand der Frauen im Bilde zu sein. »Wir haben es auch erst gerade erfahren«, behauptete Chefschwester Manueta. Es klang wenig überzeugend. »Und es ist ja auch nicht hier passiert, sondern auf Fakaofo. Das Mädchen war dort über Weihnachten zu Besuch.« Das südliche Atoll schien in den Augen der Atafuaner so etwas wie ein Sündenpfuhl zu sein. Immerhin hätte dort die Ehefrau eines ausländischen Arztes eine Affäre mit einem der Seeleute vom Boot begonnen, wussten die Schwestern zu berichten. Das half Frank auch nicht weiter.

»Wer ist denn der Kindsvater?«, fragte er. »Ein Junge von dort. Er ist auch erst 14«, sagte Manueta.

Am Volleyballplatz diskutierten Aves Freunde an diesem Nachmittag über den Vortrag von Frank. Ein junger Mann mit Pferdeschwanz und verspiegelter Brille sagte: »Ich fand das gut. Aber hier wird sich eh nichts ändern. Die Alten werden immer dagegen sein.« Er war der Sohn des Bürgermeisters. »Außerdem redet hier niemand über so etwas«, meinte ein anderer. »Unsere Leute sind viel zu verlegen, diese Themen anzusprechen.« Ich fragte den Bürgermeistersohn, ob man in der Schule etwas über Verhütung lernen würde. »Nein«, meinte er, »nur darüber, wie Fortpflanzung funktioniert.« Dann sei es ja gut, dass Frank seinen Vortrag auch bald in der Schule halten würde, sagte ich. Der Spiegelbrillenträger guckte etwas zerknirscht. »Er kann aber nicht die Schüler dazu ermuntern, Verhütungsmittel und Kondome zu benutzen. Das geht auf keinen Fall.«

Ave, die psychotische dreifache Mutter, war wie immer viel direkter. »Weißt du von der 14-Jährigen?«, fragte sie mich. Ich nickte. »Der ganze Ort weiß es seit einer Weile, aber die Eltern von ihr erst seit dem Wochenende. Sie hatte solche Angst, es ihnen zu sagen«, sagte Ave. »Jetzt versteckt sie sich zu Hause und traut sich auch nicht mehr zum Volleyball raus. Sie geht nicht mehr zur Schule, weil sie sich so schämt.« Das Mädchen wohnte ein Haus neben Ave. Ich sagte: »Bitte richte ihr aus, dass sie so bald wie möglich zur Klinik kommen soll. Sie muss dringend zur Vorsorge. Sie ist erst 14 und hat wahrscheinlich eine Risikoschwangerschaft.« Ave nickte.

Es hatte wohl funktioniert. Am nächsten Tag saß das Mädchen mit ihrer Mutter auf der Wartebank vor der Klinik. Sie wirkte äußerlich älter als 14, eher wie eine 17-Jährige. Das beruhigte Frank ein wenig. Ihr Babybauch war deutlich zu sehen. Sie schien in der 20. Schwangerschaftswoche zu sein.

Die Mutter fing an zu weinen und wollte wissen, ob für ihre Tochter Gefahr bestünde. Das Mädchen sagte kein Wort.

Frank war nach der ersten Untersuchung ziemlich ratlos. »Einen Fötus von der Größe kann man eigentlich nicht mehr abtreiben«, sagte er zu mir. »Mal abgesehen davon, dass vielleicht was in der Gebärmutter zurückbleibt und das Mädchen an einer Entzündung sterben kann.« Ich dachte an unser Kind, das gerade in meinem Bauch wuchs. Frank hätte sich davon bei einem Eingriff wohl kaum frei machen können. Er rief einen erfahrenen Gynäkologen im Krankenhaus von Apia an, dem er kurz vor der Abfahrt nach Tokelau noch bei einem Kaiserschnitt assistiert hatte. Dessen Antwort war klar: »Abgesehen davon, dass Abtreibung in Samoa illegal ist – in diesem Stadium würde ich auch keine mehr machen.« Frank hatte eine Idee. Auf jeden Fall musste das Mädchen raus aus Atafu. Hier kannte sie jeder, man zeigte mit dem Finger auf sie.

»Hat eigentlich schon mal jemand versucht herauszubekommen, was sie eigentlich will?«, wollte ich wissen. »Ob sie das Kind in ihrem Bauch ablehnt? Todunglücklich oder selbstmordgefährdet ist? Oder ob sie das Baby in jedem Fall haben will? Das ist doch ziemlich entscheidend.« Hätte Frank nur einen Monat vorher von der Schwangerschaft gewusst, wäre jetzt vielleicht alles anders. Als wir auf Atafu ankamen, war das Mädchen bereits schwanger. Damals hätte man relativ problemlos eine Abtreibung machen oder sie diskret für einen »Urlaub« nach Neuseeland schicken können, ohne dass außer ihrer Familie jemand davon erfahren hätte. Jeder verantwortungsbewusste Arzt der Welt hätte einer 14-Jährigen sofort eine medizinische Indikation gegeben. Jetzt war der Zeitpunkt längst verpasst.

Das Tragische war, dass sie keine Hilfe in der Klinik gesucht hatte. Weil sie niemandem dort vertraute und sich nicht sicher sein konnte, was man ihren Eltern erzählt hätte. Das gesamte Verhütungsproblem, das in Franks Vortrag noch Theorie statt Praxis gewesen war, brachte der Fall jetzt auf den Punkt.

Die 20-jährige Tochter der Faipule-Sekretärin kam vorbei, um sich für ihre Mutter ein Buch bei mir auszuleihen. Sie ging mit vollen Händen wieder nach Hause: Ich hatte ihr den Inhalt einer der Kondomschachteln mitgegeben, die aus der Klinik zu uns gewandert waren. »Gib sie deinen Freundinnen«, ermunterte ich sie. Die junge Frau steckte sie bereitwillig ein und schmunzelte. »Die meisten hier wissen gar nicht, was man damit macht.« »Dann zeig es ihnen«, insistierte ich. »Bitte.« Auch sie kannte die schwangere 14-Jährige gut. »Meine Großmutter hat auf ihre Eltern eingeredet, damit sie ihr keine Tracht Prügel geben.« Ich wollte wissen, ob das Mädchen ihr Kind überhaupt austragen wollte. »Oh, sie hat versucht, es am Anfang loszuwerden«, war die Antwort. »Ihre Freundinnen mussten auf ihren Bauch springen. Aber es hat nicht funktioniert.«

Es blieb die Woche der schlimmen Nachrichten. Auf Nukunonu, dem mittleren Atoll, war ein kleiner Junge beim Baden ertrunken. Er wurde von der Strömung durch den Kanal raus und hinters Riff gezogen. Sein Vater arbeitete als Kapitän auf der »MS Tokelau«. Er war in Neuseeland, als es passierte, da das Schiff repariert werden musste. Einen Monat lang hatte es keinen Schiffsverkehr zu Tokelau gegeben. Als der Mann losfuhr, lebte sein Sohn noch, und als er wiederkam, war er längst begraben. Nicht mal zur Beerdigung konnte der Vater kommen. Das war wirkliche Isolation.

Nur durch Zufall erfuhr ich, was seit Tagen das Dorf beschäftigte. Ein 12-jähriges Mädchen war in dem leer stehenden Haus neben uns abends von zwei älteren Jungen überfallen worden. Sie hatten versucht, sie zu einer sexuellen Handlung zu zwingen. Die beiden mussten vor den Ältestenrat, bekamen eine Prügelstrafe und mehrere Wochen Hausarrest. Sie durften nicht in die Schule, nicht in die Kirche, nur raus auf die Toilette. »Daran sind die ganzen Videofilme schuld«, sagte die Frau, die mir die schreckliche Geschichte erzählt hatte. »Zu viel Sex und Gewalt. Außerdem müssen die Mütter besser auf ihre Töchter aufpassen, damit so was nicht passiert.« – »Vielleicht auch auf ihre Söhne«, meinte ich.

Außer Frank blieben mir nur die Krankenschwestern, mit denen ich das Thema bereden konnte. Sie waren peinlich berührt, dass ich von dem Vorfall wusste. Niemand sollte uns mit solch unschönen Dingen belasten. Als Manueta mir ansah, wie betroffen ich war, konnte sie nicht mehr an sich halten. »Das Mädchen hat es doch nicht anders gewollt«, sagte sie und klang abfällig. Sala und Pella, die daneben saßen, nickten. »So was ist früher schon mal bei ihr vorgekommen. Außerdem hatte sie anfangs keinem was davon gesagt.« »Vielleicht dachten die Jungen deshalb, sie wäre ein leichtes Opfer?«, warf ich ein. »Vielleicht hatte sie zu viel Angst und Scham, um darüber zu reden?« Ich war erschrocken über so wenig Mitleid und das stockkonservative Frauenbild. »Sie hat nicht geschrieen, sondern die drei sind von anderen Kindern überrascht worden. Erst als ihr Großvater ihr mit Prügel drohte, hat sie behauptet, gezwungen worden zu sein«, behauptete Manueta. Sie war nicht zu bremsen. »Die hätte genauso bestraft werden müssen wie die Jungen!« Jetzt schüttelte Schwester Nua sorgenvoll den Kopf. »Als wir in dem Alter waren, haben wir doch so was nicht gemacht. Wir haben früher nicht geraucht und uns herumgetrieben.« Ein tiefes Seufzen. In ihren Augen hatte sich das Mädchen eindeutig daneben benommen, da sie die Jungen sexuell animiert hatte. Alles Weitere war damit ihre Schuld. Meine Argumente aus dem kleinen Einmaleins des Feminismus prallten an den Schwestern ab. Die ältere Nua dachte laut nach: »Vielleicht sollten wir das Mädchen in der Klinik untersuchen. Dann sehen wir ja, was wirklich mit ihr passiert ist.« Ich zuckte innerlich zusammen. Ein Jungferntest war nicht unbedingt das, was das traumatisierte Kind jetzt brauchte. Ich verabschiedete mich. Auf den Kuchen, den Pella mir freundlich anbot, war mir der Appetit vergangen.

»Ich lebe in einer komplett verdrehten Welt«, dachte ich am anderen Morgen laut vor mich hin. »All die Muster, nach denen ich gelernt habe, andere einzuschätzen und mir ein Bild von Leuten zu machen, greifen hier nicht mehr.« Frank guckte mich erstaunt an. »Leidest du denn darunter?«, fragte er. »Nein«, sagte ich. »Ich warte nur täglich auf neue Überraschungen.« Die nächste kam früher, als ich dachte. Ich lief auf dem Weg zum Laden an der Klinik vorbei. »Wir Frauen machen heute das Gelände vom Friedhof sauber«, rief Manueta mir nach. »Willst du mithelfen?« Natürlich wollte ich. Von mir aus sollten die Chipstüten und Coladosen gerne aus den Büschen verschwinden, die den schönsten Platz auf Atafu zu vermüllen drohten. Solche Aktionen waren einer der Gründe, warum ich Tokelau so sehr mochte: Das Arbeiten als Gruppe, das selbstverständliche Mitanpacken. Und dazu noch Umweltbewusstsein – einfach großartig!

Als ich zum Friedhof kam, hockten dort bereits rund zwanzig Frauen auf der Erde. Sie rupften büschelweise Gras aus und warfen es auf kleine Haufen neben sich. Ich musste schlucken. Auf dem kargen Boden Tokelaus gab es nur wenige Flecken, wo überhaupt Gras wuchs. Die zarten Halme rund um die Gräber waren nicht nur schön anzusehen, sondern schützten die Insel vor weiterer Erosion. Jede Sturmwelle, die irgendwann vom Strand hochspülte, nahm ohne den Halt der Graswurzeln Erde mit ins Meer. »Warum muss denn das Gras weg?«, fragte ich die Frau neben mir. Sie zuckte die Schultern. »Weil es nicht hier hingehört. Es war schon immer so. Außerdem schlafen da nachts die Fliegen drauf.« Vae saß ein paar Meter weiter. Auch sie zupfte, aber sah wenig begeistert aus. »Ein paar von uns waren dagegen, aber leider eine Minderheit«, sagte sie leise zu mir. »Da kann man nichts machen.« Sie hatte sich dem Beschluss der Gruppe gebeugt. Wegbleiben ging nicht.

Das Arbeitstempo war enorm. Nach einer knappen Stunde war der vorher grün angehauchte Friedhof braun und kahlge-

schoren wie nach einer Heuschreckenattacke. Am Rande
schwelte ein Feuer, in dem das gerupfte Gras verbrannt wurde. Die Aktion war beendet, die Frauen packten ihre Spielkarten aus, setzten sich in den Schatten und machten Picknick.
In den Büschen hinter ihnen lagen noch immer die alten
Chipstüten. Ave kam mir entgegen, alleine. »Wohin gehst
du?«, fragte ich sie, ganz Tokelauisch. Sie nickte langsam
Richtung Friedhof. »Dahin«, sagte sie. Sie wollte nicht reden
und ging weiter.

Von: Frank Küppers [anke_frank@clear.net.nz]
An: Alle
Datum: Freitag, 25. Mai 2001
Betreff: des Pulenuku Patukis Schwein

Es gibt auf so einem Südseeatoll verschiedene Mög-
lichkeiten, etwas zu bewegen. Und es gibt bei so vielen Regeln auch genaue Wege, die einzuhalten sind,
bevor etwas passieren kann oder darf. Es gibt den Taupulega, den Ältestenrat, gegen dessen Entscheidung
alles andere verblasst. Da kann man Pastor oder Doktor sein wie man will, da geht nix! Und dann gibt es
noch meinen speziellen Freund den Pulenuku, das ist
der Bürgermeister. Der heisst Patuki (»you can call
me Pat«). Wenn man irgendetwas will, Sonntags an den
Strand, Dienstags ein Bier kaufen, nach Einbruch der
Dunkelheit den Hospital-Trecker benutzen, spezielle
Muscheln zum Abendessen haben, einen Spaten, um Erde
aus dem Busch zu holen, oder Strom nach 23.00 Uhr,
weil ein ungehöriges Kind es bis dahin noch nicht auf
die Welt geschafft hat und im Geburtskanal quer
sitzt, oder, oder, oder — dann ist all das in Regeln
festgeschrieben und bedarf einer speziellen Erlaubnis des Pulenuku. Jeder normale Mensch wäre genervt

von all den Anfragen, und so gibt es schnell einige
Freiheiten. Nicht so bei meinem Freund Patuki! Patuki ist ein Mann der Kirche, Laienprediger — hört sich
auf Englisch fast so an wie Lügenprediger — und er
kneift beim Beten auch immer ganz doll die Augen zu,
so dass Jasper sich schon um seinen Gesundheitszustand Sorgen macht, so schmerzverzerrt sieht das aus.
Zum Lachen geht Patuki wahrscheinlich in den Keller,
damit es keiner sieht, und auf einem Atoll ohne Keller ist das selten. Patuki will immer alles ganz genau wissen und sagt in der Regel erst mal: »Heai!«
(Nein!) Da könnte ja jeder kommen, und wo soll das
auch hinführen und Tradition und Regeln und vor allem
überhaupt. Nun wird ja gerade das neue Doktorshaus,
das schon vor Monaten fertig sein sollte, nach Einga-
be meinerseits an den Taupulega (s.o.) im Südseeak-
kord fertiggestellt, denn es ist dem Dorf peinlich,
dass die schwangere Doktorsfamilie von der fernen Insel Deutschland schwitzen muss. Es begab sich nun,
dass Patuki mit seinem nicht minder ernsthaften Weib,
das von uns liebevoll die Spaßbremse genannt wird, in
Neuseeland war und dort einer Kommission versprochen
hat, dass auch das neue Generatorhaus in einem Monat
fertig ist. Zurück auf der Insel wollte er dann Kraft
seines Amtes alle Mann ans Generatorhaus schicken —
versprochen ist versprochen. Dummerweise hatte der
Taupulega vorher schon beschlossen, dass alle Mann
erst das Doktorshaus fertig machen müssen. Da kann
auch kein Patuki was dran ändern. Seitdem grüßt er
mich nicht mehr, womit ich hervorragend leben kann.
Nun wird es kompliziert: Eine Regel besagt, dass,
wenn im Schweinestall ein großes Schwein ein kleines
Schwein tot beißt, das große Schwein zu töten ist. Genau das ist dem dicksten Eber Patukis passiert, allerdings während der Abwesenheit des Letzteren in

Neuseeland. Da kommt man zurück, darf nicht herrschen wie man will, und dann ist auch noch der Eber tot! Jimi ist nebenberuflich Klempner und sorgt dafür, dass das Wasser die Dusche und das Klo erreicht. Eigentlich hat er auch noch einen anderen Job, aber er klempnert halt auch und ist damit der Schlüssel zum Fertigstellen des Doktorhauses. Jimis Bautrupp hat nun das Schweinegesetz vollstreckt und sich damit den Groll Patukis zugezogen. Jimi baut selbst einen Anbau an sein Haus und brauchte Extrawasser für den Beton. Diese Bitte ist Patuki-pflichtig. Dessen Antwort: »You killed my pig, you get no water.« Jimis Antwort: »Das Dorf braucht den Klempner? Dann hast du ab jetzt keinen Klempner mehr!« Und deshalb geht es am Doktorshaus nicht weiter und der Taupulega mit seinen Greisen wird nervös. Damit geht es aber auch am Generatorhaus nicht weiter und Patuki wird nervös. Und ich werde auch nervös, weil mein schwangeres Weib nicht in das neue und viel kühlere Haus ziehen kann. Deshalb musste ich diese üble Verquickung von Amtsgeschäften und Privatschweinproblem dem Rechtsbeauftragten Maka erzählen, außerdem ist Jimi nun wirklich ein Kumpel von mir. Maka ist heute in der Taupulega-Sitzung und wird das zur Sprache bringen, was Patuki wiederum einen Rüffel einbringt. Und mir hoffentlich Jimi für einen Tag als Klempner. Damit ist allerdings ewige Feindschaft mit Patuki besiegelt, und vielleicht darf ich ihn auch nicht mehr Pat nennen. Aber es ist gut zu wissen, dass man einen verlässlichen Feind auf einer fernen Südseeinsel hat, wenn man wieder in Deutschland ist.

Kämpferische Grüße,
Frank

11 Sina weint

Tagi Sina

Luta, der Sonnenschein mit dem Mogli-Gesicht, wurde zu einem roten Tuch für mich. Sie kam ins Haus spaziert, grüßte mich nicht mehr, sondern stellte sich in die Küche und verlangte fordernd mit ihrer rauen Stimme: »Twisties!« So hießen die Chips. »Apples!« Sie zeigte auf unser Lebensmittelregal, als ob sie in einem Geschäft wäre. »Du kannst nachher mit uns essen«, sagte ich, »aber jetzt gibt es nichts.« Luta pflanzte sich in den Sessel, legte die Füße auf den Tisch, zog sich unseren Walkman über die Ohren. Sie starrte auf alles, was ich machte – ob es Kochen oder Schreiben oder Kämmen war. Es störte mich immer mehr. Gegenüber den anderen Kindern ließ sie deutlich heraushängen, dass sie das Privileg hatte, jederzeit in unser Haus zu dürfen.

Als Frank und ich nachmittags vom Schwimmen wiederkamen, war von unserem Tisch eine große Dose »Milo«, eine Art Instant-Kakao, verschwunden. Am Tag vorher hatte Luta mich noch angebettelt und wollte das Pulver pur essen. Die Schwestern erzählten uns später, sie sei mit Jasper alleine im Haus gewesen. Luta hielt sich einen Tag lang auffällig von uns fern. Meine Begeisterung für sie hatte deutlich nachgelassen. Bald kam sie wieder, und danach fehlte ein Glas Erdnussbutter. »Sie saß mit anderen Kindern hinter eurem Haus und hat das Glas ausgeleckt«, wussten die Schwestern. Für sie war es unverständlich, warum ich dem Mädchen nicht einfach Hausverbot erteilte, ein paar knallte oder mich bei seinen Eltern beschwerte. Einige Tage später marschierte der dreijährige Limoni aus unserem Haus und hatte sich die Taschen voll mit Murmeln gesteckt, die Jasper vor kurzem aus Deutschland geschickt bekommen hatte. Dass die wenigen Spielsachen, die er mitgebracht hatte, längst kaputt waren oder sich unter die anderen Kinder verteilt hatten, war der natürliche Gang der Dinge. Aber eine so offensichtliche Selbstbedienung fand ich ziemlich dreist. Limoni zeigte auf die ältere Luta, die draußen vor der Tür herumstrich. Aus seinen Satzbrocken verstand ich, dass sie ihn beauftragt hatte, ihr die Murmeln zu organisieren. Der Kleine hatte gehorcht, wie es sich für Jüngere gehörte. Jetzt war ich sauer.

Bevor die Abendglocke erklang, ging ich zum Haus, wo Luta wohnte. Sie war mit ihren Geschwistern allein zu Hause. Als sie mich sah, kam sie mit unsicherem Blick aus dem Haus. Ich nahm sie beiseite. »Luta, bitte lüg mich nicht an. Ich bin wütend. Du hast doch das Essen bei uns weggenommen, oder?« Sie nickte beschämt. »Das darfst du nie mehr machen. Sonst kannst du nicht mehr bei uns spielen. Verstanden?« Sie nickte. »Okay«, sagte sie leise. Wir waren quitt.

Doch das war leider nicht das Ende der Geschichte. Die Geschwister oder ein Nachbar mussten unser Intermezzo mitbekommen haben. Später am Abend klopfte Lutas Mutter an der Tür. »Es tut mir so leid, was Luta getan hat«, sagte sie und blickte bekümmert. »Schon in Ordnung, wirklich«, erwiderte ich. Lutas Mutter lächelte mich an. »Als ich gehört habe, dass sie geklaut hat, habe ich sie mir richtig vorgenommen. Ihr kräftig den Hintern versohlt.« Sie sah aus, als ob sie ein Dankeschön von mir erwartete.

Ich hatte nicht nur die Prügel für Luta auf dem Gewissen. An einem Sonntag Nachmittag ging ich nach dem zweiten Gottesdienst mit Jasper und einigen seiner Freunde zum Friedhofsstrand. Die Jungs hatten vom Stillsitzen den ganzen Tag über einen enormen Bewegungsdrang. Sie tobten ausgelassen durchs Wasser, ließen sich in die Wellen fallen und an den Strand spülen wie junge Hunde. Abwechselnd schnappten sie sich Jaspers Boogie-Board aus Styropor und zogen ihn durchs Wasser. Er juchzte. Einer machte Handstand. Ich war entzückt. Die Sonne warf lange Schatten, Vögel kreisten über uns, und das Rascheln der Palmen im Wind mischte sich mit dem Lachen der Kinder. Es hätte in diesem Moment mal wieder keinen schöneren Ort der Welt geben können.

Ein alter Mann humpelte von Ferne am Strand entlang auf uns zu. Er war für mich bisher nur als Laienprediger in der Kirche in Erscheinung getreten. Außerdem tauchte er regelmäßig mit einem frischen Fisch als Geschenk bei Frank auf und fragte, ob der Doktor ihn nicht weiter vorne auf die Warteliste der Patienten setzen könnte, die zur Behandlung nach Samoa oder Neuseeland durften. Doch sein gichtiger Fuß war verglichen mit anderen Fällen kein so dringender Notfall, dass der Gesundheitsminister dafür sein »O. K.« gegeben hätte. Die Warteliste funktionierte nach einem schwer zu durchschauenden System und verärgerte nicht nur die betroffenen Patienten, sondern auch Frank. Seit Wochen versuchte er, von dem Ärztekoordinator in Neuseeland und dem Gesundheitsdirektor eine Antwort zu bekommen, was mit einem Jungen geschehen sollte, der wegen eines verstopfen Ohres aufs Festland musste. Irgendwann drohte dem Kind ein chronischer Hörschaden. Aber weder Peter Adam noch der Minister reagierten auf Franks E-Mails.

Jetzt sah das Gesicht des Alten finster aus. Er herrschte die Jungen an und scheuchte sie mit einem dicken Palmzweig in der Hand aus dem Wasser. »No swimming!«, brüllte er und versetzte einem der Jungen einen kräftigen Schlag auf den Rücken. Ich schaute erschrocken. Der alte Mann herrschte auch mich an: »Das ist das Gesetz am Sonntag! Kein Schwimmen, kein Spielen!« – »Entschuldigung, das war meine Schuld«, rief ich zurück. Er knurrte noch etwas auf tokelauisch und zog dann davon. Die Jungen scharten sich betreten und klitschnass um mich. Ich war außer mir. »Was für ein blödes Gesetz«, sagte ich wütend, als der Mann außer Hörweite war. Wie konnte nur irgendjemand daran Anstoß nehmen, dass diese Kinder das Natürlichste der Welt taten? Außerdem waren wir weit weg vom Dorf, wo wir die Sonntagsruhe hätten stören können. Dieser alte Kerl mit seinen idiotischen Regeln machte sich und uns das Paradies zur Hölle. »Hoffentlich bekommt ihr keinen Ärger«, sagte ich. »Schiebt es bitte auf mich.« Die Jungen reagierten gelassen. Sie zuckten die Schultern, grinsten mich an und machten sich auf den Heimweg. Vielleicht hatten sie so etwas schon öfters erlebt.

Mich jedoch verfolgte die Szene vom Strand. Ich erzählte sie einer Lehrerin, zu der ich Vertrauen hatte. Sie lachte. »Ach, das ist Penehe«, meinte sie abfällig, »der ist doch nur ein alter Spinner. Den darfst du nicht zu ernst nehmen.« Frank und ich hatten bereits unseren eigenen Namen für Penehe: Er hieß jetzt »Taliban«.

Ich nahm mir vor, mehr Nonchalance gegenüber offensichtlichen Andersartigkeiten zu entwickeln. Trotzdem war ich heimlich auf der Suche nach einem gleichgesinnten subversiven Geist, der auch nicht so ganz verstand, wieso ein Schwimm-, Spazier-, Musik- und Video-Verbot am Sonntag einen zum besseren Menschen macht. Ave war immer weniger ansprechbar und auf dem Weg in eine Depression. Ich wollte ihr helfen, aber konnte kaum noch mit ihr reden. Sie entzog sich jedem und verschwand zum Friedhof. Da saß sie dann, manchmal mit ihrer jüngsten Tochter, und rauchte. Stundenlang und allein. Vae war in vielen Dingen eine Verbündete und imponierte mir mit ihrer selbstbewussten, klugen Haltung. Irgendwann, da war ich sicher, würde sie die erste Frau im Ältestenrat von Atafu sein. Aber sie war auch eine Respektsperson. Was mir eindeutig fehlte, war eine Freundin.

Dass Frank und ich bei den anderen beliebt waren, bekamen wir deutlich gezeigt. Wir waren mittlerweile komplett verwöhnt, was Aufmerksamkeit, Interesse und Herzlichkeit der Tokelauer anging. Aber es gab auch eine unsichtbare Grenze, die viele davon abhielt, uns wirklich nahe zu kommen. Wer sich zu sehr wie ein Palagi aufführte oder sich deren Leben anpasste, war kein »echter Tokelauer« mehr. Das war der schlimmste Vorwurf, den man einem Menschen auf Atafu machen konnte. Wir kannten einige solcher Fälle. Zum Beispiel einen Fernmeldetechniker, der zurück auf seine Insel gekehrt war und eine einfache Frau aus dem Dorf geheiratet hatte. Durch die Jugendjahre im Ausland war er längst anders geworden als die Jungen der Insel und passte nicht mehr dazu. Er wurde zum Einzelgänger – ein gesellschaftliches Todesurteil, wenn man in einer Gruppe lebte. Seine Frau sah unglücklich aus, er trank viel und wenn er betrunken war, erzählte er uns von seinen Problemen. Oder die depressive Ave, die früher in Neuseeland als Straßenkind von zu Hause ausgerissen war und jetzt versuchte, auf Atafu ihr Leben in den Griff zu bekommen. Selbst Vitale, der eloquente und vielbewunderte Politiker, saß ein wenig zwischen den Stühlen. Im Dorf gab es eine unverhohlene Front gegenüber seinen modernen Ideen. Auch ihm haftete der Makel an, kein »echter Tokelauer« mehr zu sein.

Am liebsten mochte ich Sina. Sie war auch eine Zugezogene, so alt wie ich und genau das Gegenteil dessen, was man sich unter einer fünffachen Mutter landläufig vorstellte. Mir gefiel ihre sanfte, gelassene Art – ob sie im Büro des Faipule, wo sie arbeitete, eine Fotokopie für mich machte oder ihrer Kinderschar zu Hause ein paar Pfannkuchen briet (»Hier Anke, nimm dir welche mit!«). Abends schaute sie kurz mal rein und fuhr auf eine Zigarettenlänge im Dunkeln mit mir zum Friedhofsstrand – lachend und zu zweit auf dem Motorrad, damit Patuki und Konsorten sich ein bisschen ärgern konnten. Sina war in meinen Augen die perfekte Mischung aus allem Guten, das ein Tokelauer verkörperte, und einer gesunden Portion westlicher Zivilisation. Sie und ihr Mann Seto, ein ehemalige Psychiatriepfleger, waren als Kinder toke-lauischer Eltern in Neuseeland aufgewachsen und erstmals gemeinsam in ihre Heimat zurückgekehrt. Es sollte nur ein mehrmonatiger Besuch werden, aber sie waren geblieben. Die Sehnsucht nach einem anderen, viel einfacheren Leben war zu stark. Doch jetzt machte Sina sich Sorgen um ihre beiden Teenager. »Sie vermissen ihre Computerspiele und McDonalds und all das. Mit den Kindern hier können sie nicht viel anfangen.«

Ihr Mann und sie hatten sich Tennisschläger mitgebracht und spielten fast jeden Nachmittag auf dem Asphalt des Schulhofs. Seto ging völlig im Dorfleben auf. »Es gibt mir etwas, das ich vorher nie gekannt habe«, erzählte er Frank, sei-nem neuen Tennispartner. Er genoss das Fischen und be-schwerte sich auch nicht, als er Strafe zahlen musste, weil er beim wöchentlichen Kricketspielen einmal nicht dabei war. Selbst solche Freizeitvergnügen waren auf Atafu Pflichtveran-staltungen.

Für Sina war es sehr viel schwerer, mit den Frauen in einer Gruppe zu leben, alles gemeinsam zu tun, nicht auszusche-ren und immer unter Beobachtung zu stehen. Sie waren schon fast ein Jahr auf Atafu, hatten aber immer noch kein ei-genes Haus. Die Zeiten, wo Geld gar keine Rolle spielte, wa-ren vorbei: Mit genug Dollars in der Tasche hätten sie sich ein-fach eines bauen können. So aber musste ihnen erst der Dorfrat die Baukosten aus der Gemeinschaftskasse genehmi-gen. Bis dahin wohnten sie mit Sinas Kusine, deren Mann und weiteren vier Kindern in einem einzigen großen Raum. »Ich hatte anfangs überhaupt nicht mit Seto schlafen kön-nen«, vertraute mir Sina an, als wir am Tennisplatz saßen und uns Bananenbrot und kalten Kaffee teilten. »Mit all den Leu-ten auf Matten und in Betten um mich herum – es ging ein-fach nicht.« An den Verlust ihrer Privatsphäre hatte sie sich immer noch nicht ganz gewöhnt. Wenn das Paar nachts ungestört sein wollte, hängte es einen Lavalava als Vorhang ins Toilettenhaus der Familie und zog sich dorthin zurück. »Das ist der sicherste Ort für Sex«, hatten mir bereits die Krankenschwestern offenherzig erzählt. Vielleicht war auch das einer der Gründe, warum das Vava, das Plumsklohaus auf Stelzen über der Lagune, so ungern abgeschafft wurde.

Mein Wunsch, endlich das neue Doktorhaus zu beziehen, kam mir gemessen an Sinas Situation geradezu dekadent vor. Damit er doch noch vor unserer Abfahrt in Erfüllung ging, packten wir selber mit an. Frank stand nach der Arbeit in der Klinik in vier Meter Höhe auf dem Gerüst und machte den Außenanstrich. Die Schwestern waren beeindruckt, aber wenig begeistert. »Frank, wenn du da runterfällst, haben wir keinen Arzt mehr«, sagte Manueta. »Die anderen Männer sollen diese Arbeit machen.« Frank hoffte, dass seine Handwerkertätigkeit nebenbei genau diese Männer animieren könnte, den Bau nicht weitere sechs Jahre dahinschleppen zu lassen. Als Sina hörte, dass wir am Wochenende die Fensterrahmen streichen wollten, kam sie dazu und pinselte mit. Wir vermieden neuerdings, am Samstag Vormittag zu Hause zu sein. Dann machte der Pfarrer seine Besuchsrunde. Doch er ließ es sich nicht nehmen, auch mal kurz auf unserer Baustelle vorbeizuschauen, »Malo ni« zu wünschen und ein paar holperige Sätze Smalltalk zu versuchen. Es war ein einziger Krampf – vielleicht spürte er, was wir mittlerweile von ihm hielten.

»You go swimming?«, fragte er mich. Mein neues Hobby hatte sich herumgesprochen. Nachmittags, wenn der Strom aus war, lief ich in Badeshorts und T-Shirt zum anderen Ende des Dorfes. »Anke, wohin gehst du?«, fragte man mich mindestens fünfmal auf dem Weg. »Schwimmen!«, antwortete ich. »Alleine?«, hieß dann stets die nächste Frage, und immer klang sie erstaunt. Unser Bedürfnis, ab und zu Dinge allein zu tun, war für einen Tokelauer kaum nachvollziehbar. Im Gegenteil, um Menschen wie mich musste man sich eigentlich Sorgen machen. »Bist du ganz sicher?«, kam dann noch. Und immer öfter, je mehr sich mein Babybauch unter dem T-Shirt wölbte.

Ich schwamm immer einen guten Kilometer durch die Lagune, am Dorfrand entlang, aber mit genügend Abstand zu den »Tokelauischen Telefonen«. Bald kannte ich jeden Korallenknubbel, der knapp unter der Wasserfläche lauerte. Ich wusste, wo ich die Füße heben musste, um mir nicht die Knie aufzuschlagen. Es gab Baby-Haie in der Lagune, aber da die zu klein waren, um zu beißen, und ich auch noch nie eines der Tiere gesehen hatte, blendete ich die Vorstellung einfach aus. Ich war mit mir und der Natur allein. Das halbstündige zügige Schwimmen war mein tägliches Ritual, meine Meditation, mein Abtauchen. Ich brauchte keinen Gottesdienst, um mich reinzuwaschen. Wenn es denn einen Gott gibt, dann war ich ihm im Meer am nächsten.

Ich hatte mich gerade abgetrocknet, als die Trompete erklang: Das Schiff war angekommen. Die 14-jährige Schwangere würde heute die Insel verlassen. Frank hatte mit ihr unter vier Augen geredet und vorgeschlagen, lieber in Neuseeland zu entbinden, wo sie Verwandte hatte. Sie hatte zugestimmt – nicht wirklich erleichtert, sondern so, als ob ihr egal sei, was mit ihr geschah. Später würde das Kind dann von der Großmutter großgezogen werden.

Für mich hieß die Bootsankunft, dass ich nach drei Monaten endlich wieder Käse essen würde. Eine Mitarbeiterin der Weltgesundheitsorganisation (WHO) in Samoa hatte versprochen, mir eine Packung zu schicken. Käse rangierte auf der Liste der Dinge, die ich schmerzlich vermisste, mittlerweile ganz oben. Ich lief zum Büro des Dorfpolizisten, der auch als Postbeamter fungierte. Er packte gerade den Postsack vom Boot aus und schüttelte den Kopf: Fehlanzeige, kein Päckchen für mich. Vorsichtshalber nahm er sich das Walkie-Talkie und fragte beim Kapitän des Schiffes nach. Auch dort war nichts liegengeblieben. Entweder war mein Käsepäckchen schon eine Insel früher ausgestiegen, jemand anderem in die Hände gefallen oder nie abgeschickt worden. In jedem Fall würde es weitere drei bis vier Wochen dauern, bevor ich wieder auf solch eine Köstlichkeit hoffen durfte. Meine Enttäuschung war mir deutlich anzumerken. »Anke, was ist los?«, fragte mich Malae, als ich aus dem Büro trat. Sie war die Frau von Vitale, dem engagierten Politiker, und erst mit dem letzten Boot und den kleinen Kindern aus Neuseeland nachgekommen, um die nächsten drei Jahre Amtszeit ihres Mannes mit ihm auf Atafu zu verbringen. Malae war gelernte Zahnarzthelferin, machte bei allen Sportveranstaltungen begeistert mit, trug kurze Haare und eine kleine Brille auf ihrer Stupsnase und war eine rundum sympathische, moderne Frau. Sie hatte einen wahren Schatz an Backzutaten aus Neuseeland mitgebracht, die nach und nach bei unseren gemeinschaftlichen Aktionen in der Küche des Versammlungshauses zum Einsatz kamen. »Du willst Käse haben?«, sagte sie jetzt, als sie von meinem Leid erfuhr. »Frag mich doch einfach!« Sie ging die paar Schritte zu ihrem Haus und drückte mir eine Minute später ein Viertelpfund Cheddar in die Hand. Sie hatte ihn aus ihrer Großpackung im Kühlschrank abgezweigt. Ich schnupperte und war selig. Malae hatte nicht nur meinen Appetit, sondern meine Laune gerettet.

Auf dem Heimweg sah ich in einem Hauseingang eine kleine, alte Frau stehen, die schimpfend mit einem Reisigbesen auf ihren halbwüchsigen Enkel einschlug. Vielleicht war es auch ihr Sohn oder Neffe. Auf jeden Fall war er zwei Köpfe größer. Er verzog nicht eine Miene sondern stand stumm und still, während das keifende Weiblein ihn mit Hieben traktierte. Womöglich lag es am Käse oder an der Gewohnheit, aber diesmal machte mir der Anblick weniger aus.

Das Boot lud einen neuen Inselbewohner ab: Graham, Elektrotechniker aus Neuseeland. Er würde das nächste Jahr im Rahmen eines Entwicklungshilfeprojekts hier verbringen, um Tokelau mit einem besseren Strom-System zu versorgen. Wir freuten uns auf ihn, aber es war merkwürdig, dass wir plötzlich nicht mehr die einzigen Nicht-Tokelauer waren. Er war um die 60, seit einigen Jahren geschieden und nach eigener Auskunft eine einsame Seele. »Ich bin ein Einzelgänger«, sagte er am ersten Abend, als er mit einer Flasche Whiskey vorbeischaute, sich aufs Sofa setzte und eine geschlagene Stunde lang nur über sich sprach. Wir waren so viel ungefragte Selbstauskunft nicht mehr gewohnt. Kein Tokelauer kreiste in solchem Maße um sich oder breitete sofort sein Innenleben vor uns aus. Ich hätte statt über Grahams Probleme lieber mehr über seinen Zwischenstopp auf Swains Island erfahren, wo die »MS Tokelau« außerplanmäßig gehalten hatte. Swains Island, oder Olohega, ist so etwas wie das verlorene Kind Tokelaus: Historisch und kulturell gehört das ziemlich genau zwischen Fakaofo und Samoa gelegene Eiland zu Tokelau, ist aber seit 150 Jahren im Besitz einer aus Amerika stammenden Familie, den Jennings. Mr. Eli Jennings behauptete damals, das Land sei ihm vom Entdecker der Insel, einem Engländer, vermacht worden. Seit 1925 ist Olohega Teil von American Samoa und gehört damit zu den USA. Bis heute kämpfen die Tokelauer darum, ihre vierte Insel, auf der gerade mal noch 15 Leute leben und die man nur mit einer Genehmigung besuchen darf, wieder zurück zu gewinnen.

Graham kam nicht nur täglich auf ein Schwätzchen vorbei, sondern setzte sich auch in der Kirche wie selbstverständlich zu uns. Ich merkte, dass ich auf diese Art von Palagi-Verbrüderung wenig Lust hatte. Mich verband mit anderen Leuten auf Atafu sehr viel mehr als mit ihm. Am meisten störte mich, dass unsere Gespräche sofort beim Thema Nummer eins landeten: Was hier alles nicht funktionierte und warum. Natürlich fielen Frank und mir die gleichen Dinge auf, die Graham bemäkelte. Wir waren einfach zu deutsch, um diesen Blickwinkel komplett auszuschalten. Aber wir waren nicht hierher gekommen, um uns ständig über den »Faka Tokelau«, die tokelauische Art, zu beschweren.

Von: Frank Küppers [anke_frank@clear.net.nz]
An: Alle
Datum: Freitag, 1. Juni 2001
Betreff: Telemedizin

Auf Kongressen gibt es fast immer ein Forum für Telemedizin, wo dann festgestellt wird, dass wir längst noch nicht weit genug sind, aber hart dran arbeiten müssen. Irgendwann soll der Professor in Chicago online Patienten in Kiel operieren. Ich muss allerdings nur in die Südsee, um festzustellen, dass es das schon längst gibt.
Neben Atafu bin ich ja auch noch für die Nachbaratolle zuständig. Die sind aber mit dem Boot zu weit weg, daher geht das nur mit dem Satellitentelefon. Nun hat ein Mädchen auf Fakaofo hohes Fieber, eine geschwollene Hand und ist fast bewusstlos. Ich versuche, mir genau den Befund beschreiben zu lassen — »wie ein aufgeblasener Handschuh«, so die Antwort. Möglicherweise ist ein Knochen gebrochen und ein tief sitzender Bluterguss hat sich entzündet oder es ist eine Streptokokkenentzündung der Haut. So was kann unbehandelt zu einer lebensgefährlichen Sepsis führen oder auch zum Verlust der Hand. Das hört sich nicht wirklich gut an. Letztlich wird da Eiter drunter sein und der muss raus. Soweit ganz einfach, nur gibt es da Sehnen und Nerven im Weg, und die sollten, wenn man operiert, gerne bleiben wie und wo sie sind. Penicillin in hohen Dosen hat bisher nicht geholfen und das Fieber geht auch nicht mehr herunter, und reinschneiden wollen die Schwestern auf Fakaofo nicht. Ein echter Not-

fall also. Das Boot aus Samoa kann für solche Fälle
ausnahmsweise angefordert werden, ist dann drei Tage
später — wahrscheinlich zur Beerdigung — da. Nun gibt
es hier ein etwas größeres Fischerboot mit zwei Au-
ßenbordern. Wenn man genug Sprit mitnimmt und vielleicht den Pastor für gutes Wetter, dann kann man es
in einem halben Tag nach Fakaofo schaffen, wenn der
Wind richtig steht. Genau das habe ich dem obersten
Mann auf der Insel vorgeschlagen. Der meint aber nur
lakonisch, wenn es stürmt, dann würde das dem Mädchen
nichts nützen und die Insel einen Doktor, einen Fischer, und was wahrscheinlich am schwersten wiegt,
zwei Außenborder kosten. Also müssen doch die Schwestern auf Fakaofo ran, per Interatoll-Telemedizin. Ich
sage ihnen, dass eine lokale Betäubung nicht viel
Sinn macht, weil in dem entzündeten Gewebe das Anäs-
thetikum nicht wirkt. Die Schwestern wollen aber
nicht ohne. Nach zehn Minuten ein erneuter Anruf:
»Die Anästhesie wirkt nicht! Was nun?« Ich sage:
»Eine hält das Mädchen, eine ganz fest die Hand, und
die dritte macht einen tiefen schnellen Schnitt.« Catherine, die neuseeländische Hebamme, wird von mir
instruiert, wo genau und wie lang der Schnitt sein
soll und wagt sich dran. Tatsächlich fließt massig
Eiter ab. Eine weitere schlaflose Nacht mit Wadenwi-
ckeln und frommen Wünschen und vielen Telefonaten
später ist das Fieber wieder unten und das Mädchen
deutlich wacher. »Noch mal Schwein gehabt«, denke
ich. Letztlich ist man doch ganz schön allein hier.

Grüße aus der Hightech-Hölle,
Frank

12 Heimweh

Manatu

Für die Frauen stand eines der wichtigsten Ereignisse des Jahres an: Muttertag. Da konnte auch ich mich trotz Schwangerschaft auf keinen Fall drücken. Am Sonntagmorgen um acht Uhr versammelten wir uns neben der Kirche, die meisten in weißen Kittelkleidern mit rotem Kragen. Für die diversen festlichen Anlässe gab es bestimmte Uniformen, und fast jede Tokelauerin hatte solch ein Gewand in der Truhe. Aber halt nur fast. Die Pfarrersfrau, selber nicht im rotweißen Schürzenkleid, sondern einer teuren cremefarbenen Kombination mit Spitze und Rüschen, trat vor uns. Ich hörte sie zum ersten Mal sprechen. Ihr Ton klang streng, sie guckte vorwurfsvoll. Bisher hatte sie bei allen öffentlichen Auftritten immer nur stumm neben ihrem Mann gesessen. Jetzt ermahnte sie die anderen, in Zukunft die richtige Uniform anzuziehen. Die Frauen neben mir murmelten leise. Es klang, als ob sie gerade auf einem Schulausflug von der Lehrerin zurechtgewiesen worden waren.

Der Pastor gab Anweisungen, wir stellten uns in zwei Schlangen auf und zogen hintereinander singend in die bereits gefüllte Kirche ein. Es war einer dieser Momente, die mir vor einem Jahr nicht im Traum eingefallen wären: Ich ganz in weiß, nicht mit einem Blumenstrauß, sondern dem Gesangbuch in der Hand, und einem Strohhut auf dem Kopf.

Der Gottesdienst nahm diesmal kein Ende. Sechs Frauen traten hintereinander vor die Gemeinde und hielten eine Ansprache. Es war hochemotional. Auch Schwester Pella war dabei, tupfte sich immer wieder auf die Augen und schniefte. Es wirkte gespielt, erst recht, wenn man kein Wort verstand und nur auf die Körpersprache achtete. Ich wusste, dass sie über Esther aus der Bibel reden wollte, als Vorbild für alle Frauen. Dann trat Vae nach vorne. Kühl, beherrscht, freundlich – wie eine perfekte Politikerin. Sie redete über die Rolle der jungen Mütter: Dass die Erziehung nicht nur der Großfamilie überlassen werden sollte, sondern Eltern und Kind eine immer wichtigere Einheit bildeten, weil sich die Zeiten änderten. Bei den Rednerinnen nach ihr flossen wieder Tränen.

Die Orgel dudelte, alle sangen. Mir wurde bedeutet, mit den älteren Frauen nach vorne zu treten. Im Halbkreis stellten wir uns zwischen Altar und Kirchenbänken auf. Frauen, denen die Tränen die Backen herunterliefen, drückten mir nacheinander Küsse auf die Wangen. Es war ein bisschen wie beim Kondolieren. Ein Mädchen hängte mir eine Bonbonkette um den Hals und überreichte mir eine Plastikrose. Die meisten Frauen hatten eine Kette von ihren Kindern bekommen. Da Jasper aber zwischendurch aufs Klo musste, hatte Frank bereits die Kirche verlassen. Er verpasste die gesamte Show. Immer neue Frauen zogen schluchzend zum Abküssen nach vorne, während die anderen den Singsang fortsetzten. Ich war wie erschlagen, als ich nach fast zwei Stunden aus der Kirche ins Helle trat. »Dir ist wirklich was entgangen«, feixte ich, als ich Frank zu Hause wiedertraf. Wären wir vor vier Monaten in Samoa als Touristen in solch einen Gottesdienst geraten – wir wären begeistert gewesen und fasziniert. Aber hier war ich längst keine Zuschauerin mehr. Hier stand ich als Mutter vor der Gemeinde Atafus und ließ mich fürs Gebären feiern. Es war eine große Ehre. Aber es widersprach allem, wie ich bisher gelebt hatte und wofür ich als Frau eingetreten war.

Das Damenprogramm ging weiter. Mittags stand ein Lunch für die Ladies im Lotala-Versammlungshaus an. Ich sollte mich ausgerechnet neben unseren Pastor setzen. Er war von Frauen umringt und sah aus wie die Made im Speck. Als das Essen serviert wurde, setzte sich ein junges Mädchen vor ihn und fächelte die Fliegen von seinem Palmenkorbteller fort.

Zu jedem guten Fest gehörten auch Kalauer. Es war ein humoristisches Ritual: Jemand stand auf und gab eine kleine Anekdote zum Besten, über die sich die anderen vor Lachen ausschütten konnten. Die tokelauische Lachparade hatte eine lange Tradition und war faszinierend, auch wenn ich wenig verstand. Es folgten die üblichen Redebeiträge. Was mir so monoton vorkam, erfüllt in Tokelau eine wichtige Funktion: Stets die gleichen Phrasen, Schlüsselsätze und Ermahnungen werden von alt zu jung als moralischer Leitfaden der Generationen weitergegeben.

Eine Frau übersetzte mir die Rede von Hamu, Atafus Ältestem. »Die Mütter müssen strenger sein«, sagte der zahnlose Mann mit der dunklen Sonnenbrille, »Es ist nicht gut, dass die Kinder abends bei der Disco auftauchen und zugucken, obwohl das verboten ist.« Hamu deutete eine kräftige Ohrfeige an. »Sie müssen gehorchen und auf die Älteren hören. Sonst verlieren sie den Respekt.«

Abends gab es Volkstanz. Eine Gruppe Männer trat gegen eine Gruppe Frauen an, immer abwechselnd ein Lied. Die Gesänge und Tänze der Männer waren übers Fischen, die Darbietungen der Frauen allesamt biblisch. Ich versuchte, die grazilen Handbewegungen nachzuahmen und wiegte mich sanft mit. Auch Graham, der Elektriker aus Neuseeland, tanzte auf der Männerseite. Er machte es gut, gab sich jede Mühe, ausdrucksstark herüberzukommen und schloss sogar die Augen beim Tanzen. Die älteren Frauen kicherten über ihn.

Am nächsten Morgen klapperte es bereits um halb sieben durchs Dorf. Ich ging zum Sportplatz. Da hatten sich alle Frauen versammelt, in langen bunten Kleidern, mit Blumenkränzen und Gitarren. Rosa und Nua sangen und tanzten, die anderen klatschten im Takt. Es herrschte Karnevalsstimmung. Ein langer tanzender und musizierender Zug setzte sich durchs Dorf in Gang. Am Lotala-Haus erwarteten uns die Männer des Dorfes mit Frühstück: ein steinhart gekochtes Ei, Grillwürstchen und Krapfen. Der Pastor spazierte wie ein Gockel zwischen den kauenden Frauen auf und ab und machte einen Witz nach dem anderen. Die Frauen lachten, er strahlte mehr denn je. Muttertag schien wie für ihn gemacht zu sein.

Sina saß am Rande des Treibens. Sie sah heute ernst und gedankenverloren aus, ein Fremdkörper in dem fröhlichen Trubel. Ich setzte mich zu ihr. »Ich habe etwas Heimweh«, sagte sie. »Komisch, ich war diejenige, die unbedingt hier hin wollte und musste damals Setu überreden. Und jetzt will er nicht mehr weg, aber ich bin unzufrieden.« Sie drückte ihrer kleinen Tochter einen Krapfen in die Hand und strich ihr über die Haare.

Ich hatte auch Heimweh, zum ersten Mal. Dafür kam es umso heftiger. Meine Schwester Franziska feierte an Pfingsten in Hamburg ihre Hochzeit. Dass ich nicht dabei sein konnte, ging mir näher, als ich je für möglich gehalten hätte. Ich verfiel wieder ins Phlegma. Den ganzen Tag saß ich herum und starrte Löcher in das Stückchen Himmel und Kokospalmen, das ich vom Sofa aus über den halbhohen Gardinen sehen konnte. Das Leben draußen interessierte mich nicht mehr und zog an mir vorbei. Ich war wie in einer Winterstarre, aber bei tropischen Temperaturen. Als es dunkel und der Strom an war, setzte ich mich in der Klinik an den Computer und wollte Franziska eine Glückwunsch-E-Mail schreiben. Frank hatte Musik heruntergeladen. Ich klickte sie an. Als die Mavericks »Dancing the night away« sangen, brach das Eis in mir und entlud sich in einem Schwall von Tränen. Ich hatte den totalen Tiefpunkt erreicht. Apathisch, unglücklich, heulend. Draußen hörte ich die Nachtschwestern murmeln und wünschte mich weit, weit weg. Das Gefühl, etwas zu verpassen, das ich nie mehr im Leben nachholen konnte, war gewal-

© Anke Richter

Jaspers Kindergarten

© Damian Welch

Ein Dinghi auf Spazierfahrt.

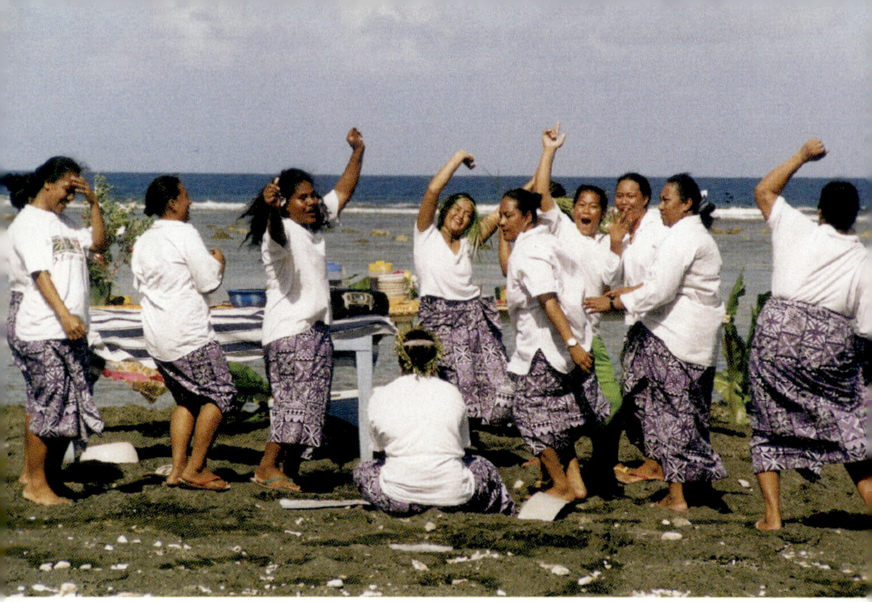

© Anke Richter

Nach dem Wettfischen feiern die Frauen am Ufer.

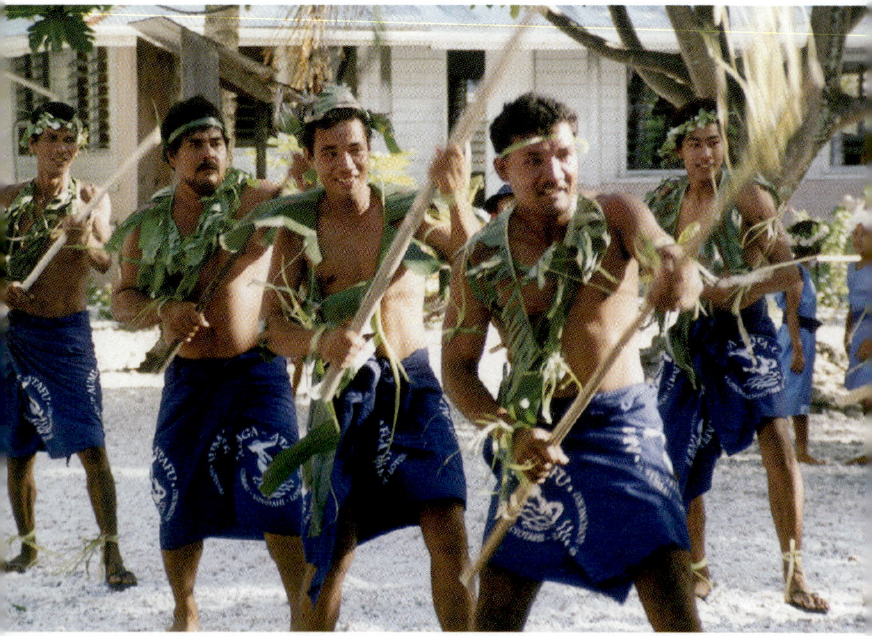

© Anke Richter

Traditioneller Tanz zu Ehren des französischen Botschafters.

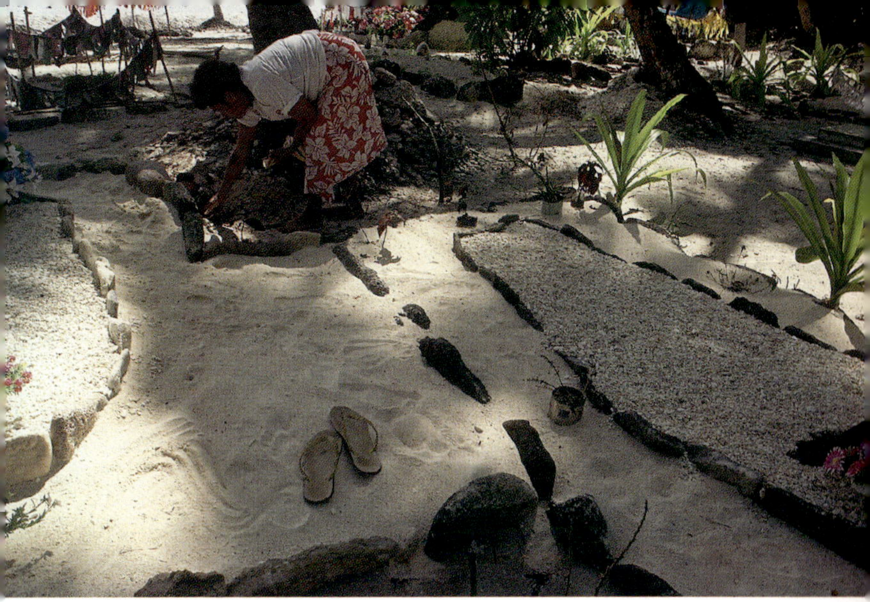

© Arno Gasteiger

Der Friedhof von Atafu.

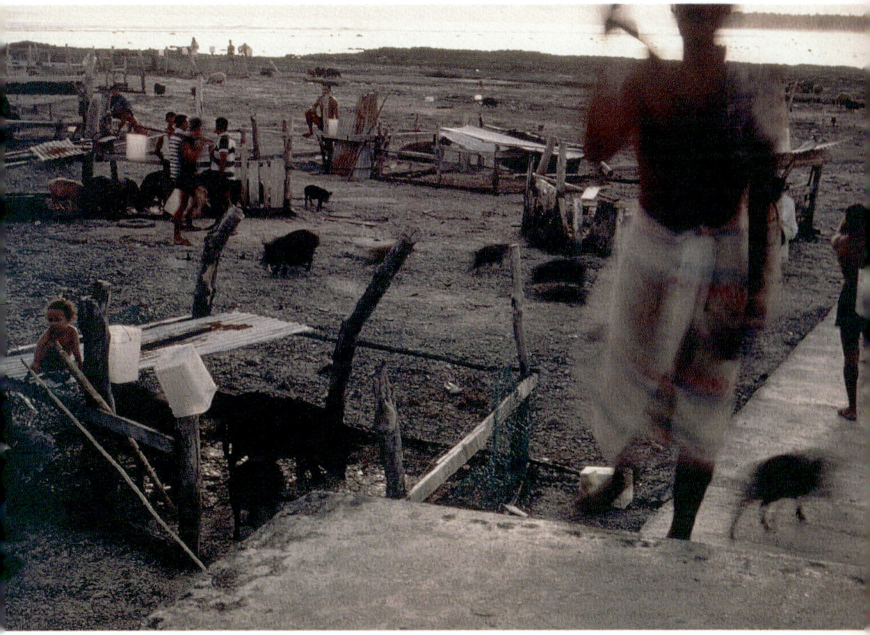

© Arno Gasteiger

In Fakaofo leben die Schweine auf dem Riff.

© Arno Gasteiger

Volleyballspieler vor der Kirche von Nukunonu.

© Anke Richter

Latrinenhäuschen am anderen Ende der Lagune.

tig. Ich wollte mitfeiern und verfluchte diese kleine Insel, die mich davon abhielt, jetzt dort zu sein, wo ich an diesem Abend tausendmal lieber gewesen wäre.

Frank überredete mich, mit ihm zur Disco zu gehen. Ich raffte mich auf und zog einen engen Rock an, der meinen mittlerweile deutlich runden Bauch umspannte. Im Lotala-Versammlungshaus tanzten die üblichen Pärchen. Die Einzige, die aus der Reihe fiel, war Ave. Alleine und wie entrückt taumelte sie über die Tanzfläche. Ihr aufgehellter, üppiger Haarschopf wirbelte unkontrolliert hin und her, die Arme zuckten. Der Spagetti-Träger ihres Hemdchens verrutschte und gab den tätowierten Namen frei. Hinter den Fenstern versammelten sich immer mehr Kinder und Jugendliche. Sie starrten Ave an und kicherten über sie. Als sie sich erschöpft auf einen Stuhl fallen ließ, setzten sich sofort zwei Männer links und rechts wie Anstandswauwaus neben sie. Ave ignorierte sie völlig. Ich versuchte, sie anzulächeln, aber sie guckte durch mich hindurch.

Das Tanzen tat mir gut. Als eine samoanische Schmusenummer ertönte, hielt mich Frank auf der Tanzfläche in den Armen. Ich schloss die Augen und stellte mir vor, ich würde gerade mit ihm auf Franziskas Hochzeit tanzen. Ein schwacher Trost. Ich wiegte mich zur Musik. Plötzlich hatte ich das Gefühl, dass auch auf mich gestarrt wurde. »Mein Bauch«, dachte ich. »Als Schwangere geht man nicht tanzen.«

Am nächsten Tag in der Kirche wurde mir nach der Predigt schwummerig. Erst ein flaues Schwindelgefühl, dann ein immer lauteres Sausen in den Ohren. Vor meinen Augen verschwamm das Kirchenschiff. Ich merkte, dass ich gleich in Ohnmacht fallen würde. Das löste zusätzlich Panik in mir aus. Vielleicht war das der Anfang einer Fehlgeburt? Ich keuchte und nahm meinen Hut ab. Frank fächelte mir Luft zu. »Soll ich das Motorrad holen?«, flüsterte er besorgt. Ich konnte mich nicht auf eine Antwort konzentrieren, nur gegen den Schwindel ankämpfen. Jemand reichte mir von irgendwo eine Tasse Wasser. Ich befeuchtete mein Gesicht, und langsam wurde es besser.

Ein Anruf aus Deutschland brachte Kreislauf und Stimmung schlagartig wieder nach oben. Meine Freundin Claudia aus Hamburg wollte mich besuchen kommen. Es war eine aufregende Nachricht. Bei unserer Abfahrt hatte unsere Devise noch gegolten: »Bitte keinen Besuch«. Wir wollten uns während unseres Ausstiegs auf Zeit nur auf uns und das Leben vor Ort konzentrieren. Außerdem war es niemandem zuzumuten, so lange bei uns ausharren zu müssen, bis Wochen später das Boot kam – und eventuell noch den Rückflug zu verpassen. Doch plötzlich tat sich eine Verschiebung im Bootsplan auf, die einen Zehn-Tages-Trip ermöglichte. Claudia hatte Urlaub, wollte schon immer in die Südsee und war wild entschlossen zu kommen. Eine unglaubliche Vorstellung. Hamburg war in meiner Erinnerung ein ferner Planet, und meine Kollegen dort gingen seltsamen Jobs in Redaktionen nach, zu denen auch ich in grauer Vorzeit mal gehört hatte. Meine 17 Berufsjahre kamen mir wie die Vergangenheit eines anderen Menschen vor.

Immer wieder korrigierten Frank und ich die Liste der Dinge, die Claudia mitbringen sollte. Am wichtigsten waren für uns Zeitungen und Bücher, denn mit unserem mitgebrachten Lesestapel waren wir fast durch. Neue T-Shirts für uns alle, Gummibärchen für Jasper (und mich, wenn ich ehrlich war), Nähnadeln, Spaghetti, Vitam-Paste aus dem Reformhaus, Gewürze, CDs – und eine Taschenbibel für Frank, damit er in der Kirche was zum Lesen hatte. Sein erklärtes Ziel war, die Heilige Schrift einmal intus zu haben, wenn wir Tokelau verließen. Seit er den japanischen Philosophen Sunzu gelesen hatte, einen Meister des Kampfes, wusste er: Man muss den Feind kennen. Ich hatte andere Sorgen. »Hoffentlich wird das neue Haus noch fertig, bevor Claudia kommt«, sagte ich. »Sonst wird es verdammt eng hier drin.«

Die Schwangerschaftsvorsorgeuntersuchung stand an. Einmal im Monat war ich Patientin im Lomaloma-Hospital. Viel war da nicht zu machen: Auf die Waage steigen, Gewicht eintragen, Blutdruck messen, mit einem Emaillebecher aufs Klo und im Urin den HB-Wert messen. Dann legte ich mich auf die Liege im Sprechzimmer, und Schwester Nua tastete mit erfahrenen Händen meinen Bauch ab. Ihr konzentrierter Gesichtsausdruck, der warme Druck ihrer Finger und das anschließende Nicken ersetzten für mich die Ultraschalluntersuchung. »Lelei«, sagte sie mehrmals, was soviel wie »in Ordnung« heißt, und strahlte mich mit ihrem breiten, mütterlichen Lächeln an, »Lelei, Anke!« Ich fühlte mich bestens aufgehoben. Das Einzige an Baby-Technik war ein altmodisches kleines Gerät, mit dem man die Herztöne hören konnte. Ein Schallsensor kam auf meinen Bauch, der Apparat summte und fiepte, und dann hatte Nua den Ton eingefangen: Ein schnell pulsierendes Tappen und Klopfen, wie das ferne Galoppieren eines Fohlens. Da war es wirklich, mein Baby.

Von: Frank Küppers [anke_frank@clear.net.nz]
An: Alle
Datum: Mittwoch, 20. Juni 2001
Betreff: Sündenfall im Paradies

Es gibt hier einen neuen stellvertretenden Schuldirektor. Möglicherweise mangels Alternativen ist das ein Mitte 30-jähriger Säufer, der eigentlich ständig unangenehm auffällt. Nun begab es sich, dass besagter Timo eines Nachts um die Klinik schlich, letztlich im Medikamentenlager verschwand und dann unbemerkt nach Hause wollte. Das verhinderte aber der Mann der Nachtschwester mit einer geraden Rechten. Unter dem Lavalava des Delinquenten fanden sich Kaugummis gegen Sodbrennen — was für ein Depp! Wahrscheinlich wollte er Pilzsalbe, denn die ist knapp, heiß begehrt und daher ausgelagert, weil auch die Schwestern den Kram lieber zu Hause für die eigene Familie horten, wenn es eng wird. Der Dorfpolizist musste kommen, der Ältestenrat tagt, und ich soll mich zu dem Vorfall äußern. Davon hängt wohl maßgeblich die Bestrafung ab, denn Timo hat nicht nur gegen etliche Dorfgesetze verstoßen, sondern vor allem den Palagi ein nicht perfektes Tokelau präsentiert. Und das wiegt schwer. Und so sitze ich mit Sonnenbrille in der pazifischen Sonne am PC und brüte wie ein alter Pate über meiner Stellungsnahme und damit dem Schicksal des Noch-Direktors. Daumen hoch oder Daumen runter? Medikamentendiebstahl wiegt schwer in so einer isolierten Gegend.

Ach ja, und wie es sich für den Paten gehört, wohnen wir endlich standesgemäß im neuen, großen Haus direkt an der Lagune. Die Veranda hat einen Million Dollar View. Ich habe letztlich doch über den Bürgermeister Patuki gesiegt, und er muss auch noch mit verkniffenem Gesicht zusammen mit den Ältesten und dem Pastor offizielle Reden schwingen, denn das Haus wird gesegnet und von den Ältesten eingeweiht, bevor es jemand überhaupt betreten darf.

Aber Timo? Ich denke, Daumen runter — Gruß,

Don Frank

Ab jetzt konnten wir dem Sonntag endlich seine guten Seiten abgewinnen. Seit unserem Umzug fanden wir den Tag des Müßiggangs herrlich: ausruhen, stundenlang lesen, dazwischen einen Happen essen. Das Wort »Langeweile« hatte eine andere Qualität bekommen. Nach der Kirche legten wir die

Matratzen unserer Betten auf die Veranda und rührten uns aus Pulverkaffee einen Eiskaffee. Wir hatten nicht nur ein neues Haus, sondern auch nagelneue Strohhalme: Freunde hatten uns ein Überraschungspäckchen geschickt. Wir schauten auf die Lagune und wussten, dass uns die nächsten Stunden niemand stören würde, von Jasper mal abgesehen. Zum Glück waren in dem Päckchen auch CDs für ihn gewesen. Damit war der Sonntag gerettet. Danny und Luta saßen vor den Mini-Lautsprechern des Discman und sangen deutsche Kinderlieder mit, die sie nicht verstanden. »Was heißt ›good bye‹ auf deutsch?«, wollte der sprachbegabte Danny wissen. Jasper verstand nicht »good bye«, sondern »good boy«. Mittlerweile konnte er auch ein wenig Englisch. »Guter Junge!«, übersetzte er. Danny sprach es nach: »Guter Junge«. Ich hatte diese kleine Sprachlektion nicht mitbekommen und wunderte mich am nächsten Tag, als ich durchs Dorf lief. Eine Gruppe Kinder rief mir auf Deutsch hinterher: »Anke, guter Junge!« Sie winkten. »Guter Junge!«

Samstags ging Jasper oft in Dannys Haus Videos gucken. Wir kannten das Sortiment der Kassetten, die über die Insel zirkulierten: Kung-Fu-Streifen und brutale Action-Filme. »Bitte seht euch nur etwas für Kinder an«, schärfte ich Danny ein, als sie zu seinem Haus loszogen. Er nickte. »Wir gucken ›Ein Schweinchen namens Babe‹«, beruhigte er mich. Zwei Stunden später kam Jasper wieder. Er wirkte etwas verstört. »War der Film schön?«, fragte ich ihn. Er schüttelte den Kopf. »Warum denn nicht? Der war doch sicher lustig?«, bohrte ich weiter. »Gar nicht«, sagte er trotzig. »Da waren Männer mit Schwertern und die haben ein Kind genommen und ihm den Kopf abgehauen. Fand ich gar nicht schön.« Er verzog das Gesicht und verschwand in sein Zimmer. Ich musste ihn trösten.

Später kam Danny dazu. »Warum habt ihr denn nicht ›Ein Schweinchen namens Babe‹ geguckt?«, stellte ich ihn zur Rede. »Du hast es mir doch versprochen.« Danny zuckte die

Schultern. »Meine Mutter ist Sieben-Tages-Adventistin, und weil heute Samstag ist, wollte sie, dass wir lieber ein christliches Bibel-Movie ansehen.« »Ein Bibel-Movie?«, wiederholte ich ungläubig. »Aber der Film war doch ganz brutal!« Danny verstand meine Aufregung nicht. »Er heißt ›Die Flucht aus Ägypten‹. Alles so, wie es in der Bibel steht. Du weißt doch, wo Herodes die kleinen Kinder in Bethlehem töten lässt.« Ich musste trotz allem grinsen. Die Vorstellung war bizarr. Ein Bibel-Movie!

13 Scheint die Sonne

Ki te la

Jeder Mensch auf Atafu hatte früher oder später Läuse. Wir auch. Dadurch, dass Jasper in den Kindergarten ging, war eine Übertragung nicht zu verhindern. Immer öfter kratzten wir uns die Köpfe. Manueta mit ihrem geschulten Blick war es, die Jasper ein mikroskopisch kleines Krabbeltierchen aus den Haaren zog und es zwischen den Fingern zerdrückte. Es knackte deutlich. »So musst du das machen«, sagte sie zu mir. Maina und Nancy, die Hilfsschwestern, saßen oft auf den Stufen vor der Klinik und durchsuchten sich gegenseitig die Kopfhaut. Ein Läusemittel gab es nicht. »Das bringt hier nichts«, meinte Manueta, »die kommen alle wieder. Wir leben einfach damit.« Haare waschen half nicht, im Gegenteil: Je sauberer die Kopfhaut, desto besser konnte die Laus ihre Nahrungsquelle, das Blut, anzapfen. Mich machte das Gefühl, dass da lebende Wesen auf meinem Schädel gastierten, fast wahnsinnig. Frank fand im Medikamentenschrank eine hochpotente Creme gegen Krätze, die er sich auf den Kopf schmierte und wieder auswusch. »Damit kann man auch Giftgaseinsätze machen«, alberte er. Er war die Plage los. Für mich kam die Behandlung wegen meiner Schwangerschaft nicht in Frage. Jaspers Haare rasierten wir komplett ab. Solch eine radikale Prozedur wollte ich mir ebenfalls ersparen. Meine Haare trug ich seit Jahren schulterlang. Ich versuchte es mit Essig-Bädern und mit Teebaumöl. Einen Tag war Ruhe, dann begann das Jucken wieder. Jeden Abend und jeden Morgen kämmte ich mir penibel jede einzelne Haarsträhne mit einem Läusekamm aus, den Tala aus Apia geschickt hatte. Meistens war der Kamm sauber, aber der Kopf juckte immer noch. Es dauerte Wochen, bis endlich das letzte kleine Biest sein Versteck aufgab. »Knack« machte es zum Abschied.

Die 15-jährige Vonni, einer von Franks Fans, kam an einem trägen Nachmittag mit Heften unterm Arm die Treppe zur Veranda hoch. »Bitte nicht schon wieder Hausaufgabenhilfe«, dachte ich. Ich wollte lieber weiterlesen. Seit Tagen ließ mich Keri Hulmes Buch »Unter dem Tagmond« nicht mehr los. Es war die Geschichte eines schwierigen Jungen, der von seinem Vater, einem Maori, brutal misshandelt wird. Aus falsch verstandener Liebe und Hilflosigkeit, so stellte es die neuseeländische Autorin plausibel und drastisch dar. Die immer unkontrollierteren Wutausbrüche und Bestrafungen lassen den Jungen am Ende mit schweren Hirnverletzungen zurück. Es war stellenweise unerträglich, das Buch zu Ende zu lesen.

Vonni wollte keine Matheaufgaben lösen. »Wir führen morgen im Unterricht eine Debatte«, sagte sie. »Das Thema ist Abtreibung – sollte sie legal sein oder nicht?« Ich war überrascht. Solch ein fortschrittliches Thema hatte ich der Schule nicht zugetraut. Vonni wollte sich Hilfe für ihre Argumente holen. Ich sprach sie mit ihr durch. Sie schlug vor: »Komm doch morgen mit in unseren Unterricht.«

Die Lehrerin, eine korpulente wie kluge Frau namens Toloa, freute sich über meinen Besuch. Ich sollte mich vorne neben sie setzen. Sie erklärte mir kurz das Prozedere: Eine Vierergruppe war die Pro-Abtreibung-, die andere die Contra-Seite. Emma, die erste Rednerin der Pro-Gruppe, fing an. »Eine Frau sollte eine Abtreibung machen, damit ihr Leben nicht in Gefahr ist«, sagte sie. »Deshalb ist es besser, das Baby zu töten.« Das klang wirklich nicht sehr überzeugend, fand ich. Vonni stand auf und trat vor die Klasse. Sie gehörte zur Gegenseite und konnte besser formulieren. »Niemand hat das Recht, das Leben zu nehmen, das Gott geschenkt hat. Das ist gegen Gottes Gesetz«, sagte sie. Der Papst hätte seine helle Freude an ihr gehabt. »Man kann sein Kind auch zur Adoption freigeben, wenn man es nicht will. Und wenn Abtreibung legalisiert wird, dann werden Tausende von Teenagern einfach abtreiben.« Emma war in der nächsten Runde wieder dran. Auch diesmal war ihr Argument unbeholfen und eher eines für die Gegenseite. »Wenn eine Frau ein Mädchen bekommt, aber lieber einen Jungen will, dann kann sie das Baby wegmachen lassen. Deshalb sollte Abtreibung legalisiert werden.« Ich schluckte. Die Lehrerin fasste die Argumente zusammen und bat den Rest der Klasse, darüber zu diskutieren. Nur zwei Schülerinnen meldeten sich, und ihre Beiträge klangen fast identisch: Als Christ dürfe man nicht abtreiben, weil es gegen Gott sei. Das Kind hätte ein Recht zu leben.

Toloa bat mich, doch auch etwas zum Thema zu sagen. Mal wieder war ich froh, dass ich bereits Mutter war. Das erhob mich in Tokelau in einen Stand, in dem mir deutlich mehr Respekt gezollt wurde. Als kinderlose Frau hätte ich es schwerer gehabt, ernst genommen zu werden. Ich legte die Hände auf die sichtbare Rundung, hinter der mein Baby schlummerte, und durfte endlich all das loslassen, was ich bei der Diskussion auf der Pro-Seite so vermisst hatte: Dass Verhütungsmittel nicht immer schützen. Dass Überbevölkerung zu den größten Problemen der Erde zählt. Dass in den Ländern, wo Abtreibung verboten ist, mit die höchsten Abtreibungsraten herrschen. Dass dort nach wie vor Frauen durch selbst gemachte Abtreibungen sterben, verletzt oder unfruchtbar werden. Dass es zu viele vernachlässigte, misshandelte und gequälte Kinder von Eltern gibt, die keine Kinder gewollt hätten. Und so weiter. Alle klatschten laut für mich. Ich spürte mein Baby strampeln. Dann ließ die Lehrerin die Klasse abstimmen: Für oder gegen das Recht auf Abtreibung – wer hatte die Debatte gewonnen? Alle Stimmen waren »no« – dagegen.

Toloa nahm mich nach der Stunde mit zur Teepause. Wir

saßen vor dem Lehrerzimmer. »Wie denkst du denn über Abtreibung?«, wollte ich wissen. Meine Meinung war ja vorhin mehr als deutlich geworden, aber die Lehrerin hatte sich völlig neutral verhalten. Sie sah mir direkt ins Gesicht. Ihre Stimme klang fest. »Ich bin eine gebildete und emanzipierte Frau. Selbstverständlich meine ich, dass Abtreibung legalisiert sein sollte. Aber das werde ich hier nicht laut sagen. Ich bin sicher die Einzige, die so denkt.« Die Reaktion in meinem Gesicht ermutigte sie. In den nächsten Minuten erfuhr ich mehr über Atafu als in einem ganzen Monat zuvor. Toloa war Samoanerin. »Die Tokelauer hassen uns«, stellte sie trocken fest. Ihren Mann, einen Tokelauer, lernte sie während ihrer Ausbildung in Neuseeland kennen. Er sollte mit einer Einheimischen verheiratet werden, sie mit einem Samoaner. Sie entschieden sich für ihre Liebe und heirateten. Als Toloa im dritten Monat schwanger war, zog sie mit ihrem Mann auf sein Heimat-Atoll Atafu. »Seitdem habe ich nur Ablehnung von seiner Familie gespürt, von Anfang an. Seit 15 Jahren kämpfe ich dagegen an.« Auch die anderen würden sie meiden, sie bewusst von Informationen fernhalten. Nach dem Muttertag wäre ein Tag schulfrei gewesen, aber keiner hätte sie davon informiert. Sie sei eine der dienstältesten Lehrerinnen, aber würde stets übergangen, wenn es um die Nachfolge der Direktorin ginge. Und sie sei die einzige Lehrerin, die es rundum ablehnte, Kinder in der Schule zu schlagen. Damit waren wir bei dem Punkt, der mich am meisten beschäftigte. »Aber offiziell ist die Prügelstrafe doch längst abgeschafft«, hakte ich nach. Toloa gab mir Recht. Die Wirklichkeit sähe aber anders aus. Viele Lehrer wüssten sich einfach nicht anders gegenüber der Klasse durchzusetzen. Und es gäbe genug Eltern, die ausdrücklich darum baten, dass ihre Kinder mit Schlägen bestraft würden. Darüber sei sogar auf einem Elternabend abgestimmt worden. »Wenn ich auf der Lehrerversammlung aufstehe und sage, dass in der Schule nicht geschlagen werden darf«, sagte Toloa, »dann lachen meine Kollegen über mich.« Und der für das Schulwesen verantwortliche Direktor Elias? »Der ist der Schlimmste. Er findet Prügel richtig. Deshalb durfte er in Neuseeland nicht mehr unterrichten.«

Meine Feindbilder hatten sich um eine Person erweitert. Ausgerechnet Elias, der Mann mit dem unschlagbaren Humor, der auf hohem Niveau tokelauische Tradition verkörperte. Wir wurden von ihm zu einem Schulausflug dazugeladen. Die Klassen samt Eltern besuchten eine unbewohnte Insel, an deren Rand eine Muschel-Farm entstehen sollte. Wir setzten auf Motorbooten über. Der Direktor, ganz im Amt, hielt die Ansprache. Er bückte sich und griff in die zerkrümelte Koralle zu seinen Füßen. »Diesen Sand hier« – Elias hielt die Hand hoch – »könnt ihr anfassen und sagen: ›Das ist die Erde meiner Vorfahren.‹« Er blickte in unsere Richtung und lächelte süffisant. »Das können die Palagi in ihrem Land nicht.« Wir lächelten zurück. Wir sangen und beteten. Jede Familie hatte etwas fürs Picknick mitgebracht. Jimi, der clevere Klempner, hatte eine ganze Lammkeule gekocht, seine Frau packte Kartoffelsalat aus. Zuerst reichte sie dem Pfarrer einen gefüllten Teller, bevor sie ihre Familie bediente. Wir saßen neben ihr und der jüngeren Tochter Mehepa, die immer gerne zu uns ins Haus kam, sehr neugierig und anhänglich war. Ich fragte sie, wie denn die Prüfung in der Schule gelaufen sei. Die 13-Jährige bekam im Gegensatz zu sonst den Mund nicht auf, guckte mich nur an und zuckte die Achseln. Dafür antwortete ihre Mutter. Erst da begriff ich, wie unhöflich es war, mit der Jüngsten in der Runde ein Gespräch zu beginnen. Das Mädchen war es nicht gewohnt, dass ein Erwachsener aus Interesse das Wort an sie richtete. Und sie war zu wohlerzogen, um einfach vor der Mutter zu antworten.

Die Schüler gingen schwimmen. In nassen weißen Shorts und T-Shirt kam Mehepa aus dem Wasser zu uns. Unter dem jetzt durchsichtigen Stoff schimmerte ein Bikini durch. Ihre Mutter sah sie entsetzt an, sagte etwas Strenges und warf ihr einen Lavalava zu. Schnell wickelte Mehepa sich in das Tuch ein und guckte beschämt. Sie tat mir leid. Für die Jugendlichen musste die ständige Kontrolle besonders hart sein. Sie bekamen durch Videos und Besuche genug von der Welt außerhalb mit, um zu wissen, welche Freiheiten Teenager anderswo genossen. Aber es fehlte ein Sprachrohr, das ihrer Generation oder rebellischen Gedanken Ausdruck verlieh. Sie wuchsen mit Britney Spears im Ohr auf, aber waren zum Bravsein verdonnert. Es war nicht damit getan, den Vorschlag zu befolgen, den ich vor kurzem in der Sitzung des Frauenkomitees gehört hatte: »Die jungen Mädchen können doch Fächer als Dekoration fürs Versammlungshaus flechten. Dann haben sie etwas Sinnvolles zu tun.«

Die Schulklassen brachen auf, wir packten die Picknickreste ein und stiegen wieder in die Boote. Ein paar Jungen stromerten noch als Letzte zwischen den Palmen umher. Elias rief sie zu sich und versetzte jedem mit einem Zweig ein paar Schläge auf den Hintern. Ich fand ihn keine Spur mehr lustig.

Jasper war verliebt. Tahe war Manuetas Tochter, so alt wie er und zum Fressen süß. »Sie hat so ein schönes Gesicht!«, sagte er zu mir. Er schenkte ihr den türkisfarbenen Panzer eines Krebses, den er am Strand aufgelesen hatte, und fing sie am Wegrand ab, um mit ihr zum Kindergarten zu laufen. Doch eines Tages wollte er morgens nicht mehr in den Kindergarten gehen. Eine Kindergärtnerin hätte ihm mehrfach mit Ohrfeigen gedroht und sogar einen Klaps auf den Hintern gegeben, weil er mit seiner Freundin bei einem Spaziergang in die Büsche ausgebüxt war. Eine andere würde die Kinder mit dem Besen pieken. Jasper hatte Angst vor ihr. »Niemand darf dich hauen«, beruhigte ich ihn. Ich versprach ihm, mit den beiden zu reden. Der Vorstoß fiel mir nicht leicht. Ich wollte die Frauen, die ich immer als resolut, aber herzlich empfunden hatte, auf keinen Fall belehren. Aber in diesem Fall war mir Jaspers

Wohl wichtiger. »Entschuldigung«, sagte ich zur jüngeren Erzieherin und erklärte ihr mein Problem. »Wo wir herkommen, da kriegen Kinder keine Ohrfeigen von anderen Erwachsenen. Ich weiß, dass ihr es gut meint, aber Jasper ist das nicht gewohnt. Er hat Angst.« Sie schaute mich mit großen Augen an. »Ich habe Jasper nie angefasst«, sagte sie. Ich glaubte ihr sogar. Klapse auf Kinderpopos waren in Tokelau so allgegenwärtig, dass sie nicht als Schläge galten. Dann entschuldigte sie sich, wahrscheinlich ohne zu wissen wofür. Ich entschuldigte mich ebenfalls. Eine andere Kindergärtnerin, die für die Allerkleinsten zuständig war, hatte unser Gespräch gehört. Sie lächelte mich an und sagte: »Nein, es ist richtig, was du sagst. Wir können davon lernen.« So hatte ich das gar nicht gemeint. Ich wollte vor allem, dass Jasper wieder in den Kindergarten ging.

Auch Frank hatte sein Lieblingsthema, über das er sich aufregen konnte. Alle paar Monate stand eine Hausinspektion für jeden im Dorf an. Die Krankenschwestern führten sie durch, um die hygienischen Zustände zu überprüfen. Grundsätzlich war die Idee nicht verkehrt: zu schauen, dass keine Babywindeln die Toiletten verstopften und jedes Kind ein eigenes Handtuch und eine Schlafstelle hatte. Über die Jahre war die Inspektion aber mehr in einen Wettbewerb ausgeartet, wer das am schönsten herausgeputzte Haus vorweisen konnte. »Die jungen Frauen können dabei lernen, wie es bei den anderen aussieht und wie man sich hübsch einrichtet«, erklärte mir Manueta. Selbstverständlich würde auch unser Haus begutachtet werden. Ich fand die Vorstellung eher komisch als bedrohlich. Aber Frank ärgerte sich. Das letzte Mal in seinem Leben hätte er sein Zimmer bei der verhassten Bundeswehr inspizieren lassen müssen und sich damals geschworen: »Nie wieder.« Der Besichtigungstrupp, der uns demnächst drohte, hieß bei ihm jetzt nur noch »die Stasi«. Wir putzten die Glaslamellen der Fenster, fegten alle Ecken, wischten und schrubbten das Klo. An dem Tag, als die »Stasi« von Haus zu Haus zog, blieb Frank demonstrativ weg. Ich saß mehrere Stunden in der gewienerten Bude und wartete. Das Frauen-Komitee hatte sich in drei Stoßtrupps aufgeteilt, mit jeweils einer Krankenschwester vorweg. Endlich klopfte es. »Dürfen wir eintreten?«, fragte Manueta, der das Ganze sichtlich peinlich war. Die fünfköpfige Parade mitsamt der »Schranze« stapfte an mir vorbei ins Wohnzimmer. Manueta warf einen kurzen Blick ins Klo. Die anderen standen um eine blaugemusterte Strohmatte und diskutierten angeregt. »Wer hat euch die geschenkt?«, wollte eine Frau mit unverhohlener Neugier in der Stimme wissen. Hilfsschwester Epe stand neben mir in der Küche und kommentierte unser nie benutztes Teeservice, das uns zum Einzug vom Gesundheitsminister spendiert worden war. Ich konnte sie nicht verstehen, da sie in ihrer Sprache sprach, aber es klang anerkennend bis neidisch. Somit hatten die albernen Schnörkeltassen doch noch ihren Zweck erfüllt: Wir hatten den »Unser Haus soll schöner werden«-Test bestanden.

Andere dagegen nicht. Die Durchgefallenen wurden beim anschließenden gemeinschaftlichen Mittagessen im Versammlungshaus benannt. Das gab böses Blut. Am nächsten Tag schrieben die gerügten Frauen einen Brief an das Krankenhaus und wehrten sich gegen die Beschuldigung, nicht genug geputzt zu haben. Manueta schrieb zurück: Für diese Angelegenheit sei nicht sie, sondern das Frauenkomitee zuständig. Womit es wieder einen neuen Tagesordnungspunkt auf deren Versammlung am kommenden Dienstag gab.

Es hatte bereits zum Abendgebet gebimmelt, als ich mit Vitales Frau Malae vom Friedhof Richtung Dorf zurückschlenderte. Sie hatte gerade kurz mit Ionatano, dem erwachsenen Sohn von Klempner Jimi, gesprochen. Er war einer der sportlichsten und attraktivsten Männer, aber fiel mir erst auf, als ich einmal seine Sprüche hörte – schlagfertig, fast schon zynisch. »Wir sind einfach gut befreundet«, erzählte mir Malae. »Ich kann mich mit Ionatano über vieles unterhalten. Die anderen Frauen machen dann manchmal ihre dummen Bemerkungen, aber das ist mir egal.«

Malae wohnte am entgegengesetzten Ende des Ortes, aber wollte noch kurz bei ihrer Schwester reinschauen. Am Sportplatz saßen zwei alte Männer. Ich hatte bisher nie wahrgenommen, dass sie meistens dort saßen, wenn die Jüngeren nach dem Bimmeln nach Hause zogen. »Ich frage sie lieber«, sage Malae und ging auf die Männer zu. »Wieso?«, fragte ich, »Du gehst doch nur zu deiner Schwester? Das ist doch kein Verbrechen.« Malae lachte. »Nein, ich frage besser. Es hat schließlich schon geläutet, und da sollte ich eigentlich nach Hause gehen.« Erst als die Alten nach dem kurzen Gespräch nickten, lief sie weiter.

Auf der Mauer neben dem Volleyballfeld sah ich Ave sitzen. Sie war die Letzte dort. Ihr Blick wirkte verspannt, wie verfolgt. »Hi«, sagte ich, »wie geht's? Alles okay?« Sie nickte übertrieben und guckte weiter ins Leere. Absolut verloren.

Die erste konspirative Aktion in Sachen Familienplanung bahnte sich an. Ein Paar bat um ein diskretes Gespräch mit Frank. Es kam zu uns ins Haus und interessierte sich weder für Verhütung, Abtreibung oder sexuelle Probleme. »Meine Frau kann keine Kinder kriegen«, sagte der Mann. »Wir haben schon zwei adoptierte, aber wir wollen ein eigenes.« Frank erklärte, wie man die fruchtbaren Tage mit einer Temperaturkurve berechnen kann. Beide nickten und wollten gehen. »Habt Ihr denn ein Fieberthermometer?«, fragte ich. Sie schüttelten den Kopf. Ich suchte unser Reisethermometer heraus und gab es der Frau mit.

Auch die nächsten beiden Unterredungen, die Frank von Mann zu Mann führte, drehten sich nur um ein Thema: Wie bekomme ich meine Frau am besten schwanger? Als Urologe schien er der Experte für Zeugungsprobleme zu sein. Die Kondome blieben weiter in ihrer angestaubten Schachtel.

Dann endlich kam eine junge Mutter, die glaubte, wieder schwanger zu sein. Sie wollte in der Klinik keinen Test machen, da sie das Gerede der Schwestern fürchtete. Zu Hause wurde ich für den Besuch der Frau instruiert, falls Frank gerade nicht da sei. »Guck, hier träufelst du den Urin auf das Täfelchen.« Er hatte mir ein vorsintflutliches Testzubehör aus den Klinikbeständen mitgebracht. Hilfsschwester Anke bekam noch eine Packung Anti-Baby-Pillen in die Hand gedrückt. Damit sollte die Mutter in Zukunft verhüten – für den Fall, dass der Test negativ wäre.

Die Frau traute sich erst zu uns, als es dunkel war, und sie nahm den Hintereingang, den man von der Klinik aus nicht sehen konnte. Ihr Mann wartete mit dem kleinen Sohn auf dem Arm vor der Tür. Ich fragte sie, ob sie denn noch ein Kind haben wolle. Sie schüttelte den Kopf und verschwand auf unser Klo. Frank machte den Test. Er war positiv. Wir wussten nicht, ob wir der Frau gratulieren sollten. Sie sah ratlos, aber nicht bestürzt aus. »Du hast so ein bezauberndes Kind – vielleicht freust du dich ja über noch so eines«, ermutigte Frank sie. Sie nickte und sah etwas entspannter aus. »Wenn du Fragen hast oder Hilfe brauchst, dann kannst du jederzeit zu uns kommen.« Die Frau brach auf. Frank meinte: »Ich bin ganz sicher, dass sie das Kind behalten will.«

Von: Frank Küppers [anke_frank@clear.net.nz]
An: Alle
Datum: Donnerstag, 5. Juli 2001
Betreff: Vom Fischen

Ich bin nicht wirklich ein Anglertalent. Abgesehen vom Heringspilken in der Förde, was unter Anglern als ähnlich sportlich wie Dynamitfischen angesehen wird, habe ich mich noch nicht näher damit befasst. Klar, das ist hier anders und deshalb habe ich ja auch in Neuseeland heimlich geübt und mich belesen und mit Experten unterhalten. Und vor allem einiges an Geld für eine Rute und andere Notwendigkeiten ausgegeben. Wichtig ist der richtige Bait (Köder) und das eigentliche Fischen ist Fly-fishing, alles andere ist unsportlich. Fliegenfischen! Das ist das, was man aus dem Kino kennt, wenn Robert Redford bis zu den Knien im Wasser steht und ganz besinnlich ausschaut. In Neuseeland, dem Land der größten und fettesten Forellen, sieht das ziemlich tuntig und nach rhythmischer Sportgymnastik aus. Das hab ich erst gar nicht versucht, aber auch mit Blinkern haben sich die Forellen wohl gut über mich amüsiert. In einem Fluss hat sich zumindest ein alter Aal meiner erbarmt und den Haken samt Köder verschluckt, als ich gerade pinkeln war und die Angel einfach so am Ufer lag. Da hätte die Angel auch mit Fisch futsch sein können.

Hier aber sind die Karten neu gemischt, das sind Salzwasserfische, die werden von den Forellen aus Neuseeland noch nichts über meine Stümperei gehört haben. Kili und Mui nehmen mich mit raus zum Fischen. Ob ich meine Angel und all das mitnehmen solle? »Och nö — lieber nicht.« Ein höfliches und recht mitleidiges Lächeln folgt. Sie haben ein original Outrigger-Kanu, also einen echten Einbaum mit Ausleger an der Seite. Das nicht etwa, um mir etwas Folklore zu gönnen, sondern weil die Alu-Boote zwar schneller, aber zu leicht und zu kurz sind, um sich mit drei Männern durch die Brandung hinters Riff zu wagen. Und tatsächlich, das Kanu mit Außenborder tuckert gemächlich durch die Brandung und liegt dann hinter dem Riff gemütlich im Wasser. Die Kanus, sieben bis acht Meter lang, werden aus einem in Atafu heimischen Hartholzbaum hergestellt und von den Fischern, wenn es nicht um Schnelligkeit geht, gegenüber den Alu-Dinghis bevorzugt. Jeder Mann auf Atafu ist ein Fischereiexperte und hat seine eigenen Geheimstellen, wo die Fische beißen. Kili hält auf die Nordspitze des Riffs zu, und ungefähr 100 Meter außerhalb des Riffs wird der Motor abgestellt und die Position nur noch mit Paddeln gehalten. Die Brandung donnert beeindruckend nah, scheint aber die beiden Experten nicht zu beeindrucken.

Es gibt keine Angeln und den ganzen Fiffikram, der anderswo notwendig zu sein scheint. Nur drei Rollen mit dicker Angelschnur — ungefähr wie die E-Saite einer Gitarre, aufgewickelt auf ein Stück Hartschaumplastik, rostige Angelhaken, Steine und Brotfruchtblätter. Kili weiht mich in die Kunst ein: Ein Brotfruchtbaumblatt wird auf die Knie gelegt und ein Köderfisch von der Größe eines Herings filettiert. Das Filet kommt an den Haken, der Rest des Fisches wird zerbissen und in kleinen Stücken zusammen mit Haken in das Blatt gewickelt. Auf das Paket kommt ein Stein, das Ganze wird mit der Angelschnur umwickelt und mit einem Spezialknoten versehen, der sich auf plötzlichen Zug öffnet. Das Paket wird ins Wasser gelassen und es bleibt der Erfahrung des Fischers überlassen, wie tief es im Meer versenkt wird. Kili hält 95 Yards für angemessen, Mui eher 85. Abgemessen wird in Armlängen. Ich versuche die Mitte und nehme 90 Armlängen. Allerdings sind meine Arme deutlich länger als die der anderen. Nicht so einfach das Ganze. Wenn das Paket auf der gewünschten Tiefe ist, wird kräftig an der Leine geruckt, der Stein und das Blatt versinken, die kleinen Fischstücke verteilen sich und locken den Thunfisch an, und er muss dann nur noch anbeißen. Tut er auch bei Kili und Mui. Nicht bei mir. Die Leine wird von Hand eingeholt, liegt lose im Boot, und man sieht aus der dunkelblauen Tiefe einen gewaltigen, grüngelblich schimmernden Fisch hervorschießen. An der Wasseroberfläche wird es plötzlich sehr lebendig, der Fisch springt und versucht, in die Tiefe zu gelangen, wird aber langsam und sicher näher ans Boot gezogen. Es ist ein ›Yellow Fin Tuna‹, ein gelbflossiger Thunfisch. Mit einem großen Enterhaken wird er gehalten, ins Boot gezogen und mit einem Knüppel erschlagen. Der Fisch ist ungefähr 1,30 Meter lang und ziemlich schwer. Hat man einen Hai oder Schwertfisch von gleicher Länge an der Leine, muss man höllisch aufpassen, weil die sehr gefährlich werden können. In Neuseeland hätte so ein Fang das Titelbild einer jeden Anglerzeitschrift geziert, aber Kili sagt: »Geht so, mittelgroß.« Das Manöver hätte in einem Alu-Dinghi mit Sicherheit zum Kentern geführt.

Drei Stunden später sind drei solcher Tuna an Bord, zwischendrin wird geschwiegen und der Anblick des Palmenstrandes genossen. Kili deutet auf sein Atoll und meint: »Schön, oder?« Er lebt mit kurzen Unterbrechungen seit Ewigkeiten hier und ist fast täglich auf dem Wasser, immer noch kann er sich offenbar an seiner Insel nicht satt sehen. Beneidenswert!

Die Gespräche sind typischer Boys' talk. Der eine bezichtigt den anderen, ein Schwerenöter zu sein, und es wird diskutiert, wo auf der Welt die Mädchen am schönsten sind. Kili findet Taiwan, Mui eindeutig Tokelau, und ich mag mich da nicht so recht festlegen. Es ist schon ein wenig unhöflich von den Fischen, meinen Haken zu verschmähen. Plötzlich aber reißt es mir fast die Hand ab. Kili befiehlt: »Let him go a bit, seems to be a big one.« Ich versuche immer wieder, die Schnur ein wenig einzuholen, was aber offensichtlich wütendes Ziehen in der Tiefe zur Folge hat. Nach kurzer Zeit ist kein Zug mehr an der Leine und ich hole sie ein. Haken und Köder sind weg. Kili und Amoi untersuchen das zerfranste Ende der Leine und meinen: »Shark, too big! But you know now the feeling, got a fishing tattoo?« Gemeint sind die Schnittwunden, die die Leine an der Hand hinterlässt, wenn der Fisch zu stark zieht. Viele Männer hier haben die strichförmigen Narben auf dem Handrücken. Es ist den beiden fast ein wenig peinlich, dass der Palagi leer ausgeht, aber ich verspreche, beim nächsten Mal erfolgreicher zu sein. Meine Hände haben es immerhin überstanden. Am Schluss müssen gut 80 Meter Angelschnur wieder von Hand aufgerollt werden, und das, ohne einen Knoten zu machen. Die Köder-Filets werden verspeist: Sushi, 30 Minuten im tiefen Pazifik gesalzen, schmeckt köstlich. Zurück in der Lagune wird der Fang dem Besitzer des Kanus gebracht. Er teilt den Fisch auf, keiner fischt hier nur für den Eigenbedarf. Das Stück, das wir erhalten, ist dennoch riesig — ich bin immerhin der Doktor und dabei gewesen. Auf dem Kieler Wochenmarkt wäre man locker 100 Euro dafür losgeworden. Unser Gefrierschrank beherbergt schon massig Thunfisch, und wir haben Schwierigkeiten, uns neue Zubereitungsmethoden auszudenken. Solche Probleme wünscht man sich, was?

Petri verflixt,
Frank

14 Der Meisterfischer

Tautai e

In einer guten Woche war Aumaga Day. 1939 war eine künstliche Erhebung als Quarantäne-Insel für das Krankenhaus in der Lagune aufgeschüttet worden. Die Männer des Dorfes hatten schwere Korallenbrocken Stein für Stein vom Riff zur Lagune geschleppt, eine fast unmenschliche Arbeit. »Lotomau«, das gemeinsame starke Herz – so war die Insel getauft worden. Wir sahen sie jeden Morgen beim Aufwachen aus unserem Fenster. Atafu hatte die Arbeitstruppe der Männer beibehalten und sie Aumaga getauft. Aus ihr hatte sich das ganze Inselleben, wie wir es heute kannten, entwickelt. Wenn das Schiff ankam, wurde es von der Aumaga entladen, und wenn ein Haus gebaut wurde, war die Aumaga zuständig. Wer keinen Posten im Verwaltungsbüro, bei der Telefonzentrale, im Shop oder der winzigen »Bank of Tokelau« hatte, landete automatisch nach der Schulzeit in der Aumaga und bekam 50 neuseeländische Dollar pro Woche ausgezahlt. So war jeder versorgt. Alle Einkünfte speisten sich aus dem Topf, den die neuseeländische Regierung jedes Jahr mit einigen Millionen füllte. Einmal im Jahr wurde die Aumaga geehrt: Mittwoch Gottesdienst, danach Festakt und -essen, am Abend ein traditioneller Tanzwettbewerb. Donnerstag und Freitag den gesamten Tag Kricket und am Samstag Wettfischen.

Die Männer hatten sich in zwei Mannschaften aufgeteilt, und Frank gehörte, wie alle Ärzte vor ihm, zu Puamelo – benannt nach einem Baum, der auf Atafu wuchs. Leider schien Puamelo traditionell das Kricket zu verlieren. Die Vorberei-

tungen konzentrierten sich daher voll auf den Tanz. Der grau-
bärtige Elias war der Team-Chef von Puamelo. Die Regeln
waren kompliziert: Es mussten fünf Darbietungen gebracht
werden, wobei alte Lieder und Tänze mit neuen Stücken ab-
geändert werden sollten. So wurde das Repertoire der Insel
jedes Jahr aufgestockt und erweiterte sich. Schon seit einer
Woche wurde täglich zwei bis drei Stunden geprobt, und
Frank war jedes Mal dabei, wenn er keine Patienten hatte.
Wenn Jasper nicht zu müde war, kam ich auch mit. Das Haus
einer Puamelo-Familie war für die Proben komplett leer geräumt worden. Ich ließ mich in der Ecke auf den Boden sin-
ken. Es war halb dunkel, der Raum voll mit Leuten. An den
Wänden saßen Frauen mit Kindern auf den Armen, die bald
einschliefen. Ein paar ältere Männer hockten im Schneidersitz um eine große umgedrehte Holzschublade, auf die sie
mit den Händen den Takt schlugen. Die Tänzer stellten sich
in Zweierreihen auf. Alle hoben an zu singen, auch die Frau-
en auf dem Boden, und die Männer gingen in die Knie, zogen
die Hände am Kopf vorbei, drehten sich, stampften im Takt.
Statt Strophen zu singen, wurde das Lied wiederholt, aber bei
jedem Durchgang schneller und eine Tonlage höher. Der
Rhythmus packte uns alle. Ich klatschte mit und sang. Der
Raum dröhnte und bebte, die Männer sangen aus voller Kehle, die Tänzer brüllten Kampfschreie. Es war mitreißend. Ich
war wie hypnotisiert – von dem rhythmischen Gesang, aber
noch mehr von der Stimmung, in die ich eingetaucht war.
Hier spürte ich es, das »etwas«, das Seto beschrieben hatte
und das er vorher nie gekannt hatte: Lotomau, das starke, einige Herz. Ich fühlte mich in dieser Gemeinschaft unendlich
geborgen und mitgetragen. Die schläfrigen, summenden
Frauen neben mir wiegten ihre Babys, eine reichte mir eine
Flasche mit Wasser, es war alles so selbstverständlich und
doch einzigartig schön.

Elias unterbrach die Tänze immer wieder und korrigierte.
Es wurde viel diskutiert: Welche Handbewegung ist richtig?

Die Ältesten unter den Fischern wurden herangezogen. Wenn man den King-Fisch fängt, nur mit Schlinge und Köder, geht dann zuerst die rechte Hand runter oder die linke? Inzwischen gab es Angelhaken, daher wurde die althergebrachte Methode nicht mehr eingesetzt. Aber die Alten wussten es noch: Linke Hand zuerst. Schließlich sollte am Mittwoch alles stimmen. Entscheidend für den Sieg waren Originalität, Kostüme, Synchronismus und Gesang. Und es musste neues Material her. »Doktor«, fragte einer der jüngeren Männer, »hast du nicht einen guten Tanz von eurer Insel?«

Frank liebte das Tanztraining. Nach wenigen Tagen spürte er seine Beinmuskeln, als ob er einen Marathon gelaufen wäre. Dies war echter Sport. Er strengte sich an und wurde für gut genug befunden, in der ersten Reihe tanzen zu dürfen. Die Mannschaft schien stolz auf ihren Palagi zu sein. Die Frauen trockneten und bleichten Palmblätter für den Kiti, den Bastrock, dazu knüpften sie eine tokelauische Krawatte aus Kokosfasern. Die ganze Woche stand im Zeichen des Aumaga-Tages. Es wurde kaum noch gearbeitet. Jugendliche trieben Schweine durchs Dorf, die unter großem Gequieke mit einem Strick eingefangen und geschlachtet wurden. Das Boot kam an und brachte Äpfel und Eier, aber die waren nicht käuflich: »Sind für den Aumaga-Tag reserviert«, gab mir die Frau im Laden knapp zu verstehen, als ich danach fragte. In den schweren Kartons mit dem Aufdruck der samoanischen Biermarke »Vailima«, die die Männer auf ihren Schultern vom Ufer bis zum Dorf hochgeschleppt hatten, war zur Enttäuschung aller kein Bier drin, sondern Limonade und Cola.

Frank bekam von seinem Team die nagelneue, eigens aus Neuseeland gelieferte Uniform ausgehändigt: weißer Lavalava für die Kirche, weißes Hemd und blaue Krawatte, beides mit dem Emblem der Aumaga, einem Anker. Auch er hatte am Festmorgen seinen Einzug in die Kirche, so wie ich an Muttertag, singend und kostümiert. Mittlerweile kannte er das feierliche Prozedere schon recht gut: Nach dem Gottesdienst umziehen in das Aumaga-Polohemd samt blauem Lavalava mit Emblem, darin dann zum Festakt ins Versammlungshaus, im Kreis sitzen, Reden anhören, Lachparade und viel Essen. Die Ältesten diskutierten die Uniformfrage für das Kricketturnier am nächsten Tag. Die offizielle Entscheidung fiel für den Dresscode »weißes Oberteil, egal welcher Lavalava«. Die Männer durften gehen, es wartete ein letztes Tanztraining.

Im Puamelo-Übungsraum beschwörte Elias noch einmal den Teamgeist, die Bedeutung des Tages und die Tradition. Für den Abend würde ausnahmsweise Pünktlichkeit erwartet. Die Puamelo-Glocke war eine alte Gasflasche, die an einem gewaltigen Brotfruchtbaum hing, und als sie anschlug, erschienen alle in ihrem Kostüm. Es herrschte eine aufgeregte Stimmung, »wie vor dem Staatsexamen«, dachte Frank. Doch im Lotala-Versammlungshaus saß das andere Team schon in Startformation und wartete. Das Zuspätkommen gab Punktabzug für Puamelo. Frank saß im Bastrock zwischen den Tänzern. Elias hielt die Ansprache, die Männer an den Holzkisten gaben den Takt vor, die Team-Frauen im Hintergrund hoben an zu singen, und die Puamelo-Truppe legte los, dass der Saal bebte. Immer abwechselnd ein Lied, dann kam die Gegenseite dran, mit der gleichen Begeisterung und Performance. Selbst die Coolsten unter den Dorfjungen, die sonst nur durchs Trinken und Rauchen auffielen, genossen ihren Auftritt und gaben alles – vor allem uns Frauen den Anblick ihrer muskulösen nackten Oberkörper, extra eingeölt und mit Palmblättern um den Bizeps geschmückt. Traditioneller Tanz hatte in Tokelau viel mehr Erotik zu bieten als die Disco.

Am nächsten Tag sollte Kricket gespielt werden, und die Puamelo-Mannschaft traf sich vorher zum gemeinsamen Frühstück und zur Lagebesprechung. Frank war schleierhaft, um welche Strategie es sich handeln könnte. Schon im britischen Original ist ein Kricket-Spiel unverständlich und ziemlich langweilig. Die tokelauische Variante Kilikiti war in erster Linie sehr, sehr zeitraubend. Pro Team spielten rund 100 Spieler, Männer und Frauen – mit Holzkeulen, die wie die der Familie Feuerstein aussahen. Jeder durfte so lange schlagen, bis das »wicket«, der Dreistab, getroffen war. Das Punktesystem war verworren. Ball bis an den Strand geschlagen gab sechs Punkte, über das Lotala-Haus hinüber vier, ins Strohdach oder auf eine Palme zwei Zusatzpunkte. Darüber hinaus war alles Verhandlungssache. Es wurde viel diskutiert, und oft musste der Ball zwischen den Kokosnüssen gesucht werden, die in großen Haufen am Spielfeldrand gelagert waren. Auch ich musste mitspielen, hatte Glück und traf einmal: vier Punkte für Puamelo. Auf einer überdachten Plattform saßen die anderen der Mannschaft, sangen und feuerten uns an. Gegrillter Fisch wurde herumgereicht. So verging der gesamte Tag. Anschließend trafen sich die Männer auf ein paar Gläser Hotstuff, und einige Enthusiasten erschienen im Lotala-Haus und führten wieder ihre Tänze vor. »Warum bleibt ihr nicht länger hier?«, wurde Frank von einem der Mittänzer gefragt. Den Satz hörten wir in letzter Zeit öfters. Frank erklärte, dass wir unser Kind in Neuseeland zur Welt bringen wollten und daher in spätestens zwei Monaten aufbrechen würden. »Dann kommt doch danach wieder. Am besten für immer.« Es klang ehrlich. Und wir hatten in letzter Zeit darüber auch schon ehrlich nachgedacht. Warum nicht noch ein weiteres Jahr Südsee? Frank beschloss, seinen Halbjahresvertrag wenigstens um einen Monat zu verlängern. Das war das Äußerste, damit ich noch eine Chance hatte, kurz vor Ende meiner Schwangerschaft im Flugzeug mitgenommen zu werden.

Am Freitag regnete es gewaltig. Das Revanche-Spiel wurde abgeblasen. Das bedeutete viel Zeit zur Vorbereitung des großen Wett-Fischens am Samstag. Es sollte einen halben Tag dauern. Die Frauen kochten bereits für das Fest, mit dem sie die Fischermänner nach all der Anstrengung empfangen wollten. Ich backte mal wieder einen Kuchen, diesmal eine neue Variante mit Dosenpfirsichen. Das Puamelo-Team teilte nach etlichen Hin- und Herüberlegungen die Boote ein. Für Frank war es Ehrensache, dass er mit raus fuhr – außerdem wollte er endlich seinen ersten Thunfisch fangen. Er sollte mit Kili, dem Elvis-Imitator und Mann von Schwester Nua, und mit dessen Kumpel Mui mit ins Kanu des Puamelo-Ältesten. Um fünf Uhr früh sollte er am nächsten Morgen bereit sein. Das nahm er ernst. »Ich gehe heute lieber früh schlafen«, sagte Frank und legte Sonnenbrille, Hai-Messer, Hut, Sonnencreme, Wasserflasche und Fotoapparat bereit. Er wollte auf einer Matratze im Wohnzimmer übernachten, damit er sofort wach war, wenn er abgeholt würde. Mal wieder stellte ich fest, dass ich viele der einzigartigen Dinge in Tokelau nie erleben würde, weil ich eine Frau war.

Gegen elf Uhr abends klopfte Mui an die Tür. »Wir wollen schon um ein Uhr nachts los, das ist dir doch sicher zu früh?«, fragte er. Frank sagte, er habe in seinem Leben schon so viele Nachtdienste gemacht und könne gerne auf seinen Schlaf verzichten. »Aber du willst doch sicher auf deine Frau aufpassen«, sagte Mui mit einem Seitenblick auf mich. Frank sagte, ich würde schon allein zurechtkommen. Ich versicherte dem Mann, er solle sich um mich keine Sorgen machen, mir ginge es bestens. Mui guckte gequält. Er druckste herum. »Weißt du, wir sind mit dir zu fünft im Boot ...« – den Rest ließ er offen. Da kapierte Frank endlich: Man wollte ihn schlichtweg loswerden. Mit vier Leuten im Kanu war die Nacht deutlich bequemer, und da Frank nicht zu den Meisterfischern Atafus zählte, konnte man auf seine Dienste eigentlich auch verzichten. Schließlich wollten die Puamelo-Leute gewinnen. »Schon in Ordnung«, sagte Frank. »Ich verstehe.« Er hatte zu viel Stolz, um sich einen Platz im Boot zu erbetteln. Mui sah noch verlegener aus. Er murmelte eine Abschiedsfloskel und ging.

Frank blickte auf sein Tauchermesser. Er war zutiefst enttäuscht, nicht nur, weil er sich auf das Fischen gefreut hatte.

Er hatte seit Wochen jeden Abend mitgetanzt, hatte im Chor den Teamgeist von Puamelo beschworen und sich beim Kricket die Füße platt gestanden. Er fühlte sich als akzeptiertes Mitglied dieser Gesellschaft, nicht nur als ihr Doktor, sondern als einer der Männer, als Aumaga. Mit dem kurzen Besuch von gerade eben war das alles wie weggeblasen. Jetzt war er doch nur der Palagi, der Außenseiter, und gehörte im entscheidenden Moment nicht dazu. Lotomau, das einige Herz? »Von wegen«, sagte Frank und klang bitter. Er tat mir wirklich leid.

Am nächsten Morgen, als die Männer noch irgendwo draußen auf dem Ozean waren, verzog er sich in die Klinik an den Computer. Schwester Nua kam mit ein paar Krapfen zu mir ins Haus. »Stimmt es, dass Frank nicht mit Fischen gehen wollte, weil du schwanger bist?«, fragte sie mich. Diese Version hatte sie von ihrem Mann Kili gehört, der jetzt mit Mui im Kanu saß. Ich erzählte ihr, wie es gewesen war. Nua war ehrlich bestürzt. Gastfreundschaft war eine Tugend, die auf Atafu sehr hochgehalten wurde. Dass noch dazu der Doktor brüskiert wurde, machte das Ganze in ihren Augen besonders schlimm. »Komm mit mir an den Strand«, überredete sie mich. »Wir Frauen treffen uns da gleich alle, um die Ankunft der Männer zu feiern.« Nach dem, was passiert war, hatte ich auf eine Empfangszeremonie weniger Lust. Aber ich wollte Nua nicht enttäuschen. Sie konnte schließlich nichts für den Kanu-Rausschmiss.

Den Fischern sollte ein rauschender Empfang bereitet werden. Am Ufer standen Tische mit Getränken, Kuchen und Schnaps. Die Puamelo-Frauen hatten Blumenkränze im Haar und einen Ghettoblaster dabei. »Hier, unsere Uniform«, sagte eine und drückte mir einen lilagemusterten Lavalava in die Hand. Ich zog ihn nicht an und verschanzte mich hinter meiner Kamera. Samoanischer Pop tönte aus den Boxen. Die Frauen sangen mit, tanzten um den Tisch, und eine alte Frau ließ sich vor Übermut in ihrer Uniform ins Wasser fallen. Alle lachten und kreischten – Partystimmung am frühen Morgen. Selbst die Gesittetsten unter den Älteren waren außer Rand und Band und benahmen sich so ausgelassen wie Teenager auf Klassenfahrt. Das kleine Fischerfest am Ufer war eine der klar abgesteckten Zonen, in denen man ungestraft das Verhalten an den Tag legen konnte, über das man sich unter anderen Umständen bei der nächsten Sitzung im Frauenkomitee beschwert hätte.

Hundert Meter weiter hatten sich die Frauen der anderen Mannschaft in einer langen Reihe auf eine Sandbank ins flache Meer gestellt und machten traditionellen Tanz in der Sonne. Der Wind blies ihre Strohkostüme nach links und rechts. Weit hinter ihnen sah man die ersten Kanus, die wiederkehrten. Alles war in goldenes Morgenlicht getaucht. Ein wunderschöner Anblick. Ich fotografierte die Szene um mich herum, die Tänzerinnen, die Lebensfreude, den Spaß der Frauen. Ich entdeckte Sina in der Reihe der Tanzenden. Sie sah versunken aus.

Das Singen wurde lauter. Die ersten Kanus kamen ans Land. Maka, der Rechtsbeauftragte, und Elias, der Bildungsdirektor, stiegen in Shorts und Sonnenhüten aus. Müde sahen sie aus, aber aufgedreht und stolz. Die Frauen drückten ihnen Becher in die Hand, es wurde gelacht, beglückwünscht. Eine Frau fragte mich aufgeregt: »Hast du gesehen, wie viele Fische im Boot waren?« Ich schüttelte den Kopf, drehte mich weg und ging langsam davon. Mir schossen Tränen in die Augen. Ich dachte an Frank, für den dies ein einmaliges Erlebnis gewesen wäre. Nicht einmal im Jahr, wie für die anderen, sondern ein einziges Mal im Leben. Ich hätte nie gedacht, dass mir das so nahe gehen konnte. Waren das nur die Hormone, die mich sentimental machten, oder war ich so versessen darauf, eine Tokelauerin zu werden? Schöne Fotos zu knipsen reichte mir längst nicht mehr – ich wollte mehr als nur Beobachterin sein. Auf dem Weg zum Dorf kam mir eine Frau entgegen, die ich kaum kannte. Sie sah mich an und wusste Bescheid. »Wenn das mein Mann wäre, und der hätte nicht mitfahren dürfen ...«, sagte sie und schaute mich mitleidig an. Ich sah, dass sie ebenfalls weinte.

Als ich nach Hause kam, buddelte Frank wie besessen in unserem Gemüsegarten. Es sah nach Abreagieren aus. Den kümmerlichen Pflanzen half das auch nicht weiter. Wir hatten damals, als wir die Paprika-, Gurken- und Tomatensamen säten, nicht daran gedacht, dass es auf den Atollen keine Bienen gab. Obwohl wir uns erfolgreich vermehrten, hatten wir die Befruchtung unserer Botanik versäumt. Außer Basilikum war in dem Garten nichts zu ernten.

Nachmittags sollte der Sieg der Fischer auf einem Fest begossen werden. Frank harkte weiter wütend im Doktorgarten herum. Plötzlich stand Elias hinter ihm. Er versuchte, Frank aufzuheitern. »Komm, lass dir nicht von ein paar Idioten den Spaß verderben. Komm mit uns einen trinken!« Er erzählte Frank von der siegreichen Schlacht, vom Vollmond in dieser Nacht und den Frauen, die am Strand warteten. Es machte alles noch schlimmer. Aber Frank wollte nicht den Beleidigten spielen. Er ging mit, trank missmutig zwei verdünnte Brandys und einen Wodka und verzog sich bald wieder. Am nächsten Tag kam Kili vorbei. Schwester Nua musste ihren Mann zur Rede gestellt haben. Schließlich war er der Kapitän des Kanus gewesen. Kili war sehr nervös, entschuldigte sich immer wieder. »Ich bin wütend«, sagt er. »Ich wollte dich wecken und zum Fischen abholen, aber Mui sagte mir, du wolltest lieber dableiben und auf Anke aufpassen.« Dafür sei dann Manuele mitgefahren. Der kam, genau wie Mui, aus Nukunonu, dem mittleren Atoll. So war das also.

Atafu hatte mit Franks Kanu-Rausschmiss einen kleinen Skandal. Jeder, mit dem wir sprachen, hatte eine andere Version, was da im Hintergrund gespielt worden wäre. Diesmal bekamen wir den Dorfklatsch nicht nur mit, sondern waren direkt daran beteiligt. Sina kam mich einen Tag später besuchen. Jetzt erfuhren wir, dass auch Seto in seiner Mannschaft aus der Bootsbesatzung gekegelt worden war. Er könne ja den Frauen beim Kochen helfen, hatte es geheißen. Seto war ebenfalls sauer, und Frank hatte einen Leidensgenossen. Die beiden verabredeten sich zum Schachspielen auf unserer Terrasse.

Bald kamen die ersten Wiedergutmachungen. Handwerker Jimi, der zum gegnerischen Team gehörte, nahm Frank mit zum Fischen, und er kehrte stolz und müde mit einem Thunfisch heim, der fast so lang wie unser Esstisch war. Jasper konnte es kaum fassen: »Den hast du gefangen?« Das übertraf alles, was sein Vater jemals zustande gebracht hatte. Fasziniert schaute er zu, wie Frank das Tier ausnahm und die Küche mit Blut versaute. Das Puamelo-Team ließ sich nicht lumpen und schickte parallel dazu auch noch einen ganzen Thunfisch rüber. Wir verschenkten ihn heimlich an Sina und Seto und hatten immer noch zu viel. »Lass ihn uns trocknen«, schlug ich vor. Frank säbelte mit chirurgischer Präzision hauchdünne Scheiben ab, ich marinierte das rohe Fleisch in Sojasauce und Chili-Pulver und legte es danach auf ein dünnes Netzgitter in die Sonne. Einmal am Tag wenden, vor dem Regen reinholen, und nach anderthalb Tagen war der Fisch fast schwarz, schrumpelig und ledrig-zäh. Er schmeckte köstlich. »Auf diese Methode hätten wir mal eher kommen sollen«, sagte Frank.

15 Diese Blume und diese Rose

Sei ma le losa

Claudia musste bereits in Samoa sein. Ich wusste nichts Genaues, denn das Telefon war für eine Woche abgestellt. Es war vorher in einem Fax angekündigt worden, das die Schwestern vergessen hatten, an uns weiterzuleiten. Endlich funktionierten die Leitungen wieder und ich erreichte meine heiß ersehnte Freundin. Sie klang hektisch. »Ich muss gleich los zum Schiff, mein Gepäck aufgeben«, sagte sie. »Ich hab's eilig, tschüß!« Erst jetzt stellte ich fest, dass ich den Satz »Ich muss gleich los« seit einem halben Jahr nicht mehr gehört hatte.

Als die Trompete morgens um sieben Uhr das Boot ankündigte, war ich in wenigen Minuten auf den Beinen. Das halbe Dorf wusste bereits von Claudias Ankunft. Schwester Nua saß vor der Klinik und bastelte an einer Blumenkette. Sie duftete wunderbar. Ich saß auf der Kaimauer und sah das Schiff vor dem Riff liegen, weißes Boot auf blauem Wasser. »Da ist sie drauf«, dachte ich und konnte das alles nicht ganz glauben. Tokelau war unsere Welt, und die, aus der Claudia kam, eine andere – nämlich meine alte. Das schien mir bisher unvereinbar. Das Beiboot, das die Passagiere durch den Riffkanal holte, tuckerte durch meine Gedanken auf uns zu. Da saß sie tatsächlich. Ich sah einen roten Kapuzenpulli und ein helles Gesicht, und sie winkte und strahlte: Claudia!

Ich umarmte sie lange und fest und hängte ihr die Blumenkette um. Sie hatte abgenommen, wirkte im Vergleich zu den Tokelauerinnen, die ich gewohnt war, zerbrechlich und sah bleich aus – die Überfahrt hatte sie einige Kraft und mehrmals den Mageninhalt gekostet. Drei Tage an Deck, neben dem bummernden stinkenden Schornstein, fast nur im Liegen. Eine Tortur. Die Leute am Kai schauten uns neugierig zu. Für ihre Verhältnisse war meine Begrüßung ein großer Gefühlsausbruch, aber auf Claudia musste sie verhalten gewirkt haben. Ich war es nicht mehr gewohnt, Küsschen zu verteilen und sich lauthals in die Arme zu fallen. Auch ihr Anblick war für mich ungewohnt: Khaki-Hosen, Kopftuch – die Traveller-Kluft. Ich hatte an neuer Optik nur meinen Sechs-Monats-Bauch zu bieten.

Wir frühstückten, saßen auf unserer Veranda, erzählten und erzählten und erzählten. Claudia packte ihre Mitbringsel aus. Sie hatte sogar getrocknete Joghurt-Kulturen und ein Gewürz für den Brotteig dabei. Neue Geschmackserlebnisse warteten auf uns. Wir waren entzückt. So musste es damals gewesen sein, wenn der West-Besuch in der DDR einfiel. Frank nahm seine Taschenbibel und einen Französisch-Kurs auf CD entgegen. Nur auf den heiß ersehnten STERN und SPIEGEL warteten wir vergeblich. Wer Tokelau nicht kannte, konnte sich auch nicht vorstellen, wie wir auf Nachrichten fieberten. Die letzten Druckerzeugnisse aus der Heimat, die uns Freunde geschickt hatten, waren MAX-Hefte – mittlerweile mehrere Monate alt. Frank und ich schluckten. Auch die ausgelesene »Hamburger Morgenpost« hatte Claudia im Flugzeug gelassen. Was hätten wir für eine zerfledderte »MoPo« gegeben! Wir fragten sie nach all den deutschen Highlights der letzten Monate aus, von denen wir nur aus E-Mails wussten: Scharpings Badefoto-Skandal, Feldbusch gegen Schwarzer bei »Kerner«, Klatsch und Tratsch aus der Medienwelt. Wir mussten doch so viel verpasst haben, dachten wir. »Eigentlich ist wirklich nichts passiert«, stellte Claudia fest.

Sie hatte für die Krankenschwestern diverse Fläschchen Nagellack mitgebracht. Ich nahm eines beiseite: Das sollte Sam, die »Trine«, bekommen. An Claudias Reiseutensilien konnte ich mich kaum satt sehen. Ich war all die vielen Gels und Cremes und hübschen Sachen nicht mehr gewohnt. Für deutsche Verhältnisse hatte sie nur das Nötigste dabei – aber unsere und ihre Ansprüche klafften auseinander. Genauso wie das, was jeden von uns beschäftigte: Ich wollte über die depressive Ave reden, über das schwangere Mädchen, die geschlagenen Kinder und all die Menschen, die mich tagtäglich in unserem Dorf beschäftigten. Claudia wollte Urlaub machen und hatte noch die letzten Wochen in der Redaktion im Kopf. Schließlich war sie erst seit wenigen Stunden auf der Insel. Es dauerte ein, zwei Tage, bis wir uns wirklich aneinander gewöhnt hatten. Jetzt fand ich es auch nicht mehr schlimm, mit Claudia nicht sofort alle Probleme dieses Landes erörtern zu können. Ich genoss es lieber, dass sie mir einen Blick auf meine Insel mitbrachte, den ich schon fast verlernt hatte: Das Schöne mit neuen, mit ihren Augen zu sehen. Das Puamelo-Team machte einen Ausflug für alle Kinder auf eine der unbewohnten Picknick-Inseln, und Claudia und ich begleiteten Jasper. 30 Kinder, ein paar Teenager, zwei Steuermänner und die Frau des Pulenuku mit ihrer Gitarre, alle auf einem Motorfloß. Die Kinder sangen und klatschten dazu, während wir im Sonnenschein über die Lagune fuhren. Es war traumhaft, ein echt tokelauischer Augenblick, und Claudia war ergriffen und gerührt. Ich war so stolz, als ob Atafu meine Heimat wäre. Claudia half, die Kinder auf ihrem Rücken vom Boot durchs seichte Wasser zu tragen. Jetzt hatte sie ein paar kleine Freunde mehr. Ich freute mich, wie warmherzig und freundlich sie gegenüber jedem war, den sie traf. Und ich bemerkte, wie die jüngeren Männer reagierten, wenn ich mit ihr den Weg durchs Dorf lief. Irgendwie grüßten sie anders. Und sie guckten ihr nach.

Wenn sie hinter unserem Haus in der Hängematte lag, schrieb oder las oder nur auf die Lagune schaute, hatte sie oft einen ganzen Pulk von Kindern um sich. Die neue Palagi-Frau war eindeutig spannender als ich, deren Marotten sie schon längst kannten. Claudia ließ sich Tokelauisch beibringen. »Dies ist eine schöne Insel«, übersetzten ihr die Mädchen. Als wir zur Badestelle gingen, kam uns ein junger Mann entgegen. Shorts, nackter Oberkörper und ein gewundener Kranz aus Blättern auf dem Kopf. In der Hand trug er an einer Palmschnur ein großes Stück rohen Thunfisch. Es sah archaisch aus. Claudia starrte ihn fasziniert an. »Hier, für euch«, sagte er und drückte Claudia den Thunfisch in die Hand.

Ich wollte Claudia das Beste zeigen, das Atafu zu bieten hatte, und so verbrachten wir eine Nacht auf Lagimaina, der kleinen Robinson-Insel von Maka und Rosa. Stundenlang redeten wir über die Dinge, die uns auch früher beschäftigt hatten: Beziehungen, Gefühle, Eltern. Es war so lange her, dass ich jemand anderem als Frank meine Gedanken mitteilte. Claudia hatte noch nie im Freien geschlafen. »Was sind das für Geräusche?«, fragte sie mich beim Einschlafen, als wir unter unseren Laken auf Strohmatten lagen. Ich wusste nicht genau, was sie meinte. Das Meeresrauschen wenige Meter hinter uns, vor uns, neben uns? Der Wind in den Palmen? Die Vogelschreie? Ich kannte keine anderen Geräusche mehr. Wahrscheinlich hätte mich das Klingeln eines Handys furchtbar erschreckt.

Ich wollte gerne, dass meine Freundin fischen ging. Für sie als Besucherin sollte das kein Problem sein, und durch solch ein Touristenprogramm hätte ich endlich einen Grund, doch noch als Schwangere an diesem Abenteuer teilzunehmen. Traditionell brachten Frauen beim Fischen Unglück. Früher wurden angeblich die Kanus verbrannt, in denen eine werdende Mutter gesessen hatte. Ganz so schlimm konnte es nicht mehr sein. Auch Manueta war schon fischen gewesen. Ich fragte Jimi. Er lachte. Das konnte alles als Antwort bedeuten. »Kommt denn Frank auch mit?« Darüber hatte ich mir noch keine Gedanken gemacht. »Deine Freundin ist eine sehr nette, schöne Frau«, sagte Jimi. »Hat sie einen Mann?« »Nein«, sagte ich. Er lachte wieder. »Du solltest sie mal meinem Sohn vorstellen, Ionatano.« Ich fragte auch Malae, Vitales Frau. »Red' doch mal mit Ionatano«, schlug sie mir vor. Ich fragte Ionatano, den sportlichen jungen Mann mit der frechen Klappe. Er zuckte die Achseln. »Okay. Heute Abend. Wir fangen fliegende Fische.«

Als es dunkel war, hörten wir das Tuckern des Außenbordmotors hinter unserem Haus. Ionatano hatte das Ausleger-Kanu seines Großvaters genommen und sich als Begleitung Manuetas Mann Moti mitgebracht. Der wirkte leicht verlegen. Frank wollte zu Hause bei Jasper bleiben, Claudia und ich stiegen ins Kanu. Wir fuhren übers Riff hinaus aufs offene Meer. Ionatano hatte an einem Mast über unseren Köpfen eine Petroleumlampe aufgehängt. Sie schaukelte im Wellenrhythmus hin und her. Nach einer halben Stunde konnten wir nur noch schwach die Lichter am Ufer erkennen. Dafür blinkten über unseren Köpfen die ersten Sterne auf. Moti saß hinter mir und machte sich ein Bier auf. Ionatano hatte sich breitbeinig in die Mitte des Kanus gestellt und hielt einen zwei Meter langen Käscher in der Hand. Er machte eine kurze, ausholende Bewegung in die Luft, und plötzlich zappelte ein silbriger Fisch in dem Netz. Ich hatte ihn gar nicht so schnell sehen können, wie Ionatano ihn fing. Die Hahave, wie die fliegenden Fische heißen, tauchten so schnell aus dem Dunkel auf, dass Claudia und ich jedes Mal zusammenzuckten. Einer hüpfte uns direkt ins Boot vor die Füße. »Wollt ihr auch mal?«, fragte Ionatano. Ich wollte. Ich fing keinen einzigen Fisch, aber ich war verzaubert. Da stand ich mit dem Käscher in der Hand in der pazifischen Nacht, um mich herum schwarzes Meer, hinter mir sang Moti leise ein Lied. Auch Claudia sah glücklich aus. »Seitenwechsel«, kündigte Ionatano an. Er wollte ans hintere Ende des Kanus. Ich rückte zur Seite, um ihn vorbei zu lassen, aber er hatte bereits sein T-Shirt ausgezogen. Er streckte sich, ließ die Muskeln auf seinem durchtrainierten Oberkörper spielen, glitt dann langsam ins Wasser und zog sich auf der anderen Seite des Bootes wieder hoch. »Was für ein Striptease«, dachte ich. Claudia drehte sich um und blinzelte mir zu. Sie dachte dasselbe.

Unsere Ausbeute an Hahave war bescheiden. Eigentlich, so ließen die Männer durchblicken, wäre heute auch nicht der richtige Mond, um fischen zu gehen. Sie hatten es also nur uns zuliebe gemacht. Ich wollte mich zumindest bedanken. »Kommt doch noch mit auf ein Bier auf unsere Veranda«, bot ich an. »Frank ist auch da.«

Nicht nur Frank war da, sondern auch die Franzosen. Jean und Francoise waren segelnde Hippies und seit fünf Jahren auf den Weltmeeren unterwegs. Vor vielen Wochen waren sie an der Westküste Kanadas aufgebrochen, mit Kurs Südost, machten kurz vor dem Äquator einen Zwischenstopp auf dem US-Stützpunkt Palmyra und sahen als nächstes Land auf ihrer Route nach Neukaledonien ein kleines Atoll – Atafu. Sie ließen das Boot vor dem Riff, setzten mit ihrem Schlauchboot über und fragten den Pulenuku um Erlaubnis, die Insel betreten und in tokelauischem Gewässer ankern zu dürfen. Ein paar Stunden später saßen sie bereits bei uns auf der Veranda, rollten Zigaretten und tranken Bier. Mir fiel auf, wie kurz die verwaschenen Boxershorts von Jean waren und dass Francoise ein ärmelloses T-Shirt ohne BH trug – in jedem Strandort der Welt ein normaler Anblick, aber auf Atafu ziemlich anstößig. Vor einem halben Jahr wäre mir das nicht aufgefallen. Die beiden hatten spannende Geschichten aus Afrika zu erzählen, waren unterhaltsam, ausgehungert nach Kontakt und wollten eine Woche vor Ort bleiben. Gemessen an unserer bisherigen Einsamkeit hatten wir plötzlich ein ganzes Heer von Besuchern.

Mich schlauchte so viel Konzentration auf neue Menschen völlig. Ich wollte noch der Stimmung unserer nächtlichen Fischerei nachhängen und verabschiedete mich ziemlich bald ins Bett. Auch Moti und die Franzosen brachen irgendwann auf. Frank blieb mit Ionatano und Claudia sitzen. »Ich kann sie doch hier nicht mit ihm alleine lassen«, dachte er. »Nachher langweilt sie sich.« Es war ihr letzter Abend auf unserer Insel und Claudia langweilte sich kein bisschen. Der schöne Mann aus dem Kanu war witzig und charmant. Schließlich ging auch Frank schlafen. Als ein Regenguss herunterkam, setzten Claudia und Ionatano sich nach drinnen und redeten bei Kerzenlicht weiter, als der Strom ausging. Jasper tapste in den frühen Morgenstunden zum Klo und sah zwei Leute Arm in Arm auf dem Sofa sitzen. Es dämmerte bereits, als Ionatano auf die Veranda trat. Vor dem Toilettenhaus gegenüber saß eine Gruppe von Männern, die sich zum ersten Schwätzchen des Tages trafen. Sie schauten immer wieder zum Doktorhaus herüber. Ionatano huschte davon.

Wir spielten nach außen die Ahnungslosen. Schließlich hatten wir alle einen Ruf zu verlieren. Unverheirateten, die die Nacht wie auch immer unter einem Dach verbrachten, drohte auf Atafu Strafe. Ein Urlaubsflirt gestaltete sich hier etwas komplizierter als in der Karibik oder auf Ibiza. Um 11 Uhr musste Claudia an diesem Morgen aufs Schiff. Ich brachte ihr Gepäck zum Hafen. Sie wollte sich noch ein letztes Mal bei uns im Haus von Ionatano verabschieden. »Wo ist deine Freundin?«, fragten mich die Krankenschwestern. Ich hatte das Gefühl, dass es neugieriger klang als sonst. Sie hatten Geschenke vorbereitet: eine Muschelkette, eine Strohtasche, einen schönen Hut. Als die Trompete blies, kam Claudia zum Hafen: allein. Eine Frau aus dem Büro schenkte ihr noch einen Perlmuttanhänger. Den bekamen die Frauen auf Atafu sonst zur Hochzeit.

Es ging alles viel zu schnell. Ich hatte ihr noch vieles sagen wollen, aber da stand sie schon auf dem Floß, das wieder Richtung Schiff steuerte. Wie anders sie aussah als vor zehn Tagen – mit ihrem Strohhut auf dem Kopf und den Muschelketten, mit einem inneren Leuchten, aufgewühlt, traurig. Sie wurde kleiner und kleiner, ein heller, winkender Punkt. Tschüss, liebe Claudia. Ich drehte mich um und ging vom Hafen weg, mit einem dicken Kloß im Hals. An der Mauer zum Dorfeingang sah ich Ionatano stehen, der aufs Meer blickte. Die »MS Tokelau« legte gerade ab.

So schön und außergewöhnlich diese Woche gewesen war – Frank und ich freuten uns auch wieder auf unsere alte Ruhe. Ich legte die Matratzen auf die Veranda, und Frank machte uns einen Eiskaffee. Das vertraute tokelauische Leben mit all seiner Langeweile und seinen Ritualen war uns mittlerweile richtig ans Herz gewachsen. Claudias Besuch machte uns beiden wieder klar, wie sehr wir unsere isolierte Zweisamkeit genossen. Nichts von dem, was wir vorher befürchtet hatten, war eingetreten: kein Ehekoller, kein Beziehungsstress, keine Klaustrophobie. Wir hatten noch nie so viel Zeit rund um die Uhr miteinander verbracht wie hier und genossen es. Es war eine Bereicherung und keine Einengung, alle neuen Eindrücke und Gedanken miteinander teilen zu können. Der prophezeite »Big Brother«-Effekt war ausgeblieben. Im Gegenteil: Wir fühlten uns zusammengehörig wie nie zuvor.

Aber irgendetwas war jetzt anders als vorher. Vielleicht bildete ich es mir auch nur ein. War das Lächeln der alten Frauen plötzlich weniger herzlich, als ich sie im Vorbeigehen grüßte? Wie war das gemeint, als Manueta vorhin fragte: »Und, hat es deiner Freundin auf Atafu gefallen?« »Oh, sehr gut. Sie war absolut begeistert.« »Und, will sie irgendwann wiederkommen?« »Ich glaube nicht, dass das so bald geht.« Vielsagende Blicke gingen zwischen den Schwestern hin und her. Und warum verlor Jimi, der Klempner, der sonst so gerne seine zweideutigen Scherze machte, kein Wort mehr über unseren Besuch aus Deutschland? Er lud uns auf ein Bier zu sich ein, weil sein Sohn Ionatano Geburtstag hatte. Ich hatte ein heimliches kleines Geschenk eingesteckt: ein Foto von Claudia. Frank, Jimi, seine Frau und ich saßen auf einer Matte neben dem überdimensionalen Wassertank aus Beton und aßen in der Dämmerung Schokoladenkuchen. Vitales Frau Malae hatte ihn für Ionatano gebacken. »Wo ist das Geburtstagskind?«, fragte ich. »Ach, ihm ist das nur peinlich«, sagte Jimi. »Er ist fischen gegangen.« Später am Abend hörten wir jemanden ins Haus huschen. Ich ging mit einem Vorwand hinterher. Ionatano trocknete sich gerade die Haare ab. »Ich habe etwas für dich«, sagte ich und gab ihm den Umschlag mit dem Foto. Er war überrascht. »Danke«, sagte er. Das war alles. Als Liebesbote taugte ich nicht besonders. Ich ging und sah ihn danach auch nie mehr wieder, höchstens von weitem auf dem Rugby-Feld.

Dafür wurde Claudia umso öfter an ihn erinnert. »Hallo Claudia, ich bin Tui und der Cousin von Ionatano«, stellte sich jemand bei ihr vor, kaum dass sie an Bord des Schiffes nach Samoa geklettert war. Wenig später kümmerte sich einer der Matrosen auffällig um sie. »Ich bin übrigens ein guter Freund von Ionatano«, erklärte er nebenbei. Über Nacht musste Ionatano viele neue Freunde und Verwandte bekommen haben, so schlagartig, wie sie sich vermehrten. Aber schließlich kamen auch nur wenig Fremde ledig, weiblich und jung nach Atafu.

Die Franzosen fühlten sich wohl auf unserer Insel. Zu wohl für manche. Frank saß mit Jean und Francoise, den segelnden Langzeit-Aussteigern, auf einer kleinen Mauer neben dem Lotala und unterhielt sich. Ein paar Meter weiter saß Sam und hielt seine frisch mit deutschem Nagellack bepinselten Zehen in die Sonne. An diesem Abend fand eine Festveranstaltung zu Ehren einiger Gäste des Faipule statt. Sie waren für eine mehrtägige politische Sitzung nach Atafu gekommen. Vitale trat aus seinem Büro, sah Frank und drückte ihm eine auf dem Computer erstellte Einladung in die Hand. Dann musterte er das knapp bekleidete Seglerpärchen. »Falls Sie das Bedürfnis verspüren, heute Abend unser Fest zu besuchen, dann ist es Ihnen freigestellt zu kommen«, sagte Vitale in gewähltem Englisch. So förmlich hatte ich ihn seit dem Besuch des Botschafters nicht mehr erlebt. »Aber bitte beachten Sie die Tatsache, dass zu diesem Anlass formelle Kleidung getragen wird.« Er drehte sich um und ging. Francoise nickte verlegen, Jean rutsche unruhig auf seinem verschlissenen Hosenboden hin und her. Die Nachricht war angekommen. Eleganter hätte man die beiden nicht ausladen können.

Wir warfen uns für diesen Abend besonders sorgfältig in Schale. Frank zog seinen grauen Lavalava an und band sich eine Krawatte um. Am Eingang vom Lotala empfing uns Vitale in bester Laune. »Hey Frank, willst du in die Kirche?«, lachte er. Er trug ein Hawaiihemd und sportliche, lange Hosen. Wir schauten uns um: Der Saal wimmelte vor Leuten. Niemand sah so förmlich aus wie wir.

Am nächsten Tag verabschiedeten die Franzosen sich. Francoise schenkte uns eine Tüte Mandeln, die sie noch aus Kanada an Bord hatte. Jean brachte ein paar ausgelesene Bücher mit. Sie erklärten uns, wie sich Sauerteig herstellen ließ. Das krümelige Weetbix-Brot hing uns mittlerweile ganz gut zum Halse raus. Als wir uns umarmten, zuckte Francoise zusammen. »Was war das für ein Geräusch?« Ein röchelndes Husten, eigentlich mehr ein Stöhnen, drang an unsere Ohren. Es kam aus den offenen Lamellenfenstern der Klinik. »Das ist Puka«, sagte ich. »ein Patient. Er liegt dort seit drei Tagen. Er hat ein Lungenödem.« Jean verzog das Gesicht. »Es klingt, als ob er gleich stirbt.« »Das wird er wahrscheinlich auch«, sagte Frank. »Er ist 84 Jahre alt, und ich kann nicht mehr viel für ihn tun.«

»Komm mit, Frank – Happy Hour!«, rief Vitale von draußen. Er wippte in seinen Sportschuhen hin und her und hatte den Discman auf. Die beiden Männer trabten los, den Weg am Schweinegehege entlang und aus dem Dorf heraus einen halben Kilometer bis zum ehemaligen Fischereigebäude. Dort wateten Maka, Elias und Vitale gerade ins seichte Wasser. Sie reichten Frank eine aufgeschlagene halbe Kokosnuss. Der Inhalt roch nach Schnaps. Die Männer ließen sich im warmen Wasser treiben, jeder mit einem Kokos-Cocktail in der Hand.

Frank saß in ihrer Runde. Er schlürfte, lachte über Vitales Witze, blinzelte in die Nachmittagssonne und trat auf eine Seegurke. Ein tokelauischer Stammtisch in der Lagune.

Zwischen den Büschen am Ufer tauchte ein stämmiger Mann auf. Er trug einen Schweineeimer in der einen Hand und Jasper auf dem anderen Arm. Jasper strahlte. »Was machst denn du hier?«, fragte Frank erstaunt. »Ich wollte zu dir«, sagte Jasper. »Und als ich bei den Schweinen war, hat mich der Mann gefragt, wo ich hingehe. Dann hat er mich hier hin getragen.« Als sie nach Hause kamen, sahen beide glücklich aus. »Ich muss dir eine Geschichte erzählen, die ich vorhin gehört habe«, sagte Frank. »In Nukunonu fiel ein Mann bei Bauarbeiten vom Dach, irgendwann in den 60er Jahren. Er hatte sich etliche Knochen gebrochen. Damals kam das Boot aus Samoa aber nur einmal im Jahr vorbei. Der arme Kerl musste irgendwie medizinisch versorgt werden. Also legten sie ihn auf eine Türe und befestigten ihn mit Schnüren und Sandsäcken, damit er sich nicht bewegen konnte. Per Funk nahmen sie dann Kontakt zu einem Tanker auf, der etliche Seemeilen entfernt Richtung Süden fuhr und den Verletzten mit nach Samoa nehmen sollte. Er konnte seinen Kurs verlassen, aber nicht ganz an Tokelau heranfahren. Also mussten ihm die Männer entgegenfahren, in einem Walboot mit Rudern. Irgendwann haben sie den Tanker draußen auf hoher See erreicht. Es war stürmisch an dem Tag, heftiger Seegang. Das Ruderboot schaukelte neben dem riesigen Tanker hoch und runter. Es war so gut wie unmöglich, den Mann an Bord zu schaffen. Erst nach fünf Stunden gelang es. Das muss ein haarsträubendes Manöver gewesen sein. Die Leute auf dem Tanker warfen den Männern noch Proviantpakete mit Schiffszwieback und Marmelade zu. Dann wollten die Tokelauer zurück nach Nukunonu. Aber Nukunonu war nicht mehr da.« »Wie, es war nicht mehr da?«, fragte ich. Frank fuhr fort. »In den fünf Stunden hatte der Tanker sich mit einigen Knoten pro Stunde weiter übers Wasser bewegt, und das kleine Boot mit. Die Männer hatten überhaupt keine Orientierung mehr und auch keinen Kompass dabei. Es wurde Nacht. Sie ruderten, änderten mehrmals die Richtung, stritten sich, wo es langgehen sollte. Dann hat der Älteste·von ihnen in eine Richtung gezeigt: ›Da lang.‹ Dort war nichts zu sehen außer dunklem Wasser. Die anderen aber haben gehorcht. Als es hell wurde, kamen ihnen aus der Richtung, in die sie fuhren, tatsächlich Kanus entgegen. Die Männer aus dem Dorf waren sie suchen gefahren.« »Und woher wusste der Alte die Richtung?«, fragte ich erstaunt. »Das haben ihn die anderen auch gefragt. Als Antwort hat er nur auf seine Nase getippt und gesagt: ›Ich habe meine Insel gerochen.‹«

Das Stöhnen und Röcheln von Puka wurde heftiger. Schwester Nua holte Frank am Abend. »Ich glaube, es geht zu Ende mit ihm.« In der letzten Woche war es einmal ähnlich schlimm gewesen, da hatte Frank den alten Mann noch mit Notfallmedikamenten stabilisieren können. Jetzt hatte Puka zusätzlich zur Lungenentzündung einen zweiten Schlaganfall erlitten. Sein Körper wollte einfach nicht mehr. Es wäre eine Quälerei gewesen, den 84-Jährigen weiter zu behandeln und das Sterben hinauszuzögern. Um Mitternacht schaute Frank noch einmal nach ihm. Das Fieber war hoch. Die Schwestern holten Pukas Tochter. Sie war die Schwägerin des Faipule. Als der alte Mann in den frühen Morgenstunden starb, saß die ganze Familie mitsamt Lui Carter um ihn herum und betete.

Die Läuse waren die ersten, die sich von Puka verabschiedeten. Kaum hatte sein Herz aufgehört zu schlagen, da krabbelte eine Schar schwarzer Parasiten von seinem schütteren Haupt Richtung Erde, wie Ratten, die ein sinkendes Schiff verlassen. Dies war das sicherste Indiz dafür, dass er wirklich nicht mehr lebte. »Wann wird die Beerdigung sein?« fragte Nua bei Frank nach. Der Arzt sollte den Termin festlegen, wann der Leichnam begraben wird. Schließlich hielt er sich in der Hitze und ohne irgendeine Kühlung nicht lange. Frank fragte zurück: »Wann passt es denn am besten?« Nua bestand darauf: »Das muss der Doktor entscheiden.« Es war wieder einer dieser komplizierten Momente, wo man ihm eine Entscheidung überließ, die andere aus Erfahrung viel besser hätten treffen können. Aber Hierarchie und Höflichkeit gingen vor. »Dann sagen wir 15 Uhr«, schlug Frank vor, ohne zu ahnen, was er damit dem gesamten Dorf abverlangte.

Puka wurde gewaschen, frisch angezogen und im Haus des Faipule aufgebahrt. Seit der Todesnachricht füllte sich das Haus mit Besuchern: Als ich am Morgen dazustieß, war kein Platz mehr auf dem Boden frei. Überall saßen Leute, viele in Schwarz oder Weiß gekleidet, und alle sangen. Auf Pukas Augen lagen Geldstücke. Seine Tochter saß daneben und weinte laut, aber monoton. Es war befremdend – wie eine seltsame Inszenierung, in der jeder seine Rolle zu spielen hatte. Immer wieder trat jemand zu Puka, küsste ihn und legte einen Geldbetrag auf seinen Körper. Mir fiel ein, was ein Arzt auf Fakaofo miterlebt hatte, als dort ein Baby bei der Geburt starb. Ihm ging der Tod des Säuglings, den er nicht retten konnte, so nahe, dass er sich bei der Beerdigung spontan seinen Siegelring vom Finger zog und als Gabe mit in den Sarg legte. Am Sonntag darauf sah er in der Kirche die Frau des Pastors, die genau diesen Ring trug.

Wir sangen und beteten. Jasper schaute fasziniert auf das erstarrte Gesicht des Toten. Die Männer der Aumaga zimmerten inzwischen den Sarg und hoben eine Grube aus. Stunden vergingen. Ich konnte nicht mehr auf dem Boden sitzen, meine Knie schmerzten. Anscheinend musste bis zur Beerdigung am Stück gesungen werden. »Um 12 Uhr ist der Gottesdienst«, sagte mir jemand, als ich das Haus verließ. Der Pastor hatte sich sinnvollerweise über Franks Terminvorschlag hinweggesetzt. Nach dem Trauergottesdienst kam der Sarg auf den Anhänger des Motorrads. Kinder setzten sich daneben und ließen ihre Beine von der Karre baumeln. In einem Pulk von Menschen liefen wir hinter dem Sarg her, bis wir am Friedhof ankamen. Heute wirkte der Ort magischer denn je. Vielleicht lag es an den vielen Menschen, die schweigend um die ausgehobene Grube standen, in die jetzt der Sarg hineinrutschte. Ihre bunten Kleider leuchteten in der Sonne, der Wind spielte mit den Haaren und den Krawatten der Männer, und wenige Meter dahinter brachen sich die Wellen des Pazifiks am Strand. Wieder wurde gebetet und gesungen, der Pastor sprach seinen Segen, die Kinder schauten neugierig in die Grube. Schaufeln voll Sand und Korallen prasselten auf den Sarg. Es war traurig, aber auch schön. Als wir zurück zum Dorf liefen, sahen die Gesichter um mich herum friedlich und gelöst aus. Niemand weinte. Das Totenmahl wartete bereits.

Zwei Tage lang brachten die Angehörigen uns Körbe mit Essen vorbei. Wenn irgendwo gefeiert oder getrauert wurde, bekam jeder etwas ab. Bis in die Nacht hörte ich die Choräle, die im Haus des alten Puka gesungen wurden.

16 Du wirst fallen

Aue Kapaku

Frank war nicht der einzige Arzt auf Atafu. Es dauerte Monate, bis wir den älteren Herrn kennen lernten, der in einem abgelegenen Haus hinter dem Schulgelände wohnte. Dort verkaufte er Chips, Kaugummis und klebrige Bonbons an die Kinder. Er kam nur aus dem Haus, wenn er zu einer Untersuchung in die Klinik musste. Eines Tages stellte er sich Frank als Kollege vor. Willie war einst Doktor für Naturheilverfahren in dem benachbarten Pazifik-Staat Tuvalu gewesen, von wo er kam. Er hatte graue, zurückgekämmte Haare, eine überdimensionale Brille und vornehme Gesichtszüge. Er war erst seit seiner Pensionierung auf unserer Insel, und er praktizierte nicht mehr. An der Wand seiner Hütte hing hinter Glas sein medizinisches Diplom, neben der handgeschriebenen Liste mit den Süßigkeiten-Preisen. Bei Willie erstand ich für sieben Dollar eine Tafel Schokolade mit gerösteten Mandeln. Es war die Letzte und eine unbeschreibliche Köstlichkeit. Ich hätte auch das Doppelte dafür gezahlt. Willie versprach, für mich nachzubestellen.

Wir bekamen ein neues Haustier. Frank entdeckte ein Katzenjunges zwischen den Bananenstauden neben der Klinik. Es maunzte jämmerlich und sah abgemagert aus. Das kleine getigerte Wesen wurde Lola getauft und von Jasper pausenlos gedrückt und gestreichelt. Alle Freunde mussten Lola bewundern kommen. Ab liebsten fraß sie Fischreste. Sie bekam einen Schlafplatz auf der Veranda, nicht weit von der Matratze, auf der wir die Nächte im Freien verbrachten, wenn es nicht stürmte. In einer Nacht wachten wir von einem fürchterlichen Schrei auf. Wir hörten Zischen und Fauchen. Frank knipste die Taschenlampe an. Eine große Katze huschte davon. Im Lichtkegel der Lampe stand Lola, wie gelähmt. In ihrer Kehle klaffte ein blutiges Loch. Ihr kleiner Körper zuckte noch einmal, dann sank sie zusammen und war tot. Ich war fassungslos. »Dieses Biest hat sie einfach tot gebissen!« Wir sahen die auf der Veranda verteilten Fischreste. Die wilde Katze musste sich über Lolas Teller hergemacht haben und wurde dann von der Kleineren dabei gestört. Raue Sitten waren das. Vorsichtig wickelten wir Lola in den alten Lavalava, auf dem sie geschlafen hatte. Am nächsten Tag begruben wir sie unter einem Korallenhaufen in unserem Garten, ein paar Meter neben der Lagune. »Jetzt ist Lola bei Puka im Himmel«, sagte Jasper. »Vielleicht sitzt sie auf seinem Schoß und isst Fisch.«

Wenn schlimme Dinge passierten, sollten wir sie möglichst nicht erfahren. Diesmal war es anders. Vitale, der eloquente Politiker, bat um einen Termin mit Frank. Er wirkte gefasst, aber zornig. »Es gibt hier einen alten Mann, der Kinder belästigt«, sagte er. »Es ist früher schon mal vorgekommen. Danach hat ihn der Ältestenrat mit einem Jahr Hausarrest bestraft. Jetzt hat er mehreren jungen Mädchen an die Brust gegriffen und versucht, sie am Körper zu streicheln. Was genau passiert ist, wissen wir nicht. Er hat sie eingeschüchtert, dass sie mit keinem darüber reden dürfen.« Er schaute Frank direkt an. »Damals war eines der Opfer meine Tochter. Diesmal ist es eine Nichte von mir. Ihr Vater lebt nicht mehr hier. Sie ist für mich wie mein eigenes Kind.« Er machte eine lange Pause. »Wer ist denn der Mann? Kenne ich ihn vielleicht?«, fragte Frank. »Er wohnt hinter der Schule«, sagte Vitale, »und heißt Willie.«

Ausgerechnet Willie, der Süßigkeitenverkäufer. Der vornehme ältere Herr. Der pensionierte Doktor. Vitale war noch nicht fertig: »Du bist Arzt, Frank. Ich will, dass du uns sagst, wie gefährlich so ein Mensch ist. Ob er vielleicht geistig krank ist. Wir müssen entscheiden, was wir mit diesem Dreckskerl machen.« Frank dachte kurz nach. Er hatte keinerlei Erfahrung mit solch einem Fall. »Wir müssen uns zuerst um die Mädchen kümmern, damit sie das seelisch verarbeiten. Und sie sollten möglichst anonym bleiben. Gibt es Frauen im Ort, außer den Müttern, zu denen sie Vertrauen haben? Vielleicht eine Lehrerin?«, fragte er. Er war weder Therapeut noch Sozialarbeiter. Sie überlegten zusammen und kamen auf drei Namen: Margret, eine Lehrerin aus Neuseeland, Vae, die kämpferische alte Dame, und Malae, Vitales Frau. Sie sollten mit den Müttern der Betroffenen reden und ihre Hilfe anbieten. Frank würde bei der Frauenrunde anfangs dabei sein.

Per E-Mail holte er sich Rat. Er fragte Jane, eine neuseeländische Freundin von uns in Apia, die therapeutisch mit missbrauchten Kindern gearbeitet hatte. Sie antwortete sofort und sehr ausführlich. Auf jeden Fall so behutsam wie möglich vorgehen, riet sie. Niemals insistierende Fragen stellen. Den Mädchen das Gefühl nehmen, sie könnten an irgendetwas selber schuld sein. Sie in jeder Hinsicht aufbauen, unterstützen, ihnen Selbstvertrauen geben. Mit diesen Sätzen im Kopf ging Frank zum Treffen mit den vier Müttern. Er fragte sie, wie sie reagiert hatten, als sie von dem sexuellen Übergriff erfuhren. »Ich war entsetzt«, rief die eine. »Ich habe meiner Tochter befohlen, sie soll mir sofort sagen, was da genau passiert ist. Dann habe ich ihr erst mal ein paar geknallt. So sehr hat mich das aufgeregt!« Die anderen Mütter waren genauso hilflos.

Jeder im Ort wusste längst, was passiert war. Der Ältestenrat bat Frank um eine offizielle Stellungnahme zum Fall Willie. Über den Kinderschänder sollte zu Gericht gesessen werden. Frank dachte an das, was Jane ihm geschrieben hatte. »Ich habe Willie nicht untersucht und weiß nicht, was in seinem Kopf vorgeht«, sagte er, als er vor der Runde der Inselältesten saß. »Aber dass er das Gleiche schon früher getan hat, heißt, dass er es auch wieder tun könnte. Für die Opfer ist es in jedem Fall schlecht, wenn sie dem Täter wieder begegnen. Auf einer kleinen Insel wie Atafu wird sich das nur schwer vermeiden lassen.« Damit war Willies Schicksal besiegelt. Der Ältestenrat verabschiedete Frank und beriet sich weiter. Noch am gleichen Tag stand das Urteil fest: Willie musste mit dem nächsten Boot Tokelau für immer verlassen. Vitale schien erleichtert, als er Frank sprach. »Wenn er nicht hätte gehen müssen, dann hätten das andere erledigt, befürchte ich«, sagte er. Er machte eine Handbewegung, die »Rübe ab« bedeutete.

Ich sah Willie neben seinem Gepäck an der Kaimauer stehen, als das Schiff kam. Alle anderen, die mitfuhren, hatten einen Pulk von Familienmitgliedern um sich, schwatzten, wirkten geschäftig. Er stand abseits und versteckte sich hinter einer überdimensionalen Sonnenbrille. Er sah eingefallen aus, die grauen Haare strähnig. Seine Tochter umarmte ihn kurz. Sie war die junge Frau, die vor ein paar Wochen bei uns im Haus den Schwangerschaftstest gemacht hatte und bald ihr zweites Kind bekam.

Auf Atafu wehte ein neuer Wind. »Modern House« hieß das Projekt, das den Tokelauern politische Selbstverwaltung bringen sollte. In den Jahren der Kolonialzeit hatte die Administration des Landes sich stets außerhalb, in Neuseeland oder Samoa, befunden. Jetzt sollte die Macht zurück zum Volke. Dafür gab es kluge Köpfe wie Vitale und engagierte Berater. Einer von ihnen war Tony Johns, ein Rechtsanwalt aus Wellington. Er war seit ein paar Wochen im Dienste Tokelaus auf Atafu, um mit den Bewohnern Strukturen zu erarbeiten, die ihnen direkten Einfluss auf die Politik ihres Landes ermöglichten. Das »A-Team« nannte er die Gruppe interessierter junger Leute, die sich jeden Nachmittag mit ihm trafen und Fortbildung machten: wie man Vorschläge an den Ältestenrat formuliert, wie man Gesetzestexte richtig liest, wie man synchron dolmetschen lernt. Seto, Sinas Tennis spielender Mann, war einer der eifrigsten in Tonys Runde. Ich kam öfters dazu und lernte mit. Es war ein Crash-Kurs in Basisdemokratie. Bei so wenigen Einwohnern konnte jeder direkt auf die Politik des Landes Einfluss nehmen, wenn er es richtig anstellte. Die Werkzeuge dafür vermittelte das »Modern House«. Ich fragte die Krankenschwestern, warum keiner von ihnen im »A-Team« war. Manueta zuckte die Schultern. »Ich will, dass es hier so bleibt, wie es ist«, sagte sie. »Warum muss denn immer etwas anders werden?« Auf Tokelauisch hieß »Modern House« wörtlich übersetzt »Neues Haus«. Viele verstanden darunter »neue Toiletten«. Hartnäckig hielt sich das Gerücht, dieses obskure Projekt sei das Abrissunternehmen für die geliebten Donnerbalken. Das »Modern House« hatte eindeutig ein PR-Problem.

Zu den Abendveranstaltungen und Vorträgen von Vitale und Tony Johns erschienen immer weniger Leute. Graham, der nörgelige Elektrotechniker, sollte das Strom-Projekt vorstellen, mit dem die Aumaga seit Monaten beschäftigt war. Ein großes Generatorenhaus war im Bau; zu jedem Wohnhaus wurden neue Leitungen gelegt. Straßenlampen sollten in Zukunft nachts alle Wege erhellen. Keine schöne Vorstellung, fand ich und schaute nach draußen auf die kleine Gruppe von Jugendlichen im Halbdunkeln hinter dem Lotala-Haus, die lachten und redeten. Von weitem erkannte man nur ihre glühenden Zigaretten. Mir fiel auf, wie viel dünner Graham inzwischen aussah. Er musste in den letzten Wochen etliche Kilos abgenommen haben. Jetzt pries er die Vorteile der 24-Stunden-Strom-Versorgung: »Jeder von euch kann bald einen Toaster benutzen und ein Bügeleisen. Ihr könnt so lange Videos gucken, wie ihr wollt!« Elias wollte wissen, wie man sich vor Stromschlägen schützen kann. Auch Frank hatte eine Frage. »Wenn wir drei Generatoren haben statt einem, brauchen die auch mehr Treibstoff. Heißt das, dass das Boot in Zukunft mehr Benzin bringt oder öfter fährt?« Graham schaute ratlos. Der Inselchef Carter schaute ratlos. Seit einem Jahr lief das Strom-Projekt, es hatte bereits Millionen an Material und Arbeitskraft verschlungen. Aber wie die neue Stromversorgung gesichert werden sollte, hatten die Verantwortlichen sich nicht gefragt. Dabei war die Treibstoffversorgung stets eines der wichtigsten Themen in Tokelau. Ein Großteil des jährlichen Budgets ging für Benzin drauf. Wenn die Spritfässer alle waren, erlahmte das eh schon verlangsamte Inselleben völlig – bis hin zu schulfrei.

Makas Frau Rosa war eine der führenden Damen des Dorfes: kultiviert, hilfsbereit und kirchlich besonders aktiv. Aus ihrem Garten bekamen wir regelmäßig ein paar Papayas. Jetzt bekamen wir eine Einladung. Tony Johns' Zeit fürs »Modern House« war um, er sollte in privatem Kreise verabschiedet werden.

Das Haus des Rechtsbeauftragten hätte der tokelauischen Ausgabe von »Schöner Wohnen« entsprungen sein können. Muschelketten zierten die Türrahmen und Wände, auf der Bank lagen handbestickte Kissen, und Rosas ganzer Stolz war eine mit kleinen hellen Muscheln beklebte Blumenampel, die aus Samoa stammte.

Die Terrasse war schwach beleuchtet und mit Fischernetzen und Glaskugeln geschmückt. Rosa hatte frische Pflanzen in die Erde gesteckt. Rund zehn Leute saßen draußen in tiefen Stühlen und plauderten angeregt, als wir kamen. Ich hatte mir zur Feier des Tages aus dem hellgrünen Stoff, den es noch im Laden für die Schulsportuniformen gab, ein Umstandskleid genäht. Meine Körpermitte sah aus wie ein Granny Smith Apfel. Maka hatte ein paar Flaschen Wein organisiert und Musik aufgedreht, der Pastor fehlte – alles sah nach einem vielversprechenden Abend aus.

Maka bedankte sich für Tonys Einsatz in Tokelau. Wir prosteten ihm zu. Die Gespräche plätscherten dahin. Maka er-

zählte, wie er einst von einem amerikanischen Patrouillen-
boot gerettet wurde, als mal wieder der Motor seines Fischer-
bootes versagte und er kilometerweit von Atafu entfernt auf
dem Meer trieb. Vitale saß neben Frank. Er hatte einiges getrunken. Frank erklärte dem neuseeländischen Anwalt Tony,
wie das Überweisungssystem der Patienten ins Ausland funktionierte. Besser gesagt, dass es nicht funktionierte. Seit Monaten wäre da dieser Junge mit dem verstopfen Ohr, der dringend ... – »Was hast du gemacht, um diesem Jungen zu
helfen?«, unterbrach ihn Vitale. Er klang gereizt. Frank erklärte es ihm. Dass er immer wieder an Peter Adam und den Gesundheitsminister schreiben würde, um Druck zu machen.
Dass die Antworten auf sich warten ließen. Vitale unterbrach
ihn wieder. »Nein, Doktor, was hast du wirklich getan, um
diesem Kind zu helfen? Ich weiß, wovon ich rede. Mein Sohn
hatte ein verstopftes Ohr.« Ich horchte auf. Vitales Tonfall war
jetzt aggressiv. Frank wirkte irritiert. Wieder wurde er von
dem Politiker angegriffen. »Dieser Junge ist vielleicht bald
taub, und ich will wissen, was du gemacht hast, damit die Füh-
rung von Tokelau davon erfährt, Doktor!« Das »Doktor« brüllte er fast. Frank zuckte zusammen, als ob ihn Vitale getreten
hätte. Es kam noch schlimmer. »Du scheißt auf die Gesundheit unserer Kinder, Doktor!« Vitale stieß den Sessel zurück,
stand auf und ging ins Haus. Wir hörten die Türe mit Wucht
zuknallen. Maka, Tony Johns und Frank saßen versteinert da.
Ich war wie erschlagen und stand gleichzeitig unter Hoch-
spannung. Die Musik dudelte, keiner sprach ein Wort. Da
ging die Terrassentür auf. Vitale war wieder da. Er wirkte etwas normaler. »Sorry«, sagte er und setzte sich, ohne Frank
anzusehen »ich habe dich nicht gemeint, sondern deinen Beruf allgemein.« Franks Züge entspannten sich etwas. Ich
wunderte mich, wie gefasst er war. Ruhig sagte er: »Ich weiß,
dass du selber betroffen bist. Daher verstehe ich deinen Ärger
auch.« Ich wünschte, er hätte sich gegen diesen heftigen Vorwurf gewehrt. Wenn es etwas gab, was Frank besonders am

Herzen lag, dann waren es die tokelauischen Kinder. Keiner hatte meiner Meinung nach ein Recht, ihn so zu beleidigen. Vitale nahm einen tiefen Zug aus seinem Whiskey-Cola-Glas. Dann legte er wieder im scharfen Ton von vorhin los. »Ich will wissen, was dein Berufsstand getan hat, um dem Jungen zu helfen.« Jetzt wurde ich wütend. Ich konnte es nicht mehr ertragen, wie er meinen Mann aus heiterem Himmel angriff. »Ich sehe hier nur einen einzigen Arzt«, mischte ich mich ein. Jasper saß auf meinem Schoß und schlang die Arme um mich. Er drückte seinen Kopf an meine Brust. An der Terrassentür stand Rosa neben dem Büffet. Sie hatte die ganze Zeit im Hintergrund bedient. Ihr Dauerlächeln war jetzt festgefroren. Es hatte etwas Verzweifeltes.

Der Abend war gelaufen. Wir müssten Jasper ins Bett bringen, sagten wir und gingen. Frank stand wie unter Schock. Erst zu Hause reagierte er auf das, was auf Makas Terrasse passiert war. »Ich bin in meinem ganzen Leben als Arzt noch nie so verletzt worden. Und ausgerechnet von Vitale. Am liebsten würde ich sofort packen und abreisen.« Er setzte sich hin und schrieb einen Brief. Er zerknüllte ihn wieder. Er legte sich ins Bett. Wir schliefen schlecht in dieser Nacht.

Ich hatte mich gerade in meinen Lavalava gewickelt und den Wasserkessel fürs Frühstück aufgesetzt, als es klopfte. Ich strich mir die verstrubbelten Haare zurecht und machte auf. Vitale stand vor der Tür, in seinen Joggingsachen und mit ein paar Blumen in der Hand. Er streckte mir den kleinen Strauß entgegen. »Ein Friedensangebot«, sagte er und deutete ein Lächeln an. Er wirkte verlegen. »Ist Frank auch da?« Wir setzten uns mit unseren Kaffeebechern auf die Veranda. Hier hatten wir vor einem Monat mit Vitale und seiner Frau Malae gesessen, selbst gemachte Thunfischpizza ohne Käse gegessen und auf den Einzug ins neue Haus angestoßen. Vitale sah betreten aus. Er entschuldigte sich knapp. Er sei gestern betrunken gewesen. Frank solle das doch nicht persönlich nehmen.

Frank hatte es aber sehr persönlich genommen. Er erklärte Vitale, warum. Dass er nicht schuld sei an dem Überweisungssystem, das der tokelauische Gesundheitsminister seit Jahren zu verantworten habe. Und dass er bisher alles getan habe, was er könne, um den Leuten hier zu helfen. Er stellte seine Arbeit für einen minimalen Lohn in den Dienst dieses Landes, er war von Herzen und mit vollem Einsatz dabei. Vitale nickte. Er war wieder ganz Staatsmann. »Ich werde den Ältestenrat bitten, dass sie wegen des Jungen eine Anfrage beim Gesundheitsminister stellen.« Für ihn war das Thema damit erledigt. Für uns nicht. Die Enttäuschung ging bei Frank tiefer als damals nach dem Wettfischen. Der Kanu-Rausschmiss war einfach unhöflich gewesen. Aber dies war ein Schlag unter die Gürtellinie. Ausgerechnet von dem Mann, den wir so bewundert hatten.

Maka traf ich später am Laden. Er wirkte zerknirscht und ehrlich betroffen. »Ich muss mich für Vitale entschuldigen«, sagte er. »Das war nicht tokelauischer Stil. So etwas macht man bei uns nicht.« Damit meinte er sicher die verbale Attacke gegen Frank. »Sich unter Männern zu streiten, ist okay«, fuhr Maka fort. »Aber nicht vor Frauen und Kindern.«

Wir gingen Vitale aus dem Weg. Er hatte uns ein Gesicht gezeigt, das wir lieber nicht gesehen hätten. Ich schüttete Vae, der feinen alten Dame, in ihrem Haus mein Herz aus. Mittlerweile war mir ihre ganze Familie ans Herz gewachsen: Ihre Tochter Tessa, hochschwanger und so intelligent, feingliedrig und vornehm wie ihre Mutter, und Tessas Mann Manu, der schwergewichtige Maler, den ich jeden Tag mit dem Schweineeimer am Stock über der Schulter am Haus vorbeiziehen und freundlich winken sah. Vae wischte sich eine Träne aus den Augenwinkeln. Nicht, weil sie sentimental war, aber weil sie sich aus tiefstem Herzen wünschte, dass die Menschen ihres Landes zu Besserem fähig wären. Vae liebte Tokelau über alles. An keinem anderen Ort der Welt wollte sie alt werden.

Aber sie konnte sich schwarz ärgern darüber, dass es sechs Jahre dauerte, bis ein Haus zu Ende gebaut wurde, dass die Kinder in der Schule noch immer geschlagen wurden, dass so viele gute Ideen in der Gleichgültigkeit und Schwerfälligkeit untergingen, und dass man als Politiker mit Reden und Logik nicht so weit kam wie mit ein paar Runden Bier, die man seinen Anhängern spendierte. Es war mehr als Ärger – es setzte ihr zu. Wahrscheinlich tat weniger ich ihr leid als diejenigen, über die Vitales ungehöriges Verhalten Schande brachte. Malae war schließlich ihre Nichte. »Diese arme Frau. Was sie alles mit diesem Mann durchmachen muss«, sagte Vae.

Ich sah sie wenig später vor der Klinik. Tessa war in den Wehen mit dem vierten Kind. Sie saß rücklings auf dem Stuhl, über die Lehne gebeugt. Die Mutter massierte ihr den unteren Rücken, die Krankenschwestern bereiteten Wasser und Tücher vor. Tessa stöhnte leise. Es musste jeden Moment losgehen. Ich war immer wieder fasziniert, wie selbstverständlich das Kinderkriegen auf Atafu war. Niemand machte ein großes Aufheben darum. Es gab keine Geburtsvorbereitungskurse, keine schlauen Bücher, wenig Ängste. Und aus den Fenstern der Klinik hörte man weder Schreien noch Heulen, wenn die letzte Phase der Entbindung begann. Der ganze Vorgang, der mich damals mit Jasper fast 24 Stunden, einen Wehentropf, eine Muttermundverkrampfung und drei Rückenmarksnarkosen gekostet hatte, dauerte hier meist nicht länger als eine Stunde. Ich sandte einen stummen Appell an das kleine Wesen in meinem Körper: »Bitte schenke mir eine tokelauische Geburt!«

Auch bei Tessa ging alles ohne Komplikationen ab. Ich gratulierte ihr mit einem Spielzeugfrosch aus Stoff, den ich aus Jaspers Kinderzimmer hatte mitgehen lassen. Tessa lag abgekämpft und glücklich im Klinikbett und hielt ihre winzige Tochter im Arm. Schwarzer Flaum wuchs auf dem Köpfchen. »Weißt du, wie sie heißt?«, fragte sie mich. Ich war gespannt. Tessa lächelte. »Sie heißt Anke!« Wie wunderschön. Ich war gerührt. Jetzt waren wir einmal komplett auf Atafu vertreten. Von den zwei anderen Babys, die seit unserer Ankunft geboren worden waren, hieß eines Jasper und das andere Frank.

Tepeni, der große Bruder von Luta, hatte sich mit Kelli, dem kleinen Bruder von Emma, geprügelt. Kelli hatte den Kürzeren gezogen und war nicht mehr ansprechbar. Frank wurde in die Klinik gerufen. Es sah nach einer schweren Gehirnerschütterung aus. »Kelli, zähl mal bis zehn«, forderte Frank ihn auf. Der 11-Jährige lallte nur. Vorhin hatte er wenigstens noch ein paar Worte herausgebracht. Frank wusste nicht, ob sich unter dem Schädel vielleicht ein Hämatom, eine Blutansammlung, gebildet hatte. Um das herauszufinden, hätte er ein Röntgengerät gebraucht. Im schlimmsten Fall schwoll das Hämatom immer mehr an und drückte aufs Gehirn. Er schlug im Handbuch für Unfallchirurgie nach. Dort stand genau, an welcher Stelle man in so einem Fall Löcher in die Schädeldecke bohrt, um das Blut ablaufen zu lassen und den Druck zu mildern. Dort stand allerdings nicht, was man macht, wenn man keinen medizinischen Bohrer hat. Den gab es auf Atafu nicht. Dafür aber Jimi, den Handwerker. »Kannst du mir deinen Holzbohrer leihen?«, fragte Frank ihn. »Was willst du denn reparieren?«, fragte Jimi zurück. »Einen Kopf«, sagte Frank. Es war sein Ernst. Er kontrollierte jede Viertelstunde die Pupillenreaktion des Jungen und studierte zu Hause wieder und wieder die Passage im chirurgischen Handbuch, um genau zu wissen, wo er den Drill ansetzen müsste. »Willst du das wirklich tun?«, fragte ich ihn, entsetzt und fasziniert zugleich. Ich hatte fast mehr Angst als er vor dieser Aktion. Eine Krankenschwester klopfte. »Kelli spricht wieder«, sagte sie. Der Bohrer blieb in Jimis Werkzeugkoffer.

Von: Dr. Frank Küppers [anke_frank@clear.net.nz]
An: Alle
Datum: Samstag, 11. August 2001
Betreff: Verhext

Liebe Freunde,

neben zu viel Sport — mein Meniskusknie tut mal wieder weh — betreibe ich auch Gesundheitserziehung,
Aufklärung und Seelsorge. Das führt in teilweise er-
staunliche Tiefen. Als Doktor ist man auch Nachhilfe-
lehrer und Hausaufgaben-Helfer, und so ist die Bude
abends gerammelt voll mit kichernden Schulmädchen,
die einerseits Pythagoras-Probleme haben, vor allem
aber sehen wollen, wie die Palagi-Familie lebt und
mit ihr ein wenig Konversation treiben wollen. Eines
Abends erzählte eine der jungen Damen Anke — ich wurde vorher rausgeschickt — die traurige Geschichte von
ihrer Mutter, die wohl an einem metastasierten Zer-
vixkarzinom, also Gebärmutterkrebs im letzten Stadium, in Neuseeland verstirbt. Emma würde ihre Mutter
gerne noch einmal sehen, aber die Familie hier will
wohl nicht, dass sie die Insel verlässt. Und außerdem
erzählten einige ältere Frauen,die Mutter sei von einem Geist besessen. Ich habe am nächsten Tag versucht, Licht in die Geschichte zu bringen und verschiedene Begründungen gehört. Emma solle in der
Schule nichts verpassen, die Mutter wolle sie eigentlich gar nicht sehen (und uneigentlich?), der Vater
könne sich in Neuseeland nicht recht um sie kümmern,
und letztlich brauche die Großmutter auf Atafu Hilfe
im Haushalt. Alles mehr oder weniger fadenscheinige
Ausreden, die nicht so recht reichen, um einen Pala-
gi-Doktor zu befriedigen, denn es lassen sich für
alle Probleme Auswege finden. Die Krankenschwestern

wollen nicht so recht mit der Sprache raus, und auf die Frage, was es denn mit dem Geist auf sich habe, ist alles plötzlich ganz einfach. Wenn ich das bereits wüsste, dann sei es ja klar: Die Tochter könne ja aus Sicht der Familie wohl kaum zu einer besessenen Mutter. Vor einiger Zeit sei ein Geisterheiler aus Tuvalu auf der Insel gewesen und der habe die Mutter verhext, die sich im Weiteren seltsam und teilweise obszön verhalten habe. Und in der Bibel hat Jesus auch Besessene geheilt, also gibt es Besessene und damit Geister und damit ist Emmas Mutter verhext. Dass der Krebs schon in weit fortgeschrittenem Stadium war und wahrscheinlich Hirnmetastasen die Ursache für das seltsame Verhalten sind, ist für die Schwestern einleuchtend, aber natürlich kein Beweis. Vor allem nicht für die alten Damen im Dorf. Man begibt sich da auf dünnes Eis, wenn man gegen Bibel und Tradition argumentieren will, aber in diesem Fall erschien es notwendig. Da ist ein 16-jähriges Mädchen mit einigen jüngeren Geschwistern, die Mutter liegt im Sterben, sie darf sie nicht sehen und wird dann auch noch mit irgendwelchen Geistergeschichten konfrontiert. Da wird einem so eine Insel, die man so gut zu kennen scheint, plötzlich ganz fremd. Der Vater kam aber einer groß angelegten Exorzismusdebatte zuvor, sprach ein Machtwort aus Neuseeland und hat alle Kinder nach Neuseeland beordert. Damit ist das Thema erledigt, wirft aber viel profanere, weil finanzielle Probleme auf. Aufgrund der überhöhten Monopol-Flugpreise von Air New Zealand ist das schlichtweg sehr teuer. Und da ist die Insel wieder ganz meine liebe kleine Südseegemeinschaft: Es wird gesammelt. Sogar Jasper soll ein paar Cent in den Kindergarten mitbringen, in der Schule wird gesammelt, und Mittags laufen alle Lehrer singend mit einer Schubkarre durchs Dorf und jeder wirft etwas hinein. Als das noch nicht reicht, macht sich am Nachmittag auch noch mal die Belegschaft der Inselverwaltung samt amtierendem Präsidenten auf die Tour und singt für Emmas Familie so lange, bis das Geld beisammen ist. Die haben hier alle wirklich nicht viel Geld, aber offensichtlich ist genug zusammengekommen. In solchen Momenten möchte ich an keinem anderen Platz der Welt sein als auf Atafu/Tokelau/Südpazifik.

Frank

17 Lass die Tränen fließen

Limata e maligi

Die Ärztin, die ein halbes Jahr vor uns auf der Insel gewesen war, kam aus der Heilsarmee. Sie sang in Atafu im Kirchenchor, lernte Fächer flechten und brachte der Gemeinde bei ihrem letzten Besuch aus Neuseeland eine neue Orgel mit. So viel christliches Engagement konnten wir bei aller Selbstverleugnung nicht bieten. Wir versuchten trotzdem, uns so weit wie möglich zu integrieren und gute Gäste zu sein. Wahrscheinlich machten wir jeden Tag noch unzählige Fehler, ohne es zu wissen. Aber wir hatten mittlerweile ein sicheres Gespür dafür, was uns in den Augen unserer Gastgeber nicht zustand: uns in die Sitten und Traditionen einzumischen. Kritik und erhobener Zeigefinger gehörten zum Stil der ehemaligen Kolonialherren. Deutsche Besserwisserei wollten wir daher gerne zu Hause lassen. Unsere Maxime hieß: Wir sind nicht in Tokelau, um die Menschen hier zu ändern, sondern wir wollen von ihnen lernen. Dann kam der Anruf, der all das in Frage stellte.

Am Telefon war Catherine aus Fakaofo. Es war mitten in der Nacht. Sie schluchzte. »Ein junges Mädchen, das ich gut kenne, hat sich umgebracht.« Die neuseeländische Hebamme war völlig aufgelöst. »Es ist ganz, ganz schrecklich. Sie war erst 14! Kurz vorher war sie noch bei mir, und ich hatte keine Ahnung, was los war.« Sie weinte wieder. Frank erfuhr den ganzen Vorfall. Das Mädchen hatte einen heimlichen Freund gehabt. Die Mutter hatte sie dabei erwischt, wie sie sich küssten. Zur Strafe wurde der Teenager dafür vom Vater nach

Strich und Faden verprügelt. »Ich will dich nie mehr wiedersehen«, soll er nach den Schlägen gesagt haben. Das nahm die Tochter wörtlich. Aber von einer abgeschiedenen Insel kann man nicht einfach verschwinden. Gegen acht Uhr abends wurde sie in einem Palmenhain gefunden. Sie hatte ihren Lavalava zur Schlinge gebunden und sich damit erhängt.

Ich war zutiefst erschüttert. Alle Gelassenheit war jetzt vorbei. Der Gedanke an das tote Mädchen quälte und verfolgte mich. Ich trauerte um sie, als ob sie eine der Jugendlichen gewesen wäre, die abends mit ihren Hausaufgaben bei uns reinschauten, kichernd auf der Couch saßen und sich ihr Herz ausschütteten. Ihr Tod war so unsinnig, so tragisch. Was musste sie durchgemacht haben, um in solchem Maße verzweifelt gewesen zu sein?

Wir erfuhren es nach und nach. Mika, ein Mann aus Fakaofo, war auf Atafu zu Besuch. Ich fragte ihn. »Der Vater hat sie mit einem dicken Stock verprügelt«, sagte er mir. »So heftig, dass der Stock in Stücke brach. Es war sehr brutal.« Mika klang ganz ruhig. »Das Ganze passierte öffentlich. Da standen viele Leute daneben und schauten zu. Der Vater war wie ein rasendes Tier.« – »Hättest du etwas getan, wenn du dabei gewesen wärst?« Mika schüttelte bedauernd den Kopf. »Nein. Ich mische mich nicht ein.«

Es war entsetzlich. Der Selbstmord war furchtbar genug. Aber die Vorstellung, wie dieses Mädchen vor den anderen misshandelt und gedemütigt worden war, wie ihr Körper und ihre Seele verletzt wurden, war für mich unerträglich. Dass sie niemanden gehabt hatte, der ihr half. Diesmal ging es mir wie einst den Krankenschwestern bei der Schwangerschaft der Minderjährigen im Dorf: Ich war erleichtert, dass es nicht bei uns passiert war, sondern auf der Nachbarinsel. Wie hätte ich all die netten Menschen auf Atafu weiter grüßen können, mit ihnen zusammensitzen, reden und tanzen, wenn ich gewusst hätte, dass sie die teilnahmslosen Zuschauer einer solchen Grausamkeit gewesen waren?

Ein junger Mann brachte einen Palmkorb mit Essen für uns vorbei. »Oh, vielen Dank! Was ist der Anlass?«, fragte ich ihn freundlich. »Eine Trauerfeier«, sagte er. Er nannte den Namen der Toten aus Fakaofo. Mein bestürzter Gesichtsausdruck entging ihm nicht. Unschlüssig stand er in der Tür. Die Frage platzte aus mir heraus. »Findest du es richtig, eine 14-Jährige zu schlagen, weil sie einen Freund hat? Sie so zu verprügeln, bis sie sich umbringt?« Ich konnte nicht anders. Ich war aufgelöst. Er sah mich direkt an. »Nein«, sagte er leise. »Ich finde das nicht richtig.« In seinen Augen stieg Wasser hoch. Der Mann drehte den Kopf weg. »Sie war meine Kusine.«

Bei mir war ein Damm gebrochen. Jeder wusste, dass wir Jasper niemals Ohrfeigen gaben und die disziplinarischen Methoden in der Schule und im Kindergarten ablehnten. Aber wir hatten uns nie direkt eingemischt, wenn es um andere ging. Jetzt musste ich mich aussprechen. Ich konnte mir nicht vorstellen, dass Frank und ich die Einzigen waren, die der Selbstmord so mitnahm.

Ich setzte mich zu Nancy, der Schwesternhelferin. Sie hatte Nachtwache und streckte sich auf einer Strohmatte vor der Klinik aus. Sie war die quirligste junge Frau im Krankenhaus, frech, direkt und lustig. Nancy machte viel Sport, war bei jeder Disco dabei und hatte seit langem einen festen Freund. Frank hatte mir mal amüsiert erzählt, wie sehr die 20-Jährige sich ein Baby wünschte. »Frank, wir üben wirklich hart!«, hatte sie ihm offenherzig anvertraut. Mit Nancy konnte man über alles reden.

»Findest du es richtig?«, fragte ich auch sie. Sie zuckte die Schultern. Geduldig erklärte sie mir, dass tokelauische Kinder nun mal anders seien. Da würde Reden und Erklären nicht viel helfen. Denen müsse man von klein auf eintrichtern, was sich gehört. »Aber warum mit Schlägen? Das geht doch auch anders«, sagte ich. Nancy klang unbekümmert. »Ich gebe meinen kleinen Nichten auch eins hinten drauf. So ist nun mal unsere Kultur.« Ich konnte diesen Satz nicht mehr hören. Nur, weil es immer schon so war, war es anscheinend richtig. Die Tradition, die niemand in Frage stellen durfte – wir Palagi schon gar nicht. Dabei hatten einst die Missionare aus Europa vor 150 Jahren den Rohrstock in der Südsee eingeführt. Zur ursprünglichen Kultur der Südsee gehörte dagegen noch bis Anfang letzten Jahrhunderts der Kannibalismus. Von dem hatte man sich, Tradition hin oder her, erfreulicherweise längst verabschiedet.

Nancy zeigte auf ein leer stehendes Haus hinter der Bananenplantage. »Dort hat sich im vorigen Jahr ein 15-jähriger Junge aufgehängt. Er war in der Schule beim Rauchen erwischt worden.« Oh nein. Bitte nicht. »Deshalb hat er sich umgebracht?«, fragte ich erschrocken. »Er wurde vom Lehrer gehauen und dann nach Hause geschickt. Seine Mutter hat zu ihm gesagt: ›Na warte, bis dein Vater kommt und das erfährt.‹ Der Junge wusste, was sein Vater dann machen würde.« Nancy brach ab, schwieg vielsagend und hob die Augenbrauen in der unnachahmlichen polynesischen Geste, die hieß: »So ist es.«

So war es, aber ich wollte es nicht akzeptieren. Nicht, wenn diese Kultur auf Kosten der Menschenrechte von Kindern und Jugendlichen ging. Ich fing an, immer mehr Gespräche zu führen. Ich fragte Maka, den Rechtsbeauftragten. »Auf Kindesmisshandlung steht Strafe«, sagte er mir. Und offiziell sei die Prügelstrafe in der Schule abgeschafft. Auf dem Papier war also alles kein Problem. Malae erzählte mir, was ihrem Sohn einst auf dem mittleren Atoll Nukunonu passiert war, wo sie und Vitale im Laufe seiner Amtszeit gewohnt hatten. Ein paar Schüler hatten Blödsinn angestellt, waren zur Rede gestellt worden, und ihr Sohn hatte den Fehler zugegeben. Dafür verdrosch ihn der Schuldirektor so, dass der Junge mit blutigem Hintern nach Hause kam. Malae musste ihn ärztlich behandeln lassen. Der Schuldirektor war noch heute in Amt und Würden.

Ich schlug ihr vor, so etwas wie eine Selbsthilfegruppe zu gründen. Eine Anlaufstelle für Jugendliche, die Gewalt von ihren Eltern oder Lehrern fürchten. Diese Gruppe sollte wie ein Kontrollorgan im Dorf funktionieren und bei Misshandlungen einschreiten. Malae wollte mitmachen. Vae ebenfalls.

Zwei Wochen nach dem Selbstmord fand ein einwöchiger Fortbildungskurs auf unserer Insel statt. Es ging darum, die Grundlagen des Einzelhandels zu vermitteln, damit sich für die Tokelauer neue Geschäftszweige auftaten. Einer der auswärtigen Teilnehmer war der Vater des toten Mädchens aus Fakaofo. Er war ein ganz normaler Besucher. Niemand stellte ihn zur Rede, niemand schnitt ihn. Sicher war er mit dem Verlust seiner Tochter bestraft genug. Aber hätte er nicht wegen schwerer Kindesmisshandlung vor ein Gericht gehört? Ich fand es nicht kolonialistisch, so zu denken. Ich fand es eine Selbstverständlichkeit. Mir fiel ein, was Vitale uns einmal gesagt hatte: »Es gibt Richtig und Falsch. Und daher gibt es universelle Gesetze, die für alle Menschen gelten.« Er war früher als Junge zur Bestrafung an eine Palme festgebunden und mit armdicken Zweigen geschlagen worden.

Meine Gedanken kreisten nur noch um das eine Thema. Ab und zu fiel mir mal wieder ein, dass unsere Zeit in Tokelau bald zu Ende war. In zwei oder drei Wochen müssten wir bereits packen. »Dann ist die Isolationsfolter vorbei«, sagte Frank. Es war scherzhaft gemeint, klang aber wehmütig. Mir ging es genauso. Die Welt da draußen, die uns erwarten würde, kam mir unwirklich vor. Mich interessierte im Moment nichts so sehr wie das, was auf Atafu, Fakaofo und Nukunonu geschah. Ich war nicht froh darüber, endlich diesen Ort zu verlassen, der so elementare Probleme aufwarf. Im Gegenteil. Ich bedauerte, nicht noch ein weiteres Jahr zu haben, um mich ausschließlich diesen Problemen zu widmen. Ich wollte helfen und etwas verändern. War ich missionarisch und besessen? Wahrscheinlich. Aber ich war zutiefst überzeugt, dass mein Einsatz gerechtfertigt war. Das wenige, das ich vielleicht tun konnte, wollte ich wenigstens versuchen.

Einmal im Monat fand eine Eltern- und Lehrerversammlung im Lotala statt. Der Termin würde diesmal eine Woche vor unserer Abreise sein. Ich fragte die Schuldirektorin, ob wir den Abend für ein besonderes Thema umgestalten könnten: eine Diskussionsveranstaltung zum Thema Gewalt gegen Kinder. Sie fand die Idee grundsätzlich gut. Aber sie wollte sich nicht zu weit aus dem Fenster hängen und es sich mit irgendwem verscherzen. Sie bat mich, vorher mit allen Lehrern zu sprechen. Das tat ich. Ich redete mit dem Pastor und dem Faipule und dem Rechtsbeauftragten und dem Frauen-Komitee. Jeder sollte an dem Abend ein paar entscheidende Sätze zum Thema sagen. Der Einzige, mit dem ich nicht sprach, war Elias, der zuständige Direktor für Bildung und Erziehung. Seit dem Selbstmord auf Fakaofo vermied ich jede Begegnung mit ihm.

Ich druckte auf dem Klinikcomputer Zettel aus, die die »lieben Bewohner von Atafu« zur Veranstaltung einluden. »Fragen Sie sich, ob es richtig oder falsch ist, Kinder zu schlagen?« stand darauf. »Wollen Sie, dass Kindesmisshandlung aufhört? Machen Sie sich Sorgen über den Selbstmord von Jugendlichen?« Die Krankenschwestern hatten für mich übersetzt. Auf Tokelauisch war der Text viel länger als auf Englisch. Für viele Begriffe, zum Beispiel Pubertät, gibt es in der polynesischen Sprache keinen direkten Ausdruck. Mit meinem dicken Bauch lief ich durchs Dorf und tackerte die Plakate an alle Brotfruchtbäume.

Ich fragte Vitales Frau Malae, ob sie nicht als betroffene Mutter und im Namen der entstehenden Selbsthilfegruppe sprechen wollte. Sie machte plötzlich einen kompletten Rückzieher. »Ich werde nicht zu anderen Eltern gehen und ihnen sagen, was sie tun sollen«, sagte sie mir. Sie wirkte abweisend. »Das kann ich nicht. Ich gebe meinen Kindern auch Ohrfeigen, wenn es sein muss.«

Das Versammlungshaus war gefüllt, als wir an dem Sonntagabend erschienen. Ich sah viele vertraute Gesichter, junge und alte. Elias konnte ich nirgends entdecken. Wie bei einer Podiumsdiskussion setzten wir Redner uns in einem Halbkreis auf Matten vor das Publikum. Vae saß neben mir. Sie hatte sich ein besonders schönes Kleid angezogen und wollte meine Einführung zum Thema übersetzen. Es war mehr ein flammender Appell als eine Rede geworden, und Frank hatte mich gebeten, ihn weniger emotional zu verfassen. Er war immer noch heftig genug. Ich wollte aufrütteln, nicht besänftigen.

Ich bedankte mich bei den Dorfältesten, bei den Eltern und Lehrern dafür, hier reden zu dürfen. Das Sprechen fiel mir nicht leicht. Ich war furchtbar nervös. Meine Augen waren geweitet, mein Gesicht verspannt. Nach den Anfangsfloskeln kam ich schnell zur Sache. In wenigen Worten schilderte ich drastisch den Suizid vor einigen Wochen. »Dies ist ein sehr trauriges Beispiel dafür, was körperliche Züchtigung anrichten kann«, fuhr ich fort. »Ähnliche Fälle sind auf den anderen Atollen Tokelaus vorgekommen. Unsere Rolle als Eltern ist, unsere Kinder zu erziehen, zu lieben und zu beschützen. Einen Schwächeren zu schlagen und zu verletzen ist keine Form von Liebe. Es ist körperliche Misshandlung.« So ging es immer weiter. Ich betonte, dass ich hier nicht als Palagi säße, der sich als etwas Besseres fühlte. Ich säße hier, weil mir die misshandelten Kinder am Herzen lägen. »Und ich weiß, dass ich nicht die Einzige im Saal bin.« Ich sagte, dass geschlagene Kinder später weiter prügeln würden, weil sie es nicht anders gelernt hätten. Dass dieser Teufelskreis aufhören müsse, denn er koste zu viele unschuldige Opfer. Vielleicht sei es an der Zeit, Dinge abzulegen, die man bisher für richtig gehalten habe. »Niemand will noch einen Sohn oder eine Tochter Tokelaus verlieren«, sagte ich. Vaes Stimme stockte, als sie den Satz übersetze. Sie brach ab. »Das nimmt mich zu sehr mit«, flüsterte sie mir zu. Sie fuhr sich mit der Hand über die Augen. »Bitte, lass jemand anderen weiter machen.« Im Saal war es auffallend still.

Ich hatte nicht gemerkt, dass auch Vitale vorne auf unserem Strohmatten-Podium saß. Er musste später dazugekommen sein. Jetzt sprang er als Übersetzer ein. Ich schloss mit den Worten: »Als betroffene Mutter, die dieses Land und seine Kultur schätzt und respektiert, möchte ich euch ermutigen: Lasst uns zusammen etwas dafür tun, dass sich kein Jugendlicher mehr das Leben nimmt und dass Gewalt gegen Kinder zur Vergangenheit gehört.«

Ich sah die Menge der Gesichter vor mir und wusste die Blicke nicht zu deuten. Ich hörte Klatschen. In meinem Kopf raste es. Ich stand viel zu sehr unter Strom, um aufzunehmen, was die Redner nach mir sagten. Der Pastor verkündete etwas Allgemeines in der Richtung, dass wir uns alle lieben sollen. Frank sprach als Arzt über die seelischen Auswirkungen, die solche Übergriffe auf die Psyche von Jugendlichen haben. Die Schuldirektorin verhielt sich gewohnt diplomatisch: Schläge seien eigentlich falsch, aber verständlich, sagte sie. Ihr hätten sie früher auch nicht geschadet. Ich war enttäuscht. Sie hatte die Chance vertan, im Namen der Schule zu verkünden, dass Schluss mit Prügeln sei. Dafür trat Lui Carter, der Inselchef, umso deutlicher auf den Plan. »Wenn solche Methoden zu Selbstmord führen«, sprach er laut in den Saal, »dann können sie nicht richtig sein. Dann müssen wir etwas daran ändern.«

Die Diskussion war eröffnet. Schwester Nua meldete sich als Erste. Sie wirkte sehr verärgert. Sie beschwerte sich über die Plakate, die ich im Dorf aufgehängt hatte. Wieso ich da das Wort »Selbstmord« hingeschrieben hätte. Ob uns nicht klar sei, dass das die Jugendlichen erst auf dumme Gedanken brächte?

Frank antwortete. Er klang, als ob er gleich explodierte. »Wir sind alle hier, um über ein sehr wichtiges Thema zu reden. Es kann doch nicht wahr sein, dass ein Plakat als anstößig gilt, weil es dieses Thema beim Namen nennt!« Ich hatte ihn vor anderen noch nie so wütend erlebt. »Soll lieber weiterhin alles unter den Teppich gekehrt werden?«, fragte er provozierend. Am meisten ärgerte ihn, dass die Krankenschwestern das Plakat seit einer Woche kannten, es aber erst jetzt ansprachen. Mal wieder fühlte er sich von ihnen im Stich gelassen. Nuas Gesicht sah frostig aus. Die Stimmung im Saal schien zu kippen. Wenig später verließ Schwester Pella die Versammlung.

Besorgte Mütter meldeten sich, die wissen wollten, wie sie denn ihre ungehorsamen Kinder bestrafen sollten, wenn Schläge nicht das Richtige wären. Ich hatte für diesen Zweck Handzettel vorbereitet, die jetzt herumgereicht wurden. »Was kann man tun, statt zu schlagen?« stand darauf. In einfachen Worten hatte ich ein paar pädagogisch sinnvollere Methoden aufgezählt und am Ende gewarnt: »Reagiere dich niemals an deinem Kind ab, wenn du Alkohol getrunken hast.« Es klang wie eine Gebrauchsanleitung.

Hinten an der Wand stand jetzt Penehe auf, der »Taliban«, der einst die Jungen am Strand vertrieben hatte. Ich war gespannt. »Ich glaube an das, was in der Bibel steht«, polterte er los. »›Du sollst deine Kinder züchtigen‹. Das ist das Wort Gottes. Dieses Mädchen war vom Teufel besessen. Wenn sie nach Gottes Wort gelebt hätte, dann hätte sie keinen Grund gehabt, sich umzubringen. Nur wer Satan in sich hat, der bringt sich um.« Er setzte sich wieder. Vitale schaffte es kaum, die Worte für Frank und mich zu übersetzen. Er verhaspelte sich vor unterdrückter Wut. »Das ist der schlimmste Mist, den ich je gehört habe«, zischte er. Ich dachte, jetzt würde die Diskussion endlich richtig in Fahrt kommen. Jetzt müssten sich doch all diejenigen rühren, die diese Worte ungeheuerlich fanden. Für mich waren sie ein Tritt ins Gesicht des Selbstmord-Opfers. Niemand meldete sich. Ich hob die Hand. »Wenn hier jemand vom Teufel besessen war, dann doch wohl der Vater, der dieses Mädchen so brutal verprügelt hat«, sagte ich. Ich zitterte dabei. Aus mir sprudelten unüberlegt Worte heraus.

Ich hielt einen Exkurs über Frauen in Pakistan, die sich in erschreckenden Zahlen das Leben nahmen, weil sie von ihren Männern misshandelt wurden. Ich hatte vor kurzem in einem älteren TIME-Heft davon gelesen. Irgendwie führte ich das Thema zurück nach Tokelau. Es muss wirr geklungen haben. Und ziemlich verzweifelt. Alles hatte ich erwartet, aber nicht so wenig Mitgefühl für das tote Mädchen.

Die Veranstaltung hatte über zwei Stunden gedauert. Ich war nicht mehr aufnahmefähig. Die Redner schüttelten mir die Hände. Lui Carter bedankte sich bei mir. »Wir werden dieses Thema weiter verfolgen«, sagte er in staatsmännischem Ton. »Es ist wichtig. Wir müssen noch mehr solche Workshops machen.« »Ohne mich«, dachte ich. Ich fühlte mich komplett ausgelaugt, erschöpft, desillusioniert. Mein runder Bauch war hart wie ein Fußball. Die Gebärmutter spannte. Ich wollte mich nur noch auf unsere Veranda legen, das Plätschern der Lagune hören und nie mehr über Selbstmord, Schläge und Satan reden.

Für den kommenden Abend hatten wir unsere Freunde Sina und Seto zum Abschiedsessen eingeladen. Ich hatte mal wieder die berühmte Thunfischpizza gemacht, diesmal sogar mit Käse. Die versprochene Lieferung aus Apia war doch noch kurz vor Schluss angekommen. Sina erschien zuerst, Seto etwas später. »Ich habe noch jemanden mitgebracht«, sagte er und lachte verlegen. »Einen ungebetenen Gast. Er wollte gerne von der Pizza kosten.« Hinter ihm im Türrahmen stand der alte Penehe. Er grinste etwas unbeholfen. Frank bat die beiden freundlich herein. Ich drehte mich zur Küche hin und zerschnitt die Pizza so heftig, als ob ich das Blech durchsägen wollte. Der »Taliban« war der letzte Mensch, mit dem ich an diesem Abend essen wollte. Mit gequältem Lächeln reichte ich die Stücke herum. Penehe bediente sich. Mir war der Appetit vergangen. Seto druckste herum. »Penehe wollte sich wegen gestern entschuldigen«, sagte er schließlich. »Er hat

das nicht so gemeint. Er wollte nur ein bisschen provozieren.«
Es klang, als ob das alles ein großes Spiel gewesen sei. Aber
mir war selten etwas so an die Nieren gegangen wie die Diskussion im Lotala-Haus. Penehes Worte hatten für mich den
Geist dessen verkörpert, was ich zutiefst verabscheute. Ich
blickte den alten Mann an. »Du brauchst dich nicht bei uns
entschuldigen. Du solltest dich vielleicht bei dem toten Mädchen entschuldigen, über das du so geredet hast«, sagte ich.
Penehe nickte und biss unbeeindruckt in seine Pizza. Für ihn
war das Thema damit erledigt. »Doktor«, sagte er und wandte
sich zu Frank, »wie sieht es denn jetzt aus mit meinem Platz
auf der Warteliste? Kannst du da noch was tun, bevor du ab-
fährst?« Er versprach mir einen Perlmuttanhänger, an dem er
schon lange schnitzen würde. Ich bedankte mich höflich, aber
kühl und hoffte, er würde endlich gehen. Wahrscheinlich
wollte er mir wirklich eine Freude machen. Ihm schien in keiner Weise bewusst, wie unendlich groß der Graben war, der
uns trennte. Ein Graben, in dem ein 14-jähriges Mädchen und
ein 15-jähriger Junge lagen, beide mit Lavalavas um den Hals.

18 Das Boot legt ab

Te vaka ka fano

Die letzte Woche verschwamm in einem Strudel aus Abschiedsfeiern, Bootsplan-Änderungen, Telefonaten mit der Fluggesellschaft. Wenige Tage vor unserer Abreise sollte ein eigens für Vitale eingesetztes, außerplanmäßiges Boot kommen, um ihn zu einer Konferenz in Fidschi zu bringen. Unser geplanter Zwischenstopp auf Fakaofo, wo Frank mit dem neu angekommenen englischen Arzt einige Beschneidungen durchführen sollte, wurde auf wenige Stunden zusammengekürzt. Auf dem südlichen Atoll grassierte Dengue-Fieber, eine Tropenkrankheit, die im schlimmsten Fall hämorraghisches Fieber wie bei Ebola auslösen kann. Sie führt meist zu Blutungen unter der Haut und Schmerzen, die sich wie Knochenbrüche anfühlen. Die gesamte Familie von Chris Henry, dem englischen Arzt vor Ort, hatte es bereits vor einigen Wochen erwischt. Für gesunde Menschen war eine Infektion unangenehm genug, aber für mich im 8. Monat eine echte Gefahr. Eine Übernachtung wollten wir auf jeden Fall vermeiden, denn abends waren die Mücken, die Dengue übertrugen, besonders aktiv. Auch auf Atafu gab es ein paar Fälle. Der schwule Sam war bei seinem letzten Besuch in Apia infiziert worden. Er lag geschwächt in der Klinikstation. Frank ließ ein Moskitonetz um ihn herumhängen, damit er nicht von Mücken gestochen wurde, die dann den Erreger weitergeben konnten. So ließ sich eine Epidemie vielleicht noch stoppen. Die Schwestern mieden jeden zu engen Kontakt mit dem Kranken. Auch seine Freundesclique blieb auffällig fern. Sam lag stundenlang einsam im Bett. »Er ist nicht ansteckend«, erklärte Frank ihnen. Eine Schwesternschülerin verdrehte vielsagend die Augen. »Wer weiß, ob er nicht Aids hat. Wo der sich in Apia überall rumgetrieben hat ...«

Wir wurden mit Abschiedsgeschenken überhäuft. Jeden Tag kamen neue Strohhüte, Muschelketten und Fächer dazu. Die Schwestern hatten eine bunt verzierte Matte herstellen lassen. Makas Frau Rosa hatte noch eine Korbtasche geflochten. Menschen, von denen ich es überhaupt nicht erwartet hätte, schenkten uns kunstvoll geschnitzte Anhänger aus Perlmutt. Mal als Delfin, mal als Angelhaken – »damit ihr sicher zurück übers Meer kommt«. Das Dorf überreichte uns im Lotala feierlich ein handgeschnitztes Kanu aus Holz, fast einen Meter lang, mit Ausleger und Rudern. Alle Würdenträger hielten ihre Dankesreden. Immer noch ein Tanz und noch einer wurden uns zu Ehren dargeboten. Aber im Saal war es auffallend leer. War das nur Zufall, die übliche Insel-Lethargie, das schlechte Wetter an diesem Abend – oder die Quittung für mein heftiges Auftreten vor der Dorfgemeinschaft?

Am nächsten Tag überreichte der Ältestenrat Frank ein offizielles Schreiben. Darin bat man »Dr. Frank and his family«, doch bitte als Arzt nach Atafu zurückzukehren.

Am rührendsten war der Abschied in Jaspers Kindergarten. Wieder lag ein ganzer Berg von selbst gemachten Geschenken vor uns. Die Kinder sangen mit Jasper sein Lieblingslied, zu dem er immer so gerne im Kreis tanzte. Mir standen Tränen in den Augen, den Kindergärtnerinnen auch. Ich hatte ein vergrößertes Foto von unserem Sohn ringsum mit einem Muschelrahmen verziert. Es bekam einen Ehrenplatz an der Wand. Jasper drückte das für ihn gefertigte Miniaturkanu an sich und war durch den Trubel sehr verlegen. Den Blumenkranz, den eine Erzieherin für ihn geflochten hatte, wollte er nicht aufsetzen.

Unser schönstes Geschenk war ein Bild von Manu Kirifi, dem Mann von Vaes Tochter Tessa. Der frischgebackene

Vater der kleinen Anke war ein begnadeter Maler. Auf dem Gemälde, dessen Stil an den Mexikaner Diego Rivera erinnert, erkannte ich auch Vae. Im Vordergrund, in einem Kanu, sitzt ihr Mann, der Fischer Feleti. Er hält demonstrativ ein Paddel und die traditionelle Holzdose mit den Angelhaken in den Händen und wendet sich ab von den Dingen im Hintergrund, die den Einzug der Moderne in Tokelau verkörpern: ein Außenbordmotor, ein Haus in westlicher Bauweise aus Beton. »Kaho Ia« hatte der Maler das Bild getauft, was so viel heißt wie »Lass es so sein«. Manu weigerte sich standhaft, irgendeine Form von Bezahlung für das Kunstwerk anzunehmen. Wir wussten, dass ihm dafür in der Vergangenheit stolze Preise angeboten worden waren. Schließlich einigten wir uns darauf, dass wir ihm ein Paket mit hochwertigen Pastellkreiden, Ölfarben, Aquarellpapier und Pinseln aus Neuseeland schicken würden.

Frank zimmerte mit Jimis Hilfe eine riesige Holzkiste zusammen. In ihr sollten all die vielen Handarbeiten mit uns nach Samoa reisen und dann auf einen Dampfer nach Deutschland verschifft werden. Wir räumten die Kommoden leer und putzten das Haus. Ich verschenkte einen Karton mit abgelegten Kleidern an Sina. Jasper verteilte seine Murmeln, das Boogie-Bord und die Taucherbrille an seine Freunde. Frank tippte auf Wunsch des Faipule einen Abschlussbericht über seine Arbeit. Ich schwamm durch die Lagune und sagte mir, »das ist das letzte Mal«, aber es fühlte sich genauso an wie eh und je. Alles, was außerhalb dieses Atolls lag, war unwirklich. Wir wollten noch all die Fotos machen, die wir im letzten halben Jahr versäumt hatten, aber es regnete zwei Tage am Stück. Und dann ertönte die Trompete, und wir umarmten viele Menschen, und wir standen an der Kaimauer, wo wir in den sieben Monaten so oft gestanden und gewunken hatten: dem französischen Botschafter, meiner Freundin aus Deutschland, all den Tokelauern, die für ein paar Wochen oder Monate verreisten. Wir gingen für immer.

Atafu lag im Sonnenuntergang, als die »MS Tokelau« ablegte. Unsere Holzkiste mit den Geschenken lag vertaut auf dem Deck. Frank stand an der Reling und hielt Jasper auf dem Arm. Mir blieb nicht viel Zeit zum Traurigsein. Sobald das Schiff Fahrt aufnahm, geriet mein Gleichgewichtssinn aus dem Lot. Ich musste mich hinlegen. Diesmal hatten wir dank meiner fortgeschrittenen Schwangerschaft eine kleine Kabine bekommen. Nach einer Stunde erbrach ich mich ins Waschbecken. Nach zwei Stunden wieder. Wir hatten bis Fakaofo noch die ganze Nacht und einen halben Tag vor uns.

Das mittlere Atoll sahen wir nur vom Schiff aus. Der Bürgermeister von Nukunonu schien ein ähnlicher Sturkopf zu sein wie unser Pulenuku und hatte sich geweigert, das Boot in Empfang zu nehmen. Alle arbeitsfähigen Männer seien angeblich gerade in der Kirche, hieß es per Funk. Der Kapitän beschloss, uns auf dem südlichen Atoll Fakaofo abzusetzen und dann nach Nukunonu zum Entladen zurückzukehren. Es war Dienstag, der 11. September 2001.

Am Kai in Fakaofo standen Chris und Esther Henry mit ihren fünf Kindern. Obwohl wir uns zum ersten Mal sahen, waren sie uns vertraut. Sie führten für ein paar Monate das gleiche abgeschiedene Leben als Arztfamilie, das wir auf Atafu geführt hatten, und waren damit Seelenverwandte. Wir hatten uns gerade begrüßt, sämtliche Kinder und meinen dicken Bauch bewundert, da fragte Chris: »Habt ihr gehört, was in New York passiert ist?« Er hatte mit seinem Bruder in London telefoniert. Wir wussten von nichts. Ein Flugzeug? Ins World Trade Center? Ein Terrorakt? Wir waren so fassungslos wie jeder, der jetzt gerade irgendwo vor dem Fernseher saß. Aber wir sahen keine Bilder, bekamen keine Informationen, konnten nichts verfolgen. An dem Tag, der die Welt so mitnahm, fühlten wir uns komplett von ihr abgeschnitten. Wie oft hatten wir uns in den letzten Wochen ausgemalt, wie anders die Zivilisation sein würde, in die wir zurückkehrten. Aber das hatten wir uns nicht vorgestellt. Waren wir nicht verrückt, ein

Land zu verlassen, das angesichts des Anschlags und seiner kriegerischen Folgen der sicherste Fleck der Erde war? Plötzlich fühlten wir uns auf dem kleinen Atoll unendlich geborgen.

Während wir versuchten, per Weltempfänger die BBC Radionachrichten zu empfangen, machte eine andere Hiobsbotschaft die Runde: Die »MS Tokelau« war bei der Rückkehr nach Nukunonu auf dem Riff aufgelaufen. Sie hatte ein riesiges Leck im Rumpf und lag fest. Keiner wusste, ob und wann sie jemals wieder seetauglich wäre. Eine andere Verbindung nach Samoa existierte nicht. Für Tokelau war das lecke Schiff eine katastrophalere Nachricht als zwei eingestürzte Wolkenkratzer in Amerika. Das gesamte Land stand für die nächsten Wochen oder Monate ohne sein wichtigstes Transportmittel da. Ich dachte an unser Gepäck auf dem Boot, an unsere Flüge, die sich nicht mehr verschieben ließen, an die Dengue-Mücken und daran, dass ich in ein paar Wochen mein Baby bekommen wollte – in einem modernen Krankenhaus, wenn irgend möglich. Vor einem halben Jahr hätte solch eine Situation größte Unruhe bei mir ausgelöst. Jetzt reagierte ich tokelauisch und blieb gelassen. Wir konnten eh nichts tun, außer zu warten. Frank und Chris verschwanden mit den Jungen, die beschnitten werden sollten, im OP. Ich ging mit Esther den Insel-Shop inspizieren. Das Angebot war genauso dürftig wie auf Atafu, aber eine Abwechslung: Es gab andere Sorten von Dosenfrüchten und grellgelbes Vanilleeis in großen Plastikbehältern. Jasper stand ein Festmahl bevor.

Wir redeten nonstop mit Chris und Esther. Endlich trafen wir Menschen, die unsere Erfahrungen teilten. Im Motorboot fuhren wir alle hinaus auf die Lagune, die so viel größer war als die des nördlichen Atolls. Es war komisch, an einem Ort zu sein, der Atafu glich, aber wo wir keinen Einheimischen kannten. Auch die Schweine waren hier anders: Sie lebten mangels Platz auf dem Riff, ernährten sich von Muscheln und konnten – wahrscheinlich als einzige Schweine der Welt – sogar schwimmen. Zum ersten Mal seit Monaten fühlten wir uns wie im Urlaub. Wir machten ein Picknick, badeten und schnorchelten, und schmierten uns pausenlos mit Mückenschutzmittel ein.

Das Tokelau-Büro in Apia setzte inzwischen Himmel und Hölle in Bewegung. Nach vier Tagen hatte der zuständige Direktor für Verkehr ein kleines Thunfischfängerboot in Samoa organisiert, das zu uns unterwegs war. Wir sollten regelrecht evakuiert werden.

Das Letzte, was ich von Bord unseres Rettungsbootes sah, war Schwester Nua. Sie war mit auf dem großen Schiff gewesen, unterwegs zu einem Fortbildungskurs im melanesischen Vanuatu, und ebenfalls in Fakaofo gestrandet. Sie musste ausharren, bis es irgendwann wieder nach Hause ging. Während des Wartens hatte sie ein neues Zierband für Franks Strohhut geknüpft und die Worte des Liedes aufgeschrieben, zu dem er mit seiner Mannschaft getanzt hatte: »Fakatahi, fakalua, te mahina hulugia. E! Kai te gali, kai te gali i te kikila«. Darin ging es um den Vollmond, der auf Atafu scheint und uns »die Schönheit des Schattens der Insel« zeigt. Nua war wieder so herzlich, wie sie vom ersten Tag an gewesen war, als sie in ihrem weißen Kittel unter dem Ortsschild von Atafu auf uns gewartet hatte.

Jetzt stand sie neben Chris und Esther und den vielen Kindern am Ufer und winkte und winkte und winkte, bis der helle Punkt ihres Kleides und der dunkle ihres Kopfes sich auflösten im schwächer werdenden Grün der Palmen. Dann verschwand das Atoll im Meer.

Der Thunfischkutter war nicht für Passagiere gedacht. An Deck lagen Matratzen. Sie waren nach einer halben Stunde klitschnass gespritzt. Der Seegang war so heftig, dass für mich weder Sitzen noch Stehen in Frage kam. Ich musste mich auf allen Vieren zur Toilette bewegen, um nicht gegen einen Mast oder die Reling geschleudert zu werden. Die Klotür stand permanent auf und war mit einem Haken befestigt, damit sie niemandem an den Kopf schlug. Jasper dämmerte mit bleichem Gesicht in einer Koje unter Deck vor sich hin, wo die Luft zum Ersticken war. Ich kämpfte gegen pausenlose Übelkeit an und gegen die Angst, auf hoher See eine Frühgeburt zu erleiden. Jede Welle, durch die das Boot krachte, war wie ein Schlag in meinen Bauch.

Wir waren restlos gerädert, als wir nach 30 Stunden in Samoa ankamen. Es war zwei Uhr nachts, der Hafen war nur schwach beleuchtet. Wir stiegen von Bord, verschwitzt, erschöpft, unendlich erleichtert. Neben einem großen Range Rover stand ein Mann in gebügelten Khaki-Shorts und Polohemd. Es war Vitale. Er nahm unsere Taschen und hielt die Autotür auf. »Kommt«, sagte er, »ich finde das beste Bett in Apia für euch.«

Bei Peter Adam in Wellington packten wir eine Woche später die Sachen aus, die wir dort für sieben Monate gebunkert hatten: Warme Pullis, feste Schuhe, Spielsachen von Jasper. Endlich hatte er eines seiner liebsten Bücher wieder: »Oh wie schön ist Panama« von Janosch. Ich las ihm die Geschichte vom Tiger und vom Bär vor, die vergeblich versuchen, ins Land ihrer Träume zu reisen. »Du meinst, dann hätten sie doch gleich zu Hause bleiben können? Du meinst, dann hätten sie sich den weiten Weg gespart?«, heißt es am Schluss. »O nein, denn sie hätten den Fuchs nicht getroffen, und die Krähe nicht. Und sie hätten den Hasen und den Igel nicht getroffen, und sie hätten nie erfahren, wie gemütlich so ein schönes, weiches Sofa aus Plüsch ist.« Jasper hörte aufmerksam zu und nickte. »Und ein Küken und eine Katze!«, fiel ihm ein.

Wir verabredeten uns mit Tony Johns, dem Anwalt, der das »Modern House« begleitete. »Ich bringe Keli Kalolo mit, der ist auch gerade hier«, hatte er gesagt, und wir freuten uns. Keli Kalolo war der erste Tokelauer, der eine Doktorarbeit schrieb, über die Geschichte und Kultur seines Landes. Er hatte sich vorübergehend für eine Amtszeit auf Atafu verpflichtet und machte in Neuseeland die letzten Besorgungen. In dem Szenecafé, in dessen Garten wir saßen, gab es Dattel-Muffins und Rucola-Salat und all die leckeren Dinge, von denen wir monatelang geträumt hatten. Die Luft war frisch und fühlte sich an wie ein Mund voller Pfefferminz. Hinter dem Café fuhren ein paar Autos die Straße entlang. Für unsere entwöhnten Ohren klang es wie ein Hauptverkehrsknotenpunkt. Am Tisch neben uns saßen Frauen in eng geschnittenen, schicken Kleidern. Ich betrachtete jedes Detail an ihnen wie die Auslage in einer Nobelboutique. Als ich meine Tasse an die Lippen setzen wollte, nickte mir Tony Johns sachte zu. Keli Kalolo hatte die Hände gefaltet und die Augen geschlossen. Wir senkten ebenfalls den Blick und murmelten gemeinsam das Tischgebet, das wir so viele Male bei Feiern und Versammlungen gehört hatten. Jasper kannte jedes Wort auswendig. Dann erst kosteten wir vom Cappuccino.

Als wir uns verabschiedeten, klappte Keli Kalolo seinen Aktenkoffer auf. »Ich habe mir hier Broschüren über Erziehung für Eltern und Lehrer besorgt«, sagte er zu mir. »Und Aufkleber.« Ich schaute in den Koffer. Da lagen rund 50 Sticker. Jeder zeigte eine erhobene schwarze Hand, die ein roter Balken wie auf einem Verbotsschild durchkreuzte. »No smacking zone«, stand darunter. Ohrfeigen-freie Zone. »Die kommen in Atafu auf alle Schultüren«, sagte Keli Kalolo und ließ den Koffer zuschnappen.

In Te Papa, dem größten Museum Neuseelands, schauten wir uns die nachgebildeten Kanus an, mit denen einst die Maori nach der langen Überfahrt von den Inseln Polynesiens auf dem neuen Kontinent gelandet waren. Jasper inspizierte die Boote mit dem gleichen Kennerblick, mit dem er früher in Kiel Automarken verglichen hatte. In einem Nebensaal wurde täglich eine kostenlose Vorführung gegeben. »Tänze der Südsee« stand auf dem Programm. Es hatte gerade angefangen.

Wir drei stellten uns unter die Zuschauer. Mädchen in Stroh-
röcken und mit Blumenkränzen im Haar kamen auf die Bühne, eine kleine Band machte die Musik. Die Lieder waren aus
Tonga oder Tahiti, und die Mädchen hatten die Bewegungen
wahrscheinlich auf ihrer Highschool in einem Vorort von
Wellington einstudiert. Nichts war so wie in Tokelau, und
doch ging mir der Anblick der Tanztruppe wie ein Stich ins
Herz. Ein Bild tauchte kurz in mir auf, von einem halbdunklen Raum, wo die Mütter mit ihren schlafenden Kindern entlang der Wände auf dem Boden sitzen, in die Hände klatschen
und singen, und die Männer in der Mitte stampfend und
schwitzend ihre Schritte einüben. Lotomau. Es hatte mehr
mit meinem Leben und allem, was mir etwas bedeutete, zu
tun als das, was ich hier vor mir und um mich herum sah.
Plötzlich fühlte ich mich furchtbar verloren in diesem riesigen
hellen Saal voller Plastikstühle und deutscher, englischer und
japanischer Touristen. Äußerlich unterschied ich mich durch
nichts von ihnen, höchstens durch meinen kugelrunden
Bauch, den jetzt ein Fleece-Pulli umspannte und nicht mehr
ein Lavalava. Meine Gefühle klammerten sich an den Gesang
auf der Bühne. Es war nur ein Abklatsch des Echten, aber in
diesem Moment die Nabelschnur, die mich mit Tokelau verband. Wenn das Lied zu Ende ginge, würde sie getrennt. Ich
weinte lautlos und konnte nicht mehr aufhören. Es waren all
die Tränen, die ich bei unserem Abschied nicht geweint hatte.

Einen Monat darauf wurde unser zweiter Sohn in Christ-
church geboren. Es war ein Sonntag. Als wir in den Morgenstunden mit erhöhtem Tempo durch die schlafende Stadt zur
Klinik fuhren, hatte es gerade geregnet. Jetzt kam die Sonne
heraus, und ein prachtvoller Regenbogen stand über uns am
Himmel. »Wie damals bei der Ankunft auf Atafu«, dachte ich
und spürte die nächste Wehe kommen. Nach der Entbindung
rief Frank unsere Eltern in Deutschland an. Dann wählte er
die Nummer des Lomaloma-Hospitals. Schwester Nua war

am Telefon. Sie freute sich über die gute Nachricht. »Was heißt eigentlich Regenbogen auf Tokelauisch?«, wollte Frank noch wissen. Nua lachte verwundert. »Nuanua«, antwortete sie. Wir hatten einen Zweitnamen für unser Südsee-Baby.


```
Von: Frank Küppers [anke_frank@clear.net.nz]
An: Alle
Datum: Sonntag, 6. Januar 2002
Betreff: Heimkehr
```

Liebe Werktätige,

erst mal danke für alle Glückwunsche zur Geburt! Die befürchteten Schwimmhäute hat Quinn doch nicht. Das zügellose Thunfisch-Essen in der Schwangerschaft ist Anke wohl bekommen, wie ihr auf den Babyfotos seht. Ob das auch auf die vielen Choräle zutrifft, wird sich zeigen — mal schauen, wie der Kleine reagiert, wenn er zum ersten Mal eine Kirchenorgel hört. Bevor wir solche Experimente wagen, reisen wir aber erst mal einen Monat im Campingbus um die Südinsel von Neuseeland. Jasper hofft darauf, dass ich irgendwann einen Kiwi-Fisch fange, und er will nach wie vor nur barfuß laufen. Kann ich gut verstehen, geht mir ähnlich. Langsam haben wir uns daran gewöhnt, dass man nicht mehr jeden Menschen kennt und herzlich mit »Malo!« gegrüßt wird, wenn man aus dem Haus tritt. Aber uns beschäftigen noch immer die Nachrichten aus der zweiten Heimat: Die havarierte »MS Tokelau« ist inzwischen geborgen und zur Reparatur nach Fidschi abgeschleppt worden. Ob der Kapitän schuld war, weil er schlief, muss noch geklärt werden. Leider hatte die Versicherung des Bootes ihren Hauptsitz im World Trade Center. So klein ist die Welt.

Tokelau hat jetzt übrigens seine eigene Radiostation. Wären wir dort geblieben, hätte Anke vielleicht noch Karriere gemacht und wäre Direktorin für Information und Irritation geworden. Obwohl man sich so was ja reiflich überlegen muss, so verlockend es auch erscheint. Und der »Verkehrsfunk«: Die Frau eines Politikers wurde gerade in Atafu vor den Ältestenrat zitiert und sollte sich zu einer außerehelichen Affäre bekennen. Ihr Lover ist der Sohn meines Kumpels Jimi und hat mir beim Rugby mal fast die Knochen gebrochen. Er kam mit einer Geldstrafe davon. Falschparken auf Tokelauisch. Da seht ihr mal wieder, was euch zu Hause so alles erspart bleibt!

Ja, das sind erst mal die letzten Neuigkeiten aus dem seltsamen Paradies. Aber Tokelau existiert nicht nur in meinen Mails und unseren Träumen, sondern ganz echt irgendwo dort draußen, ein Fliegenschiss auf der Weltkarte, gleich hinter dem Äquator rechts. Wir waren dort nur ein kurzes und amüsantes Intermezzo, die Palagi von der komischen Insel Deutschland. Unsere Welt hingegen hat sich einmal gedreht und ist nicht aus den Fugen geraten, sondern größer geworden. Wer hat da von wem gelernt? Ich bin diesem einzigartigen kleinen Land sehr dankbar. Ich vermisse schon so einiges: das unbeschreibliche Türkis des Wassers und das Lachen der Krankenschwestern, und selbst diese satte Ruhe am Sonntag, die einen so schön eingelullt hat. Die Sehnsucht muss wirklich groß sein, denn wir haben sogar freiwillig wieder Fisch gegessen! Trotzdem — wir sind noch die alten, wenn auch mit einem Kind mehr im Gepäck (statt Kokosnuss, die wurde am Zoll leider einkassiert) und einigen Kilo Hüftspeck weniger. Die Holzkiste mit den Geschenken ist heil per Frachter in Hamburg angekommen, und auch wir schlagen bald bei euch auf. Dann gibt es Strohhüte satt für jeden. Die Freude ist riesig, auch wenn wir's kaum glauben können: wieder Ostsee statt Südsee. Am Falckensteiner Strand bei Kiel steht eine Imbissbude, und wenn ich mich richtig erinnere, heißt die »Lila Lagune«. Wenn das kein Trost ist.

Frank

Tokelauische Namen und Begriffe

»g« wird »ng« (wie in »Angel«) ausgesprochen

Atafu – Name des nördlichen Atolls
Nukunonu – Name des mittleren Atolls
Fakaofo – Name des südlichen Atolls
malo ni – Guten Tag, Hallo
tofa ni – Auf Wiedersehen
heai – Nein
io – Ja
lelei – okay; in Ordnung
palagi – westlicher Ausländer
inati – urkommunistisches Verteilungssystem des Fisch-
    fangs für alle Dorfbewohner
fale – traditionelles polynesisches Haus
kilikiti – polynesisches Kricket
motu – kleine, unbewohnte Insel
Lotala – Name des Versammlungshauses auf Atafu
Lomaloma – Name des Krankenhauses auf Atafu
Lotomau – starkes, einiges Herz; Name der Quarantäne-In-
    sel in der Lagune von Atafu
Lagimaina – Name einer tokelauischen Göttin und Ur-
    mutter; Name einer unbewohnten Insel von Atafu
faipule – oberster Vertreter einer der drei Inseln Tokelaus.
    Alle drei Jahre wird ein anderer Faipule zum »Ulu o
    Faipule«, zum Oberhaupt des gesamten Landes
pulenuku – Bürgermeister
taupulega – Ältestenrat
aumaga – Gruppe der arbeitsfähigen Männer

Puamelo – Baumsorte auf Atafu und Name einer der beiden
   Insel-Mannschaften
lavalava – Wickeltuch aus Baumwollstoff, das Männer und
   Frauen wie Röcke tragen
vava – traditionelles Toilettenhaus über der Lagune
vaka – Boot
hahave – fliegender Fisch

Nachbemerkung

Liebe Leserinnen und Leser,

vielleicht interessieren Sie sich nach diesem Buch für ein Land, von dem Sie vorher nie gehört haben. Bitte setzen Sie sich dafür ein, Tokelau das Überleben zu ermöglichen.

Der »Treibhauseffekt« ist die viel zitierte Klimakatastrophe, die die Gletscher zum Schmelzen, Flüsse zum Überfluten und die Meere zum Steigen bringt. Schuld sind die Unmengen an Kohlendioxid, die wir – die Menschen in den westlichen Ländern – durch unsere Energieverschwendung, durch unsere Autos und Industrie pro Jahr in die Erdatmosphäre entlassen. Allein im Jahr 2001 waren das weltweit 23.464 Tonnen. Die Atmosphäre erwärmt sich, das Wetter spielt verrückt. Unter anderem steigt der Meeresspiegel stetig, aber sicher an. Die Hauptleidtragenden des aus dem Gleichgewicht geratenen Systems sind die Länder, die so gut wie keinerlei CO_2-Ausstoß verursachen: die Inseln im Südpazifik. Am schlimmsten betroffen sind diejenigen, deren geringe Landmasse nur aus flachen Atollen besteht. Dazu gehört neben Kiribati, Tuvalu und den Marshall-Inseln auch Tokelau.

Pro Jahr steigt das Meer rund um Atafu, Nukunonu und Fakaofo zwei bis drei Millimeter. Schon wenige Zentimeter können für die Existenz einer flachen Koralleninsel das Ende bedeuten. Wo das Land nur knapp über dem Wasserspiegel liegt und die höchste Erhebung gerade mal fünf Meter beträgt, lässt sich leicht ausrechnen, dass den Tokelauern in diesem Jahrhundert der Untergang droht. Noch bevor die Inseln endgültig überspült werden, greift die Klimaerwärmung ihren Lebensraum an: Die Korallenriffe, an denen sich Fische ansiedeln, sterben ab, da nicht mehr genug Sonnenlicht in die Tiefe dringt. Das wenige Grundwasser versalzt und Pflanzen gehen ein. Häufigere Stürme und Unwetter machen dem fragilen Ökosystem und den Dorfbewohnern zu schaffen.

Tokelauer sind neuseeländische Staatsbürger und können sich im Ernstfall in Neuseeland ansiedeln. Aber das, was ihre Kultur, ihr Denken und Fühlen, ihre Tänze und Gesänge und ihre Einzigartigkeit ausmacht, das wird für immer verschwinden: das Leben auf den Atollen im Pazifik.

Um das zu verhindern, können auch Sie etwas tun: sparsamer heizen, weniger Auto fahren, mit der Bahn statt mit dem Flugzeug verreisen, umweltfreundliche Elektrogeräte kaufen und generell keine Energie verschwenden. Sie können Politiker wählen, die eine reduzierte Treibhausgas-Emission durchsetzen. Und Sie können Organisationen unterstützen, die sich international für den Klimaschutz einsetzen oder in den betroffenen Regionen gegen die Zerstörung vorgehen. Dies sind einige von ihnen:

Greenpeace
Große Elbstraße 39
22767 Hamburg
Tel. 0 40/3 06 18-0
Fax 0 40/3 06 18-1 00
mail@greenpeace.de
www.greenpeace.de

WWF Deutschland
Rebstöcker Straße 55
60326 Frankfurt
Tel. 0 69/79 14 40
Fax: 0 69/61 72 21
info@wwf.de
www.wwf.de

Germanwatch e. V.
Kaiserstraße 201
53113 Bonn
Tel. 02 28/6 04 92-0
Fax 02 28/6 04 92-19
germanwatch@germanwatch.org
www.germanwatch.org

South Pacific Regional Environment Programme (SPREP)
PO Box 240
Apia
Western Samoa
Tel. (0 06 85) 2 19 29
Fax (0 06 85) 2 02 31
sprep@sprep.org.ws
www.sprep.org.ws

Danke an

- alle Tokelauer, die mit uns redeten, sangen, lachten und weinten – ganz besonders Vaelua Lopa und Mose Reuelu
- Familie und Freunde, die unsere E-Mails beantworteten und Carepakete schickten
- Rebecca Kitteridge, Jane England, Samson Samasoni, Tony Johns, Robert Bester, Catherine Lynch, Damian Welch, Christopher Lynch, Kyra und Peter Adam, Angela Schöneck, Tekie Iosefa, Kelihiano Kalolo, Esther und Chris Henry für Informationen, Hilfe und Gespräche
- Judith Huntsman und ihr Buch *Tokelau – A historical ethnography*
- Katharina Lindenberg, Prem Lata Gupta, Erhard Tobias Bultze, Bernd Teichmann und Paul Elsner für kleine Korrekturen und den großen Überblick
- meine Eltern, die mir das Fernweh vererbt und mich selten gebremst haben
- meinen Mann. Alles würde ich wieder machen.

Anke Richter

Aussteigen auf Zeit
Das Sabbatical Handbuch
ISBN 3-8025-1511-0

Sabbatical – Sabbatjahr: Urlaub vom Job für mehrere Monate oder ein Jahr

Wir alle träumen davon. Aber nur die wenigsten tun es: einfach mal weg sein, für eine Zeit alles hinter sich lassen. Um die Welt segeln, ein Buch schreiben, einen Garten anlegen, im Ausland eine Sprache lernen oder im Kloster meditieren. Immer mehr Arbeitgeber machen ein Sabbatical möglich, denn die Aussteiger auf Zeit kehren mit neuen Impulsen und Ideen, mit mehr Energie und Motivation zurück.

Ein Ausstieg auf Zeit ist unabhängig von Einkommen und Vermögen möglich. Er verspricht mehr Spaß am Leben und schützt davor, irgendwann einmal feststellen zu müssen: »Ach, hätte ich doch ...«

In diesem Buch erfahren Sie alles, was Sie zur Vorbereitung und Durchführung eines Sabbaticals wissen müssen, zum Beispiel:

- wie viel Geld brauche ich
- wo will ich hin, was kann ich tun
- wie bereite ich den Chef und die Kollegen vor
- was ist mit meinen Versicherungen, meiner Wohnung, meinem Auto
- wie kann ich wieder ins normale Leben einsteigen

Dieses Sabbatical-Handbuch mit Erfahrungsberichten von zaghaften Neulingen und überzeugten »Wiederholungstätern«, darunter TV-Moderatorin Sandra Maischberger, ist der praktische Ratgeber für alle, die dringend weg wollen – und ein Buch zum Träumen für die, die sich noch nicht ganz trauen.

vgs verlagsgesellschaft
www.vgs.de

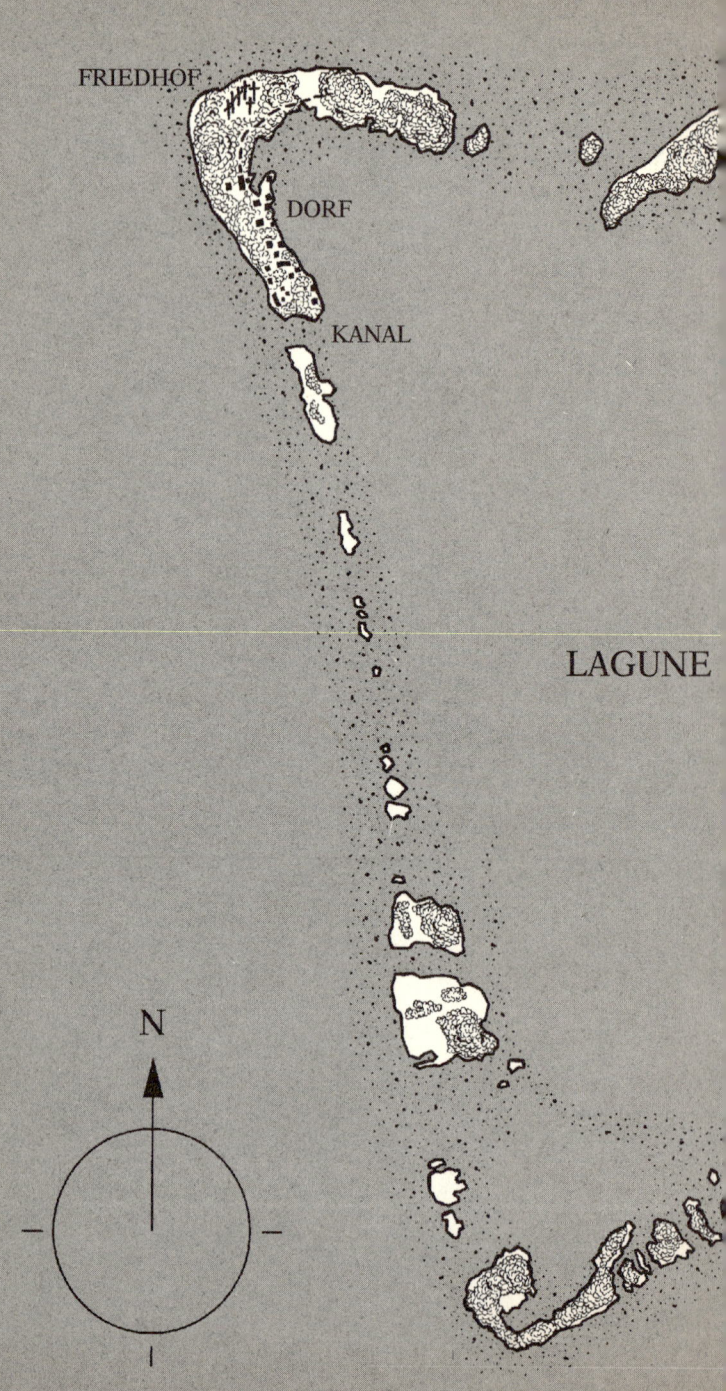

FRIEDHOF

DORF

KANAL

LAGUNE

N